大相撲行司の
伝統と変化

根間弘海 著

専修大学出版局

本書を妻の尚子にささげる

相撲に関心はないが
家庭のことはよく支えてくれている

はじめに

本書は相撲行司に関する話題に限定し、それを詳しく研究している。どの話題も文字資料や絵図資料を大いに活用し、その歴史的経緯を展開している。裏付けとなる資料の提示では出典を明記してあるので、誰でも簡単にその出典で確認できる。どの話題にも資料となる裏付けがたくさんあるし、細かい注釈もたくさん付いている。内容的には面白いが提示の仕方が細かすぎるという印象を受けるかもしれない。結果的に、そのような提示になったのはできるだけ客観的でありたかったからである。

本書では9つの話題を取り上げているが、それは約40篇の拙稿の中から選択したものである。すでに公表した拙稿は巻末の「あとがき」に示してある。どのような話題を選択したかは、「目次」を見ればすぐ分かる。本書の話題はすべて公表した拙稿に加筆修正を施したものであり、内容的には同じである。古い拙稿はオリジナルで、本書の話題はその修正版であると言ってもよい。

各章は独立した話題を扱っているので、読者は関心のある章から先に読むとよい。なぜ立行司が短刀を差しているかに興味があれば、第7章から読み始めるとよい。その章では単刀直入にその話題を扱っているからである。また、行司が短刀を差すようになったのはいつ頃からかに関心があれば、第6章を先に読むのがよい。その章では短刀の歴史的側面を扱っているからである。実際、章によっては一つの話題を詳細に長々と展開している。そのような章は後で読むのがよい。マニアック的な展開になっているからである。このように、本書は全体として行司に関連することを扱いながらも、それぞれの章では異なる話題に焦点を絞っている。以下に、取り上げた話題についてその概要を簡単に記す。

第1章　軍配の握り方を巡って

行司が力士の名乗りを上げるときは、その軍配の握り方に二通りある。つまり、木村姓は握りこぶしを上にし、式守姓は手の平を斜め上に向ける。この握り方の区別はいつ頃から始まったのだろうか。江戸時代や明治時代からそのように握っていたのだろうか。行司はその握り方を忠実に守ってきたのだろうか。平成16年9月場所中、行司が軍配をどのように握っていたかをつぶさに調べ、現役の行司がどのように考えているかを尋ねてみた。

第2章　譲り団扇

軍配の中には「譲り団扇（ゆずりうちわ）」という軍配が数本ある。中には代々の行司に使用されてきたものもあるし、つい最近作成されたものもある。それぞれの「譲り団扇」にどのような歴史があるかを文献で調べてみた。それから、実際に「譲り団扇」を使っている行司に、その軍配の「いわれ」や経緯について直に尋ねてみた。最近の譲り団扇については、その経緯を調べているうちに、機微に触れる話を相撲関係者から聞くことができた。

第3章　行司と草履

木村庄之助や式守伊之助は江戸時代からずっと草履を履いていただろうか。錦絵を見る限り、草履を履いていない木村庄之助が描かれている時期がある。木村庄之助はいつ頃から草履を許されるようになったのだろうか。式守伊之助の場合はどうだろうか。また、現在の三役格も草履を履いているが、それはいつ頃から許されているだろうか。行司は朱房に昇格すれば、明治時代や大正時代でも自動的に草履を履いていたのだろうか。行司が草履をいつ頃から履くようになったかに関しては、意外に分からないことが多い。

第4章　明治43年以前の紫房は紫白だった

現在、木村庄之助は紫房、式守伊之助は紫白房である。そのように決まったのはいつ頃だろうか。明治時代の木村庄之助も「紫房」を許されているが、それは本当に「総紫」だったのだろうか。実際は白糸が数本混じった「紫白」ではなかったのだろうか。吉田追風の「紫房」は本当に純粋の「紫」だったのか。明治時代の「紫房」について文献で調べ、実は、「紫白」だったことを指摘する。

第5章　幕下格以下行司の階級色

現在、幕下格以下行司の軍配房は青か黒である。つまり、幕下格から序の口あるいは見習いまで位階に関係なく、いずれの色を使用してもよい。しかし、そのように決まる以前は、幕下格から三段目までの行司は青、序二段以下の行司は黒だったという。そのような区別を認める文献もあるし、そうでない文献もある。実際は、どうだったのだろうか。そもそも青色はいつから使われだしたのか。

第6章　行司の帯刀

現在、立行司（たてぎょうじ）は帯刀している。三役格は立行司に支障がある場合だけ、短刀を差すことになっている。この短刀が立行司だけの特権になったのはいつだろうか。明治9年3月に廃刀令が発布され、行司は全員短刀を差せなくなった。それでは、廃刀令後、いつの時点で立行司は短刀を差すようになったのだろうか。江戸時代は立行司でなくても短刀を差すことができたが、それはいつ頃から始まったのだろうか。明確な年月は分からないが、絵図や挿絵などを見る限り、江戸時代初期から行司は短刀を差している。

第7章　帯刀は切腹覚悟のシンボルではない

多くの文献で、立行司が短刀を差しているのは、差し違えをしたとき、切腹の覚悟を表すためであると記されている。そのような解釈をしてもかまわないが、歴史的には、帯刀と切腹とは関係ないことである。江戸時代、帯刀は「切腹」と直接結び付いていなかった。それでは、行司はいつ頃から帯刀と切腹を結びつけるようになっただろうか。幕末だろうか、それとも明治に入ってからだろうか。帯刀と切腹の関係を確認できるような文献はないだろうか。それから、立行司は差違えをすると、「進退伺」を提出する慣習がある。それはいつ頃から始まっただろうか。提出した進退伺を受理して、立行司を辞めさせることは人権問題にならないだろうか。

第8章　昭和初期の番付と行司

昭和2年春場所の番付を見るだけでは、行司の軍配房の色は分からない。最上段では立行司だけが記載されているが、二段目では朱房の三役格行司と紅白房の幕内格行司が共に記載されている。番付ではどの行司が朱房で、どの行司が紅白房かは分からない。三段目でも紅白房の幕内格行司と青白房の十両格行司も記載され、その地位を見分けることができない。そのような番付記載は昭和10年代まで続いているので、番付は行司の房の色を見分けるにはあまり当てにならない。それを解決するために、それぞれの場所の番付と行司の房の色を一つ一つ調べ、どの行司がどの色であるかを確認した。調査の対象にしたのは、主として青白房以上の行司だが、ときには幕下格行司にも少し触れている。

第9章　明治30年以降の番付と房の色

明治30年から明治45年までの番付を参照しながら、行司がどの房色だったかを判別できるようにしてある。番付の中に房の色も記してあるので、本場所が分かれば、どの行司がどの房色だったかを簡単に識別できる。対象として調べた行司は、主として、十両格以上である。幕下格以下の行司はときどき参考程度に記してあるだけなので、これらの行司の研究は今後の課題である。明治から昭和初期までは、番付を見ても、行司の房色は分からない。房色を知ろうと思えば、番付以外の資料を参考にしなければならない。本書の調査成果を見れば、行司の房色はかなり判別できる。しかし、細心の注意を払って研究したが、本書では不備な点もある。資料で確認できない行司が数名いたからである。

どの話題も多くの資料を調べ、自分なりに結論を出してあるが、その結論は必ずしも正しくないかもしれない。その結論を導く過程で重要な資料を私がまだ見ていないかもしれないし、資料を見ていながら重要な点を見落としているかもしれない。過去を振り返る論考には、このような不安が常に必ず付きまとう。論考における不備な点を解明するには、今後の研究に俟つしかない。本書がこれまで深く研究されていなかった行司の世界に読者の目を向けさせたなら、そしてさらに自分も研究をやってみたいという気を起させたなら、著者として「願ったり叶ったり」というところだ。

本書では資料を提示するとき、読者の便宜を考慮し、その出典を明記してある。出典の情報はできるだけ詳しく提示してある。それを手がかりにすれば、その出典はすぐ確認できるはずだ。同じ出典や同じ引用箇所が繰り返し出てくる場合もある。それは、それぞれの話題が元々独立した論考だったことに起因する。話題が違っても、互いに密接に関連しているため、結果として同じ箇所を活用せざるを得ない場合がある。それぞれの話題を独立した論考として読めば理解に大いに役立つが、一貫した話題を扱う一つの本として読むとなるとまとめ方が雑である。そのような表現上の問題があることは認識しているが、大幅な書き直しをせず、基本的に元の論考に従うことにした。

それぞれの論考をまとめるに際しては、多くの相撲関係者、特に元行司や現役行司に随分お世話になっている。とりわけ5名の代々の木村庄之助（28代、29代、30代、33代、35代）、木村正直（平成22年5月現在三役格）、式守錦太夫（現在幕内格筆頭）にはずいぶんお世話になった。特に29代木村庄之助には私が行司に関心を持って以来、いろいろとご教示をいただいている。それから、4、5年前までは両国の相撲博物館にも古い資料の閲覧などでお世話になった。現役行司の方々には平成13年以降現在まで両国国技館の行司控室へ行くたびにいろいろとお世話になっている。ここにそのことを記し、改めて感謝の意を表したい。

本書では、数字表記の仕方に一貫性がないことを断わっておきたい。たとえば、「四」は「4」で表したり、その逆であったりする。しかも、ローマ数字と漢数字が隣接して混在している。何か一定の基準に従って、ローマ数字と漢数字の表記を使い分けているのでもない。できたらローマ数字を一貫して使うつもりであったが、それを貫くことができなかった。そのために、結果的に一貫性のない表記法になってしまった。本書の数字表記に関しては、その表わす意味だけに注意するようお願いしたい。また、引用箇所でも字句だけでなく、数字表記もときどき変えてあることを記しておきたい。

なお、本書の出版に際しては、平成22年度専修大学図書刊行助成による援助を受けている。そのこともここに記し、専修大学にも感謝の意を表したい。

目次

第1章　軍配の握り方を巡って

1. はじめに

行司は力士の名乗りを上げるとき、木村姓の行司は手の甲を上にし、掌を下にするが、式守姓の行司は掌を上にし、手の甲を下にする。木村姓の行司の握り方を「陰」と呼び、式守姓の行司の握り方を「陽」と呼ぶ。これが普通に言われていることである。

本章では、主として次のことに焦点を絞って調べる。

(a) 木村流と式守流の区別はいつ頃から言われ出したか。文献で確認する。
(b) 現在の行司は実際にどのような握り方をしているか。それを各行司について調べる。
(c) 過去にはどういう握り方をしていたか。昭和以降の立行司の握り方を調べる。
(d) 行司たちは握り方についてどのように対処してきたか。「行司部屋」ができ、巡業を協会で行うようになった昭和33年の以前と以後を調べる。
(e) 現在は握り方についてどのように対処しているか。伝統を維持しようとしているか、それとも行司の判断に任せているか、現役行司たちに尋ねる。

本章では、軍配の握り方に関する事実を調べるだけであり、木村姓の行司は木村流で握り、式守姓の行司は式守流で握るべきだというような判断はしない。軍配の握り方に元々二流があるかどうかも私は分からない。その是非を問うつもりもまったくない。軍配の握り方に関してどんなことが言われ、それに対して行司たちがどのように対処してきたか、また現在どのように対処しているかを調べるだけである。

軍配の握り方を調べているうちに、疑問点や確認したいことなどがあったときは、特に元立行司3名に電話をしたり手紙を書いたりして教えていただいた。そして、3名が同じ見解でなかったり、正反対の考えである場合があったりすることも分かった。事実の確認のつもりがそれだけでは済まず、見解をどう解釈すればよいか、迷うことがしばしばあった。行司の世界で頂点を極めた立行司の意見が異なっていた場合、それを取り上げることはあまり芳しくないが、歴史の中で真実を示しておいたほうがよいと考え、あえて取り上げることにした。異なる意見は尊重し、それが実際に混在していることを示すことも有意義かもしれない。実際、軍配の握り方に関しては、現在でも二流を認める立場とそうでない立場がある。

2. 二流は明治時代からあった

軍配の握り方に二流があることは昔からのしきたりだろうと思い、特別に疑うこともなく自然に受け止めていたが、それがいつ頃から始まったのかという起源に関心を抱き、文献で確認できないかを調べてみようと思ったのが、この研究の発端である。幕末までは木村姓や式守姓に加えて、他の「姓」の行司もいたので、この二流はおそらく明治時代に入ってから始まったのではないかと考えた。それで、明治時代の文献や資料を調べてみたが、軍配の握り方に言及したようなものはまったく見当たらない[1)]。文献になくても、実際には「あった」ということも考えられるが、重要な作法であればどこかで触れているはず

---

1) 最近、『都』(M43.4.29) に木村家と式守家では「団扇の作法において異なるところがある」という表現があるのを見つけた。この「団扇の作法」が何を意味しているかは必ずしも定かでない。団扇の作法で木村家と式守家で違いがあるとすれば、握り方しかなさそうである。そうであれば、明治43年当時、すでに握り方の違いがあったことになる。本章を書き終えたときにはその記事を見ていなかった。そのために、このような表現になっている。明治43年以前にも握り方に違いがあった可能性があるが、それ以前の文献資料はまだ見ていない。本書では、執筆の段階で確認できた資料の年月を重視してい

である。

明治時代や大正時代の文献では軍配の握り方に言及した文献を見つけられなかったが、昭和36年に出た自伝『軍配六十年』（19代式守伊之助著）にそのことを触れた箇所がある。これが最初だろうと思っていたら、『行司と呼出し』（22代木村庄之助・前原太郎共著、S32）でも触れていることが分かった。

もっと古い文献はないのかと探していると、平成7年11月号『大相撲』（H7.11）の「行司生活56年の思い出——戦中・戦後と行司の作法」で28代木村庄之助（後藤悟氏）が軍配の握り方について語っている記事があった。それは対談形式の記事であるが、昭和31か32年に軍配の握り方について言及した箇所がある。

昭和31年頃で文献の確認は終わりそうな気がしたが、軍配の握り方に二流あることを記述した口述筆記のコピーがあった。それを現役幕内格行司の木村吉之輔（平成22年5月現在は式守錦太夫：NH）から、最近、入手した。それは20代木村庄之助（松翁）が昭和11年に広島で述べたことを誰かが書きとめたものである。これから分かることは、軍配の握り方に二流あったことは昭和11年までさかのぼることである。文字による確認の年代は昭和11年であるが、きっといつかもっと古い文献や資料が見つかる可能性が大いにある[2)]。

20代木村庄之助（松翁）は明治19年1月に初土俵を踏んでいるので、その当時からすでに軍配の握り方に二流あったに違いない。軍配の握り方は入門時に習得するもので、それを教えるのは同じ部屋か一門の先輩行司である。20代木村庄之助が入門後に独自に軍配の握り方を作り出したとは考えにくい。

軍配の握り方が昭和以前からあったことは、29代木村庄之助が入門時に指導を受けた事実からも分かる。29代木村庄之助は昭和20年に入門しているが、師匠は7代錦太夫（後の9代与太夫）である。この師匠から式守姓の行司は掌を

るので、後で新たに資料が見つかると、その年月を修正しなければならなくなる。これもその一つである。

2)　木村家と式守家の軍配の握り方が幕末までも遡るかどうかは分からない。というのは、行司が両家だけになってからその握り方に相違が生じたのか、他の「姓」を名乗る行司がいたときにもすでにそれがあったのか、まったく分からないからである。

上に向けて握るのだと教えられたという。師匠は明治39年に入門しているので、おそらくその当時にはすでに軍配の握り方に二流あったことが分かる。20代木村庄之助（松翁）から20年後のことであるが、明治時代にはすでに軍配の握り方に二流あったことは間違いない。そのような背景を考慮すれば、軍配の握り方を確認できる資料は少なくとも明治11年頃までさかのぼりそうである[3)]。

最近、たまたま、ある新聞記事を読んでいると、その中に団扇の作法について述べている箇所があった。

> 「順序格式より言えば、伊之助の相続を相当とせんも本家伊勢の海にて承引きすさまじく、且つ団扇の作法において異なるところあれば、庄三郎一躍にして庄之助を襲うべく予期せらるる。」（『読売』（M43.5. 2））

「団扇の作法において異なるところあれば」というのは、間違いなく軍配の握り方に関することである。これは明治43年当時、東京相撲ではすでに木村家と式守家とではそれぞれ軍配の握り方が異なっていたことを示している。もっと注意深く調べれば、軍配の握り方に関してはもっと古い資料が見つかるかもしれない。

---

3) これを裏付ける資料があることに最近気づいた。20代庄之助（松翁）は『相撲興隆号』(S11.5) の「行司修行の苦闘」の中で「私は明治19年9歳の時に当時の伊勢の海部屋に入り、8代目式守伊之助の弟子となったのでした。部屋で行司の姿勢や団扇の持ち方、触れ方、名乗りの揚げ方など兄弟子から教えられたものです」(p.13) と語っている。この「団扇の持ち方」は「握り方」を意味しているに違いない。したがって、少なくとも明治19年当時、式守家では「陽」の握り方をしていたことになる。この記事はすでに読んでいたが、「団扇の握り方」には気づいていなかった。これに気づいたのは最近のことなので、本文を書きかえることができなかった。そのことをここで記しておきたい。

3. 文献に見る二流

軍配の握り方に関して述べている文献をいくつか見てみよう。

(1)『行司と呼出し』(22代木村庄之助・前原太郎共著、S32) [4)]

「木村家と式守家の差は、この“名乗りの型”のうちわの持ち方に、陰陽の区別がある。つまり『片や千代の山、こなた鏡里ォ』と名乗りを上げるとき、式守はまっすぐ伸ばした右手のにぎりこぶしを上にかまえるが、木村は下にする。式守は“陽”、木村は“陰”の差である。」(p.68)

泉の親方（22代木村庄之助）がこの本の中で軍配の握り方に区別があると述べているが、どう思うかと28代木村庄之助（後藤氏）に尋ねたところ、それは親方の考えではないと断言した[5)]。30代木村庄之助（鴻池氏）も同じことを言っていた。二人の弟子が師匠の言っていることを否定している。それには何かわけがありそうだと思うのは自然である。最初、私は22代木村庄之助の言っていることが正しいと鵜呑みにしていた。しかし、弟子である二人の立行司(28代と30代木村庄之助）に確認して初めて、それが間違いであることに気づいた。

この原稿を書き終えた後で、弟子の述べていることと矛盾する資料があることを見つけたので、あえてそれをここに記しておきたい。月刊誌『大相撲』(S31.3）の「相撲生活五十年」で、木村家と式守家のいわれを尋ねられ、22代木村庄之助本人が次のように答えている箇所がある。

---

4)『行司と呼出し』は22代木村庄之助と前原太郎の共著であるが、これ以降、本書では「22代木村庄之助著」として記す。前半部が行司に関することで、22代木村庄之助が口述した箇所だからである。

5) 28代木村庄之助（後藤悟氏）は2010年4月1日に亡くなった。

庄之助　「(前略）軍配のあげ方が、木村はウチワを真直ぐに差すが式守の方は上に向ける」(p.60)

これは対談形式なので、確かに22代木村庄之助本人が述べているものである。これから察しられることは、『行司と呼出し』で軍配の握り方について述べていることも庄之助本人の言葉である。つまり、小島氏が補足したものではない[6)]。22代木村庄之助は軍配の握り方に違いがあることを知りながら、実際はどのように握ってもよいのだと語っていたかもしれない。私は、今では、22代庄之助が『大相撲』や『行司と呼出し』で語っていることが真実だと考えている。

(2)『サンデー毎日別冊（大相撲秋場所)』(S34.9)

「(木村、式守）両家の区別は『片や千代の山、こなた若乃花』と名のりをあげるときの“名のりの型”に陰陽の差がある。つまり軍配をもってまっすぐ伸ばした右手のにぎりこぶしを上にかまえるのが式守で“陽”の型、木村は下にするから“陰”になるわけだ。」(p.50)

これは雑誌の「ちょっとした知識」欄で記述されているが、次に見る『軍配六十年』(S36）より2年前にすでに活字になっている。当時、すでに「陰の型」、「陽の型」が定着していたことが分かる。

(3)『軍配六十年』(19代式守伊之助著、S36)

「軍配には指し方に二通りありまして、木村流と式守流で指し方が違います。行司が取組力士を土俵上に呼び上げるとき、木村流は“陰”といって手の

6)『行司と呼出し』の「あとがき」で記してあるように、口述筆記者は小島氏である。小島氏と語り合う機会が何度かあり、確かめると彼もそれを認めていた。ただどの程度彼が自分の考えをつけ加えたかについては何も語っていない。したがって、庄之助が語ったことに忠実だったのかどうかも分からない。いずれにしても、著者は22代木村庄之助である。

にぎりを下むきに、式守流は“陽”といってにぎりを上向けにいたします。」(p.117)

私が軍配の握り方に言及した文献を最初に読んだのは、この本である。これをきっかけにして、それより以前の文献を調べ始めた。19代式守伊之助はヒゲの伊之助と呼ばれ、逸話の多い行司だが、軍配の紐の長さと房飾りについてもその「いわれ」を初めて述べている[7)]。明治33年5月場所が初土俵なので、おそらくその当時から軍配の握り方に二流あることを知っていたに違いない。

(4)『ハッケヨイ人生』(21代木村庄之助（竹内重門）著、S41)

「木村と式守では、軍配の持ち方もちがいます。長い間、木村を名乗っていたものが式守にかわると、ややもすれば木村式の軍配の持ち方になります。こんなことは、行司を知っている人以外にはわからないことです。両家とも軍配の持ち方が同じ……そんなふうに思っている人も少なくないでしょう。」(pp.184-5)

この21代木村庄之助の最終場所は昭和26年5月場所なので、それから15年後に出版したことになる。初土俵は明治31年1月場所である。その当時からおそらく、軍配の握り方は二流あったに違いない。

(5)『ハッケヨイ残った』(27代木村庄之助（熊谷宗吉）著、H3)

「木村と式守の違いは力士を呼び上げるとき、木村家は軍配の握りを下にし陰を表しますが、式守家は上にして表すのが特徴です。このほかは両家の区別はなくなり、伊之助から庄之助と階級を表すようになりました。」(p.53)

---

7)　軍配房の長さについては、拙稿「軍配房の長さ」(2005) に詳しく扱っている。ヒゲの伊之助（19代）の自伝『軍配六十年』にはその長さや房の数に「いわれ」があることが具体的に記述されている。紐の長さや房の数を歴史的にもっと調べれば、もっと古い文献にその「いわれ」を見つけられるかもしれない。

この27代木村庄之助は二流を認めているが、不思議なことに、式守伊之助の頃も「木村流」で握っている。三役格の頃は木村玉治郎で、もちろん、「木村流」である。三役格の頃と式守伊之助の頃を比べると、手の甲がやや水平から横向きに変化している。その握り方は木村流だと言ってよい。この変化は二流を認めていることの証かもしれない[8)]。

(6)『国技相撲のすべて』(別冊『相撲』秋季号、H8.11)

> 「木村と式守では力士を呼び上げるとき、軍配の握り方が違っていた。木村家は"陰"といい、握りこぶしが上になる。式守家では"陽"といって反対に握りこぶしを下にする。しかし、現在ではこの2流ははっきりしておらず、軍配の持ち方も各自マチマチであるが、なるべくこれを守る方向でいこうとの動きも出ている。」(p.126)

この記述によると、握り方に二流あることは認めているものの、平成8年の頃は遵守されなくなっている。木村姓だから「陰」で握り、式守姓だから「陽」で握ってはいないと言っているようなものである。

(7)『相撲大事典』(金指著、2002年)

> 「行司の軍配の持ち方は現在は自由であるが、以前は、木村庄之助は力士の名乗りを上げるときに軍配を握る手の甲を上にした。これを「陰の構え」といい、式守伊之助の手の甲を下に向ける「陽の構え」と対比された。」(p.96)

この記述によると、軍配の握り方は自由である。この記述には問題がある。少なくとも大多数の行司は二流を認め、その伝統を維持している。木村姓の中

---

8) 27代木村庄之助は立浪部屋所属で立浪一門である。式守伊之助の頃は、二流を認めることにためらいがあったかもしれない。手の甲を横向きにしているのは、中途半端な握り方である。どっちにもとれるような握り方で、見方が分かれる。次ページで引用した28代木村庄之助(後藤氏)と三宅氏との対談記事から察すれば、27代木村庄之助は式守伊之助時代も木村流の握り方を堅持していたかもしれない。

には「式守流」で握るものもいるが、それはやはり例外である。どんな握り方をしてもとがめられることがないという意味では、行司の判断に委ねられている。したがって、自由である。しかし、自由の中に、伝統が受け継がれており、マチマチでいいということはない。この記述で述べている「陰の構え」と「陽の構え」は、適切な表現である。「陰」と「陽」だけでは軍配の握り方に優劣がある印象を与えるが、「陰の構え」と「陽の構え」であれば、それに優劣がある印象を与えない。ただ握り方を「構え」として捉えるべきかどうかというのが気になる。

(8)『一以貫之』(29代木村庄之助（桜井春芳）著、2002年)

> 「木村と式守の違いは力士を呼び上げるとき軍配の握り方が違う。木村家は「陰」といい、握りこぶしが上になる。式守家は「陽」といって反対に握りこぶしを下にする。」(p.188)

この29代木村庄之助は積極的に二流を認め、それを遵守すべきだという考えの行司である。昭和20年11月に初土俵を踏み、師匠の7代錦太夫から軍配の握り方の手ほどきを受けている。昭和33年以降は行司監督にもなり、入門してくる行司に軍配の握り方に二流あることを指導している。

4. 28代木村庄之助と30代木村庄之助の見解

28代木村庄之助（後藤氏）の最終場所は平成5年11月場所だが、それから2年後の平成7年に『大相撲』(1995.11) の「行司生活56年の思い出—戦中・戦後と行司の作法」(pp.126-9) で軍配の握り方に関し、一つの見解を述べている。これは三宅充氏との対談形式の記事になっていて、その見出しは「相撲作法に二流これなし」となっている。行司の頂点に立ち、見本を示す立場の立行司の言葉であるし、大変興味深いことを述べているので、少し長いが次に示すことにする。

「後藤　この名古屋場所中（1995年7月：NH)、NHKが行司一人一人の軍配うちわを紹介していましたが、泉の親方揮毫の咸喬のものの「一味清風」の意味を「一つの道を一生懸命やれよ」と説明してましたが、違うんですよ。泉の親方は「一味清風」の意味は「この道二流なしということや」と言っていました。

三宅　松翁の『国技勧進相撲』にも「一味清風の意味は“日本国相撲の作法二流これなし”ということである」と書いてあります。

後藤　京都の二条関白が吉田司家に「一味清風」と書いて軍配うちわをさずけて「相撲の道、行司の道に二流なし」と言ったんだそうです。

三宅　彦山さんの『横綱伝』をみると、「元亀年中、13世吉田追風が二条関白晴良に故実を問われて、その答えが意にかない、晴良みずからうちわに“一味清風”の四文字を書いてさずけた。つまり日本相撲の法に二流はない。志賀清林の法は吉田追風の式であり、清林・追風一味であるというわけ」とあります。

後藤　そうなんです。行司にも二つの流儀があってはいけない。昭和31、2年頃、NHKで当時の庄之助（22代）と伊之助（19代）が出席して、司会者が「木村と式守でどこか違いがあるんでしょうか？」と聞いたところ、泉さんという人はとにかく口ベタで、とっさに言葉が出てこない。口ベタでなければ「違いなどありません。一味清風ということばがありまして」と説明したんでしょうが、「うーん、そのう……」なんて言っているうちにヒゲの親方が「軍配の持ち方が木村は陰で手のひらを下に向け、式守は陽で上へ向ける」と、あと先考えずに発言した。木村の総帥と式守の総帥がそろったところで言った言葉だから、一般はもちろん、マスコミの人、若い行司だってそう思います。

三宅　権威者の発言だから、この説はまかり通ってしまいますね。

後藤　そのとき、今の容堂が泉の親方に付いていたんですが、帰りの車の中で泉の親方がぶつぶつ言っているんだそうですよ。「ヒゲはあわてもんやから、ありもしないこと言うて……」(笑い)。ぼくが親方の家へいくたびに「ヒゲは木村庄三郎のときも手のひら上向けて持って、伊之助になっても同じことやってるのに、口から出まかせにしゃべりおって」と怒ってました。しかし、同席した親方にも責任の一端がないわけじゃないから、正面きって訂正することもできにくかったんでしょう。

三宅　私らも長いことあの説を信用してましたからね。

後藤　私の前の27代庄之助の熊谷さんはひげの親方の弟子ですが、「あなたの師匠が言ったことはデタラメだ」とは言いにくいから、長いことだまってたんですが、あるとき二人だけいるところで言ったんですよ。「ヒゲの親方の説はどう考えてもおかしい。私たち子供の時分に、木村名乗ってる者も式守名乗るものもいるのに、お前の木村だからこう、式守だからこうしろと教わったり教えたりしたことがありますか？」と聞くと「いや、そんなことない」と言う。あれが本当のことなら、基本中の基本だから、初めに教えないわけがない。「そんなことがないから教えなかったんじゃないですか」と言ったんです。木村は下を向けるから陰、式守は逆で陽というが、片屋開口からすると、陰は負け、陽は勝ち、行司は勝ち負けを裁くものなのに、木村が負けで式守が勝ちなんてそんなバカなことあるわけがない。こんなこともあるので、私は行司のマニュアルみたいなものを協会に書き残しておこうと思って、最近ボツボツ書きはじめているんです。

三宅　大相撲は伝統を重んずることで成り立っていると思うので、ぜひ正しいものを書き残していただきたいと思います。長いことどうもありがとうございました。」(pp.188-9)

22代木村庄之助（泉氏）はこの対談に参加していないが、22代木村庄之助を師匠と仰ぐ28代木村庄之助（後藤氏）はこの師匠の考え方を紹介している。そして、その教えを守ってきたという。簡単にまとめれば、次のようになる。

(a) 軍配の握り方に二流はない。
(b)「一味清風」は相撲の作法に二流のないことを表す。
(c) 軍配に「陰」と「陽」があるのはおかしい。

軍配の握り方に関する貴重な見解なので、私は後藤氏に電話をし、その記事について詳しく尋ねてみた（2004.9.18)。以下にその要点を記す。電話でお話を聞き、研究を重ねているうちに、後藤氏の見解に必ずしも賛同できない点が出てきた。それを私の「コメント」として簡単に記しておく[9)]。

---

9) 後藤氏にお話を聞きお世話になっていながら、異なる見解を記すことはできれば避けた

(1) **後藤氏**：軍配の握り方に「陰」と「陽」があると言い出したのは、ヒゲの親方である。NHKの対談で、とっさの思いつきで発言したのがきっかけである。それ以前は、「陰」とか「陽」とかという呼び方はない。

コメント：電話をした頃、私が知っていたのは昭和32年の『行司と呼出し』が最も古い文献だった。その後に20代木村庄之助のコピーを入手したが、それは2004年9月場所中である。そのコピーには軍配の握り方について「陰」と「陽」が使われている。「すなわち、「陰」と「陽」を使い始めたのは、ヒゲの親方が最初ではない。

(2) **後藤氏**：「陰」と「陽」は勝負の世界の用語であって、軍配の握りにそのような用語は似つかわしくない。軍配は勝負を判定するものであり、握り方に「陰」「陽」があるのはおかしい。

コメント：「陰の構え」と「陽の構え」というように、「構え」を使えば、「勝ち」と「負け」のイメージが薄くなるかもしれない。勝負を裁く軍配に「勝ち」と「負け」があるというのが、握り方に「陰」と「陽」を認めようとしない立場だからである。握り方を「構え」として捉え、「陰の構え」と「陽の構え」とすればよい。

(3) **後藤氏**：軍配は行司が持ちやすいように持てばよい。それを「陰」とか「陽」で表現するのはよくない。昭和31年以前は木村や式守に関係なく、行司が自由に握っていた。

コメント：昭和31年と言ったのは、19代式守伊之助と22代木村庄之助がNHKで対談した年である。それ以前に行司は自由に軍配を握っていたと語っているが、これは疑わしい。29代木村庄之助は昭和20年に入門したときに、師匠の7代錦太夫から二流あることを教わっている。20代木村庄之助も二流あることを認めている。先にも触れたように、20代木村庄之助は明治19年

いのだが、論を進めていく過程ではどうしても避けて通れない。提示の仕方を工夫できないか迷ったが、『大相撲』（1995.11）で記載されているものと深くかかわり合っているので、このような提示の仕方になってしまった。

に初土俵を踏んでいる。

(4) **後藤氏**：昭和31年以前は、師弟関係が深いので、先輩行司の握り方を踏襲する慣わしがあり、木村流や式守流というのはなかった。実際、木村庄三郎（後のヒゲの伊之助）は「木村姓」を名乗っていたとき、「陽」で握っていた。そのような例は他の行司でもよく見かけたという。

コメント：昭和33年に行司部屋が独立する以前は、巡業は部屋や一門別だったので、先輩行司の指導は絶対だったと言っても過言ではない。その意味では、28代木村庄之助の言っていることは正しい。19代式守伊之助（ヒゲの伊之助）は木村庄三郎の頃、確かに「式守流」で握っていた。30代木村庄之助（鵜池氏）も電話の中でそれを認めている（2004.9.27）。ただ木村流や式守流がなかったというのは、正しくない。

(5) **後藤氏**：NHKで放送された後は、立行司の言葉の重みもあり、また区別があったかもしれないという雰囲気もあって、その区別を維持しようという声が強くなってきた。その当時、行司部屋の独立があり[10)]、行司監督を置いて後輩行司を一括して指導することになり、軍配の握り方にも「陰」「陽」の区別をするようになった。

コメント：19代式守伊之助がたまたまNHKで軍配の握り方に二流あったと語ったからといって、それがきっかけとなり、その流儀を維持しようとする動きがあったというのは理解しがたい。行司の中で議論はしなかったかもしれないが、元々流儀があって、それが表面化したと理解するのが妥当であろう。行司部屋が独立し、入門する行司の指導に当たって、軍配の握り方をどうするか、話し合ったに違いない。そこで、統一された見解が出されたかどうかが問題になるが、どうやら明確な見解は出されていないらしい。できるだけ二流を維持しようという動きはあったが、それは「守るべきもの」という行司全員の同意にはなっ

10) 行司部屋は昭和33年に独立し、昭和48年に解散した。行司は各相撲部屋に配属された。どの相撲部屋に所属するかは行司それぞれであったと33代木村庄之助は行司控室で語っていた。

ていない。

(6) **後藤氏**：後藤氏も行司監督の一人であったが、「陰」とか「陽」という言葉は用いなかったという。握り方の区別をし、それを伝えていこうという動きはあったので、それにあえて反対はしなかったそうだ。後藤氏としては持ちやすいように持てばよいという指導をしたという。

コメント：行司監督は3名ほどいたらしいが、3名が一緒に同じことを教えるということはなかったようだ。後藤氏は軍配の握り方を担当する監督ではなかったらしい。行司監督が握り方に関し、不統一の見解であれば、教え方もマチマチになるはずだが、一人の担当者が主に責任を持って教えていたという[11)]。その教えに対して異を唱えるということはなかったようだ。この辺の詳しい事情ははっきりしないが、29代木村庄之助や現役行司たちの話を総合すると、二流を認める行司監督がしっかりしていれば問題はないということだった。

(7) **後藤氏**：軍配の握り方に関し、ヒゲの伊之助が発言するまで区別があったとは認められないが、現在、そのような伝統を維持していくことについてはあえて反対しない。しかし、「陰」と「陽」の用語にはこだわりがあるという。

コメント：二流を認めることが伝統になっているなら、それも致し方のないことだと達観しているようだ。木村庄之助になっても「式守流」で通すには、確固とした信念がなければならない。しかし、辞めてからは、第三者の立場で見ることができる。後輩行司たちが自分たちで決めればよいという心境であろう。

(8) **後藤氏**：師匠（22代木村庄之助）が『行司と呼出し』の中で、軍配の持ち方に二流があるということを述べていると話すと、それは書き手の小島貞二さんの知識だと断言した。師匠がそんなことを言うはずがないときっぱりと言った[12)]。

---

11) その責任者が後の29代木村庄之助である。その意味では、29代庄之助は握り方の伝統維持に大いに貢献している。29代庄之助は非常に謙遜して語っていたが、教える立場の人がしっかりしていれば何かを貢献できる。電話で話をしながら、伝統の維持にはこのような指導者の堅い信念があったんだと思ったことを今でも覚えている。

コメント：後藤氏は師匠の教えをよく守り、それを実行してきたことを知り、妙な感動を覚えた。行司の世界では師匠が白を黒と言えば黒であるとよく聞くが、師匠の指導がいかに絶対的なものかを改めて知った。少なくとも昭和33年以前は、師匠は絶対的存在だったようだ。

28代庄之助（後藤氏）は平成5年11月に退職しているが、握り方の区別はしていない。庄之助時代は式守流の「陽の構え」だった[13]。28代庄之助は2年後の1995年11月に掲載された『大相撲』の対談では、握り方の区別に対し、疑問を投げかけている。そうなると、平成5年11月までは握り方の区別をしている行司とそうでない行司がいたことになる。握り方に関しては行司全員で話し合い、統一された見解はなかったと見てよい。

28代木村庄之助と同様に30代木村庄之助（鵜池氏）も22代木村庄之助（泉氏）を師匠として仰いでいる。28代木村庄之助とほとんど同じことを語っていた。後藤氏と重複する部分も多いが、30代木村庄之助が語ったことのポイントを次に記す。これは二度にわたる電話で聞いたものである（2004.9.27/ 10.4）。

(1) **鵜池氏**：式守伊之助のときも軍配は木村流で握った。兄弟子の22代木村庄之助から「軍配は好きなように握ってよい」、「行司の作法に二流なし。一味清風とはそういう意味だ」、「式守流とか木村流はない」というように教わった。

(2) **鵜池氏**：木村流に握ったとき、周囲の誰からも質問も受けなかったし、非難もされたことがない。

(3) **鵜池氏**：雑誌『相撲』（1995.11）で述べてあることは事実だ。22代木村

---

12)『行司と呼出し』の口述筆記者は小島氏であり、相撲に精通していた。最初、私も軍配の握り方に関し、彼が自分の考えを追加したかもしれないと思った。しかし、22代庄之助が雑誌対談などで、握り方に二流あることを語っているのを読み、庄之助親方がそれを認めていることを知った。庄之助親方は二流あることを認めていながら、それにあまり意義を認めていなかったかもしれない。

13) 28代庄之助は式守姓と木村姓を何回か改姓している。式守伊之助を襲名する錦太夫の頃は式守姓だったし、その前の林之助の頃は木村姓だった。初土俵の式守松尾だった。入門時の「式守流」が身についていたかもしれない。

庄之助と19代式守伊之助の対談のとき、木村庄之助の付き人として帯同した。話の内容に間違いはない。

(4) **鵜池氏**：19代式守伊之助は木村庄三郎を名乗っていたとき、式守流で握っていた。

(5) **鵜池氏**：NHKの対談は昭和31年か32年で、確かな年号は記憶にない。NHKが内幸町にあったときである。

(6) **鵜池氏**：現在でも軍配の握り方に二流あるとは考えていない。

(7) **鵜池氏**：行司監督のころは、軍配の握り方は先輩行司に任せており、自分はタッチしていない。先輩行司の教え方に口出しすることもない。

(8) **鵜池氏**：師匠からは握りやすいようにすればよいと教わっていたので、握り方を気にしたことはない。

(9) **鵜池氏**：式守流と木村流の存在も知らなかったし、握り方に違いがあることを話し合ったこともない。

(10) **鵜池氏**：軍配の握り方に「陽」と「陰」があることはおかしい。「陰」は負け、「陽」は勝ちを意味し、軍配に勝ち負けはないはず。

(11) **鵜池氏**：昔は部屋単位で巡業し、先輩から行司の作法は学んだので、先輩の教えたことを守った。他の部屋の行司の作法についてはほとんど関心がなかった。したがって、22代木村庄之助が言ったことを正しいものとして守った[14)]。

5. 29代木村庄之助の見解

29代木村庄之助（桜井氏）には行司や相撲に関して知りたいときや勉強していて壁にぶつかったときなど、電話、手紙、ファクスなどでお尋ねし、貴重な

---

14) 22代木村庄之助は、『大相撲』（S31）で見るように、軍配の握り方に木村流と式守流があることは認識していた。ただ軍配の握り方に固執せず、握りたいように握ればよいと弟子たちには教えていたのではないかと推測する。そのように解釈しないと、22代木村庄之助が『大相撲』で語っていることと一貫性がなくなる。

お話を教えてもらっている。軍配の握り方についても、いつもと同様に、親方を煩わせたが、文献では得られないことをたくさん教えてもらった。親方は戦後まもなく昭和20年11月に初土俵を踏み、平成13年3月に立行司を辞めている。ここでは、電話で得たお話を最初に記し、次に手紙で得たお話を記しておきたい。電話のお話は2004年8月5日に交わされたものをまとめたものである。

(1) **桜井氏**：握り方は式守家と木村家の区別で、式守家を名乗っている行司は全員手のひらを上にし、木村家は下にする。姓を変えたら、握り方も変える。木村庄之助と式守伊之助だけに適用されるのではない。

(2) **桜井氏**：昭和33年に「行司部屋」が独立したおり、握り方をどうするかをまじめに話し合ったことはない。式守家と木村家は当然、握り方にも区別があるものと理解していたからである。ただ、行司の中には握り方にこだわらないものもいた。

(3) **桜井氏**：33年までは、一門別なので、先輩行司の意見を尊重する傾向があった。したがって、木村流と式守流は必ずしも統一されていなかった。しかし、「行司部屋」ができると、全員にしきたりを教える必要があり、木村流と式守流の伝統を教えるようになった。

(4) **桜井氏**：昭和20年に入門したが、その当時から師匠の錦太夫には握り方について教えられた。33年までは部屋単位か一門単位だったので、行司たちはそれぞれの部屋や一門のしきたりに従っていた。

(5) **桜井氏**：「握り方はどうでもいいよ」では、伝統は維持できない。やはり統一見解を早めに出す必要に迫られた。

(6) **桜井氏**：この握り方の相違は、少なくとも昭和20年代からあった[15]。親方は式守なのだから、軍配は手のひらを上に向けるんだと先輩行司から教えられた[16]。

---

15) このことから、昭和20年前から握り方に一定の型があったことがわかる。もちろん、後で分かるように、一定の型があったことは明治時代にさかのぼる。

16)『大相撲画報』(S32.6, p.34) の写真で見るように、29代木村庄之助の師匠・7代錦太夫

(7) **桜井氏**：「一味清風」のいうように「二流なし」は軍配の握り方にまで言及するものではない。物事には「陰」と「陽」があるように、式守家と木村家がある限り、握り方で区別があってもよい。土俵祭りでも「陰」と「陽」を認めている。

(8) **桜井氏**：後藤悟さんが区別しなくてもよいといっていたのは、知っていた。が、同意はしていなかった。平成13年3月に退職するまで、握り方は守ってきた。

次に記すものは、2004年8月16日付けの手紙で得たものである。私が質問事項を添えて親方に手紙を出し、それに親方が答えたものである。

(1) **質問事項**：昭和32年以前は、式守姓を名乗る行司だけが軍配の握り方に違いがあることを意識し、それを守っていたのではないかと思いますが、そうでもないでしょうか。握り方が不自然だが、あえて式守家の流儀を守ろうという意識が働いていた節はありませんか。

親方：私が初土俵の時、一門の兄弟子からお前は式守だから、手の甲を下にしなさい。同じ新弟子に木村雅信がおりましたので、雅信は手の甲を上に、これが木村、式守の違いだと言われました。7代目の錦太夫も間違いなく甲を下にして力士名を呼び上げておりましたので、昭和32年以前とかの話でなしに、木村、式守、の握り拳の陰、陽はあったように思う。あえて式守家だけ流儀を守ろうとしたことはない。

(2) **質問事項**：昭和32年以前、式守家と木村家に軍配の握り方が違うということを行司仲間で話し合ったことはありませんか。式守姓の行司が「陰」で握ったとき、先輩行司から注意を受けるようなことはありませんでしたか。

親方：昭和32年以前も以後も軍配の握り方で議論は一度もありません。先輩からも注意を受けたこともない。（当然木村、式守、の流儀と思っていますから）

(3) **質問事項**：昭和32年に行司部屋ができてから、軍配の握り方を木村姓は「陰」、式守姓は「陽」にしようということを行司仲間で議論し、それ

は養子の房錦を呼び上げるとき、「式守流」で握っている。

を守ろうということを決議したことはないでしょうか。「決議」というほどでなくても、立行司や先輩行司からそのような違いを守ろうという意見は出なかったでしょうか。

親方：行司が独立して行司部屋が出来たときにも一切この話はありません。

(4) **質問事項**：後藤氏は昭和59年5月に式守伊之助、平成3年1月に木村庄之助になっています。その後藤氏が握り方に違いはないということを『大相撲』（平成7年）の対談ではっきり述べています。そうなると、昭和32年頃にヒゲの伊之助が述べた握り方の相違はまったく守られていなかったことになります。ところが、親方（29代庄之助）は行司部屋ができた頃、握り方の違いを守ろうという論議があったと述べているし、昭和20年代にもその違いがあったとも述べています。そのギャップをどう理解すればいいのか、迷っています。

親方：私が立行司に昇格した頃に軍配の握り方で質問されたことがあります。その頃28代の後藤の親方が相撲の本で木村も式守も軍配の握り方で違いはないと言われておるので、どう思われますかと…．私は式守姓で入門し兄弟子から式守は軍配は「陽」にしてと教えてくれたので、伊之助までこの握り方できました。たびたび式守姓、木村姓になりましたが、軍配の持ち方は式守でした。行司全体の会議ではありませんが、仲間同士ではよく話し合いをしました。木村、式守とある以上、軍配の握り方は「陰と陽」でいいではないかと。このことは、私が引退の時、行司会でも話しました。相撲字の話と一緒に。

後藤の親方から直に聞いたことがないので、理解できませんし、ただ、同じ時期に行司監督をしておりましたときに、新弟子の行司にお前は式守だから握り拳を下に、お前は木村だから上にと教えていたときに一度も注意がなかったので、違いがないと言っていると聞いた時には理解できませんでした。木村姓、式守姓があるように、やはり軍配の握りぐらい違うほうがあってもいいだろうと思っています。

(5) **質問事項**：昭和32年以前の文献に、握り方の相違を述べた文献があれば、ギャップを埋め合わせすることもできますが、今のところ、まだ見つかっていません。これは大変重要な作法の違いですから、違いがあったならどこかで必ず述べてあるはずだと考えています。

親方：昭和20年に行司に入門と同時に軍配の持ち方をして習っているの

で間違いありません。

(6) **質問事項**：親方が式守伊之助、それに木村庄之助の頃、握り方の相違を伝統として守っていこうということを、式守姓を名乗る行司の仲間で話し合ったことはないでしょうか。最近の文献を見ていると、握り方は自由だと言っています。すなわち、行司の判断に任せてあると述べています。これでは、式守姓を名乗る行司でも伝統を守る人と守らない人が当然、出てきます。

親方：式守会でも特にこの話はでません。ただ、付き人や兄弟子の関係で木村、式守と変わった人は本人の自由にしていますが、初めから木村姓や式守姓は今でも区別してやっております。

(7) **質問事項**：以前は木村姓から式守姓に変える行司もよくありましたが、式守姓に変わるたびに軍配の握りを変えなくてはなりませんが、実際は、行司はそれを守るように努めたでしょうか。電話でもお話ししましたが、親方も幕下格行司までに「姓」を何度か変えていますが、そのたびに軍配の握りを変えるように意識しましたか。他の行司はどうだったでしょうか。それについての失敗談などはないでしょうか。

親方：(6) の質問と同じ。私は木村姓になっても式守の軍配の握り、手の甲を下にしていました。巡業などに何回か手の甲を上にしたことがあります。庄之助になった時に一度だけ手の甲を下にしたこともあります。

握り方に二流あったことは、昭和31、2年頃に突然言い出したものではなく、昔からの伝統として受け継がれている。どの時点からそのような区別があったかは分からないし、行司全員が同じしきたりに従っていたわけでもなさそうである。したがって、握り方で統一された考えがなかったとしても不思議ではない。それで、師匠の教えが絶対的なものとなる場合もあるし、伝統だと信じてそれを受け継いだ行司もいるという状態である。

6. 20代木村庄之助（松翁）の見解

軍配の持ち方について、昭和32年以前の文献がないか、ずっと捜し求めていたが、なかなかその幸運に恵まれなかった。2004年9月場所11日目、たまたま両国の行司控室で十両格行司（当時、現在は幕内格）の木村吉之輔（現在は式守錦太夫）と雑談しているとき、20代木村庄之助（松翁）が口述筆記したコピーを自宅に持っているということが分かった。それをぜひ見せていただきたいというお願いをしたところ、翌日（場所12日目）、見せていただけた。感激したことはもちろんである。

コピーはA4サイズの1枚で、聞き手は不明だが、文面と内容から20代木村庄之助本人が述べたものだと判断した。コピーして自由に使用してよいという言葉を木村吉之輔からもらったので、次にそれを記しておきたい。軍配の握りだけに限定した内容ではないが、軍配や行司の作法についても述べているので、コピーのすべてを記すことにする。

木村松翁（庄之助）氏に行司の持用器のことを訊くの記

昭和11年10月5日

広島練兵場大日本相撲場

「普通、行司の持ちものは「軍配団扇」と申しますが、木村と式守両家の持ち分はそれぞれに軍配、団扇であります。すなわち木村のは瓢箪形であり、式守のは卵形です。私は式守の出ですから、このように（と団扇を示され）卵形を用いております。

昔は、木村、式守両家の軍配団扇は截然たるものだったのですが、東京と大阪と合併してから、あるいは式守より木村に入り、木村より式守に入るものあり、系統が混雑し、従って持つものも混乱してきました[17]。

次に、式守は団扇を陽（掌を上にして）に持ち、木村は軍配を陰（掌を下

17)「持つ物」はおそらく「握り方」の意味であろう。

にして）に持ちます。

麈を切るとき—相対礼に立合うときは式守、木村いずれも右を陰にし、左を陽に建向を受けます。

軍配団扇の表裏は、「天下泰平」その他の銘ある面を上にすべきですが、日月と銘ある場合は日月を上にします。

○ 稀世の名行司といわれる松翁氏は始め式守錦太夫を名乗り、伊之助となり、次いで木村庄之助となりしなり。

○ 実際、軍配団扇の持ち方を注意して現にほとんど陰に持てり。

○ 麈の切り方に照応して、力士の手を陽に開き陰に反すと同様に、団扇捌きをなすを見たり。すなわち、軍配団扇は陰に出し陽に反し、陽に出し陰に反す。陰陽和合なり。ただしこれは右手のみを以ってする。左手を添えるときはその説のごとく、右手の陰に左手は陽なりき。」（句読点や字句を少し変えてある：NH）

このコピーは手書きであるが、軍配の握り方に二流あることを確認する貴重な資料である。少なくとも昭和11年まではそれを確認できたことになる。20代木村庄之助は昭和11年1月に「松翁」を名乗ることを許されており、5月場所からは番付にもそれを明記している。明治19年1月に初土俵を踏んでいるので、おそらくその当時から軍配の握り方には二流あったに違いない。しかし、昭和11年以前に、それを確認する資料はまだ見つかっていない[18)]。いつかそのような資料が発見されることを願っている。

軍配の握り方に二流あるのは、ひょっとすると、幕末にさかのぼるかもしれないという気がする。木村家と式守家は明治後期までまったく別系統であるし、両家がはっきり区別されるようになったのは幕末だからである。岩井姓の行司が番付から姿を消したのは幕末で、東京相撲の行司はその後、木村姓と式守姓だけになっている。両家を区別するシンボルが、名乗り上げをするときの軍配の握り方だった可能性がある。

---

18) 先にも触れたように、『都』（M43.4.29）でその資料が見つかったが、今のところ、それ以前の資料はまだ見つかっていない。軍配の握り方は明治43年以前にあったはずなので、それを裏付ける資料が見つかる可能性はある。

木村家と式守家が異なる軍配の握り方を明治19年あたりから区別していたならば、16代木村庄之助が若いころ、木村姓から式守姓になったとき、軍配の握り方を変えていたかもしれない。そして再び式守姓から木村姓になったとき、木村流に握り方を戻したかもしれない[19]。しかし、それを確認する資料はまだ見つかっていない。苦労話やミスした体験談がないかと探しているが、今のところ、軍配の持ち方について言及した資料には巡り合っていない。

20代木村庄之助は軍配の握り方が混乱してきた理由の一つを指摘している。これは大変興味ある話である。大正15年末に東京相撲と大阪相撲が合併し、大阪相撲から入ってきた行司が、軍配の握り方を踏襲するという東京のしきたりに従わなかったためであるという。これが真の原因の一つかどうか分からないが、大阪相撲には軍配の握り方に二流なかったかもしれない[20]。そして東京に入って上位に付け出された行司は自分たちの考えをそのまま維持し、入門してきた弟子たちにも自由な握り方をさせたのかもしれない。たとえば、22代木村庄之助は合併前の大正13年に東京相撲に転じているが、大阪相撲では幕内まで昇進している[21]。三役格から式守伊之助を経て木村庄之助になって

19) 木村誠道は明治20年春場所、姓名を変えて式守鬼一郎になっている(『読売』(M45.1.7))。さらに、2年後、式守鬼一郎から元の木村誠道に戻っている。当時、軍配の握り方があったなら、「姓」が変われば軍配の握り方も変わったはずだ。それに触れた資料がないかを調べてみたが、見つからなかった。木村誠道は、最初、木村流で始まっているので、式守姓に変わっても木村流のままでよいという暗黙の了解があったかもしれない。そのような了解が当時、あったかどうかは定かでない。昭和に入ってからでも木村姓と式守姓を何回か繰り返した行司は、ときどき、最初に身につけた握り方をその後も堅持する行司がいたし、「姓」を変えるごとに握り方も変えようとする行司がいた。「姓」を変えた場合、握り方をどうするかは重要な関心事であるはずだ。しかし、それをどのようにするかについて話し合ったということを示す資料を、今のところ、見たことがない。握り方が重要な意味を持つのであれば、これはある時点で話題になった可能性がある。この辺の解明は、今後の研究に俟つしかない。

20) 大阪相撲の行司が力士の名乗りを上げるとき、軍配をどのように握っていたかは何も調べていない。大阪相撲には木村姓が多いが、軍配の握り方に一定の流儀はなかったかもしれない。

21)『行司と呼出し』(p. 49) では、大正13年春場所、木村林之助で番付に載ったとあるが、番付で確認できるのは大正14年春場所である。大正14年が正しいことは22代庄之助自

も若い頃の握り方をそのまま維持している。その弟子である28代木村庄之助、30代木村庄之助、それに一門の春日野部屋の行司たちは、その師匠の指導を受け、師匠の握り方をそのまま踏襲している。

20代木村庄之助は述べていないが、軍配の握り方に混乱が生じた原因の一つには、木村家と式守家が明治後期に事実上、別系統としての「家」でなくなったことがあるかもしれない。つまり、式守伊之助と木村庄之助が「地位」として位置づけられ、木村姓や式守姓を名乗ってきた行司がその「地位」に着くようになった。式守家と木村家が「家」のシンボルとして握り方を守ってきたものが、それほど重要なシンボルではなくなってしまう。地位に着けばそのシンボルを維持しようという行司とそれを維持しなくてもいいと思う行司が出てくる。それが、握り方にも反映することになる。

17代木村庄之助（酒井兵吉）は明治44年5月場所に木村庄三郎（当時、第三席の准立行司）から10代式守伊之助になっている。つまり、木村姓を名乗っていた「准立行司」が初めて式守姓に変わり、「式守伊之助」になった[22]。式守伊之助を襲名したとき、この行司が軍配の握り方を変えたかどうか興味があるところである。握り方に二流あったならば、木村姓から式守姓になったとき、軍配の握り方を変えるのが普通である。同様に、式守伊之助まで「式守姓」を名乗っていた行司が「木村庄之助」に昇進したとき、式守流から木村流に変えたのかも確認したい。たとえば、19代木村庄之助（亀頭多喜太）は三役格までは式守姓を名乗っていたが、大正15年1月に式守伊之助から木村庄之助に昇格している。軍配の握り方に二流あり、それが重要であったならば、握り方を変えているはずである。少なくとも握り方を変えようという努力の跡はあるはずだ。しかし、今のところ、これらの行司の握り方を資料では確認できなかっ

身が後で雑誌などで修正している。木村林之助は大正13年夏場所2日目から実際に登場しているが（『朝日』(T13.5.18)）、やはり番付ではそれを確認できない。東京相撲の行司となるために大阪相撲は辞めて出羽海部屋で待機していたが、番付記載前に登場することがまだ決まっていなかったからかもしれない。どの位置に処遇するかに関し、行司仲間でトラブルがあったようだ。

22) 木村庄三郎は明治38年夏場所、紫白を許されている。つまり、「准立行司」になっている（『時事』(M38.5.15)）。上位に木村庄之助と式守伊之助がいた。

た[23]。いつかそれが確認できることを期待している。

7. 一味清風について

軍配の握り方に二流を認めない立場の行司はその理由の一つとして「一味清風」という言葉をしばしば使っている。それは「相撲の作法に二流なし」という意味で、吉田司家から延々と伝わる言い伝えであるという。それでは、この「一味清風」はどこに由来するかとなるが、たとえば『本朝相撲之司吉田家』(T2) にはその由来について次のようなことが述べてある[24]。

> 「元亀年中、関白二条晴良公は長助氏を召して、斯道の故実をお尋ねになった。長助氏は納得のいく説明をされた。そのため、公自らが団扇に一味清風の四文字を記して授けられた。これ日本相撲の法に二流分かれるときは、必ず道乱れるゆえに作法を一味にして相撲の道を治めよ。これ清風なりという意である。長助氏は長く朝廷相撲の司となって、行司官をつとめるようにということでこれを授けられたのである。」(pp.5-6)

つまり、行司の作法に二流があってはならないということで、晴良公が団扇に「一味清風」を自ら書き記したという。この「一味清風」の文字は軍配にもよく使われる。「一味清風」が晴良公に由来するのか、その意味づけが本当なのか、私は分からない。少なくとも作法に二流を認めない立場の行司は、その由来を真実だと受け止めている節がある。

二流を認める立場の行司は「陰」と「陽」はすべてに当てはまり、勝負の「勝ち」と「負け」を意味しないと考える。物事の「原理」に過ぎないので

---

23) 握り方に式守流と木村流があったので「姓」を変えると、握り方が問題になったはずである。木村姓が式守伊之助になり、そして木村庄之助になれば、握り方で戸惑いがあったはずだ。

24)『ちから草』(S42, p.124) によると、元亀年中に「一味清風」の団扇を下賜された行司は「13世追風」である。

あって、それに深い意味はない。「陰」と「陽」だけを強調すれば、確かに、軍配の本来の機能が歪められる可能性がある。「陰」・「陽」という言葉の意味を和らげるには、「陰の構え」・「陽の構え」という表現を用いればよいかもしれない。「構え」であれば、「勝ち」とか「負け」はほとんど気にならない。「陰の構え」・「陽の構え」ならば、「作法に二流なし」という立場の行司でも受け入れるかもしれない。

8. 行司監督の朝之助と城之介に聞く

国技館の行司部屋で行司監督の木村朝之助と木村城之介に軍配の握り方について、行司たちは現在、どのように対処しているかを尋ねた。木村朝之助（当時は三役格）と木村城之介（当時は幕内格）は隣同士で席を確保しているので、特別に話し合いの場を設定する必要がなかった[25)]。最初、二人が行司監督だとは知らなかったが、話しているうちに監督だと分かり、貴重な話を得ることができた[26)]。次に記すものは、2004年9月12日に聞いたことをまとめたものである。

(a) 入門してきた行司には木村姓か式守姓かを確認し、軍配の握り方を教えている。これは行司部屋ができてから、監督が継続的に教えている。
(b) 握り方は伝統なので、行司の自由裁量ということはない。木村なら「陰」、式守なら「陽」である。
(c) この握り方は伝統なので、今後も持続する。また継続するものだと考えている。
(d)「姓」を変えたら、その姓に合う握り方をする。少なくともそうするように心がけている。

---

25) 木村朝之助は33代木村庄之助、木村城之介は35代木村庄之助となった。
26) 監督は3名で、もう一人は十両格の木村寿行だが、話し合いの場にはいなかった。式守錦太夫（10代、当時）と木村吉之輔（現在は式守錦太夫（11代））も話の輪の中にいたが、木村吉之輔は「姓」が変わるごとに握り方を変えるように努めたと言っていた。

(e) 握り方を変えるのは習慣を変えるようなものなので、間違えることもあるが、基本的には、変えるのが当然。

(f) 握り方を守らなかったからといって、罰を加えられるというものではない。本人の自覚を促すだけである。

行司監督と話していると、伝統を遵守しようという雰囲気が十分伝わってきた。少なくとも入門する時点では、軍配の握り方に二流あることを教え、実際に軍配の握り方を実施指導している。若い頃に教えたものは、その後の行司生活の中で生き続ける。このようにして、伝統が維持されていく。したがって、軍配の握り方は行司に任せているというような文献の記述は、少なくとも現状の真の姿を反映していない。

行司監督も語っていたが、握り方を教えるのは入門の頃だけで、その後は行司本人に任せてあるそうだ。したがって、時の流れの中で、行司が握り方を変え、それが「癖」になり、独自の握り方になるということもある。個性がにじみ出るようになると言ってもよい。十両以上にもなると、一人前の行司なので、他の行司があれこれ意見をするということもまったくない。十両以上の行司に個性豊かな握り方が認められるのは、そういう背景があるからである。軍配の握りに関する限り、いかにも自由な世界だという印象を受ける。もちろん、この自由の中に伝統を維持しようとする行司が大多数を占めるのも事実だ。

9. 現役行司はどんな握り方をしているか

木村姓は木村流で握り、式守姓は式守流で握っているかを実際に調べてみようと思い立ち、2004年9月場所中、6日間毎日通い、序ノ口格行司が登場する取組から立行司が登場する結びの取組まで土俵溜りの近くで軍配の握り方を調べてみた。調べる前は木村流と式守流を確認するだけだと思っていたが、実際はそうでないことが次第に分かってきた。木村姓を名乗る行司が式守流で握っている場合もあったからである。そのうち、木村流にも式守流にもいくつか握り方のパターンがあることに気がついた。

握り方をいくつかのカテゴリーに分け、各行司がどのカテゴリーになるかを注意深く分類した。実際に観察したものが正確かどうか自信がなかったので、三役格行司の木村朝之助に確認してもらった。そして、おそらく、間違いないだろうというお墨付きをもらった。実は、月刊誌『相撲』と『大相撲』にも行司の名乗り姿を撮した写真がしばしば掲載されている。どちらかと言えば、『大相撲』の1月号によく掲載されている。それを見れば、どの行司がどのように軍配を握っているかを即座に確認できることもある。最近の月刊誌を参考までに、いくつかを示しておく。

(a)『相撲』(H16.1) の「新春全行司名鑑」
(b)『相撲』(H15.1) の「新春全行司名鑑」
(c)『大相撲』(H14.1) の「カラー行司名鑑」
(d)『大相撲』(H12.1) の「カラー行司名鑑」
(e)『大相撲』(H11.1) の「カラー行司名鑑」

現役行司がどのような握り方をしているかを確認するために6日間も毎日国技館に通ったが、月刊誌の写真を見るだけでも十分である。しかし、実際に自分の目で調べてみると、他の資料でも確認できたという安心感が得られる。写真では、名乗りを呼び上げるときの軍配と「塵浄水」をするときの軍配が混在しているときもある[27)]。その見分けが正しくないと、軍配の握り方を間違って判断してしまう恐れがある。それでは、実際にどのような握り方をしているか、細かく見ていくことにしよう。

(A) 木村流

木村流は「陰」と呼び、それは甲を上にし、掌を下にするとよく言われる。

---

27) 塵浄水では軍配を肩の高さで左側に水平に向ける。この姿がしばしば写真では掲載されている。塵手水のときは、腕が左側に曲がり口元がしっかり閉じているが、名乗りのときは腕が前方に伸び口元が少し開いていることが多い。

しかし、実際の軍配の握り方を見ていると、甲は必ずしも上を向くわけでない。行司によって上にしたり、右斜めにしたり、真横にしたりしている。細かく見ていけば、その中でもさらに区分することができる。重要なことは、甲が真横向きの状態から右に傾いていたり、掌の底部が左上を向いていなかったりすることである[28)]。掌の底部が左上を向かず、真下になっている場合は「陰」として見做す。少し詳しく握り方を見てみよう。アルファベットの右側の記号は、分類のための記号である。

(1)　甲が上の場合

(a)　○　手首を右へ少し捻る。
(b)　○　手首を右へ大きく捻る。
(c)　◎　手首を右へほとんど捻らない。

手首の捻り具合によって軍配の方角も自然に変わる。しかし、軍配の方角は柄を握る強さや柄のどの位置を握るかによっても変わるので、手首の捻り方だけでは方角が決まらない。握りを強くすれば、手首を右へ大きく捻らない限り、軍配はやや左側を向く。

(2)　甲が斜めの場合

(a)　◇　少し右下斜めになる。
(b)　◇　大きく右下斜めになる。

甲が斜めの場合は、軍配が腕に沿ってまっすぐになりやすい。

---

28)　軍配の握り方は「陽の構え」と「陰の構え」だけでなく、その中間に相当する「中立の構え」を認めたほうが実際的だが、本章ではやはり二分法を採用している。したがって、「中立の構え」は「陰の構え」に分類する。20代木村庄之助（松翁）は二分法を唱えているが、その木村庄之助の握り方を映像で見ると、「中立の構え」である。自分では木村流の握り方にしていたつもりだが、式守流の握り方の癖が抜けなかったかもしれない。このような例は他の木村庄之助でもよく見られる。

(3) 甲が横の場合

(a) ■　掌の底部が少し右へ向く。その場合、甲の上部はやや左向きとなる。甲は斜めというより上下に垂直という印象を与える。

(b) ■　掌の底部が真下にくる。少なくとも底部の真下は左上を向かない。もし左上を向くと、甲の上部もやや右に向く。その場合は式守流となる。

甲を横にすると、式守流の握り方に近いという印象を与えるが、これはどうやら木村流らしい。というのは、この握り方をする行司はほとんど「木村姓」を名乗っていて、本人は木村流で握っていると思っているからである[29)]。ポイントは掌の下部が左上を向いていないことであろう。木村流と式守流を区別するには、他にも二つほどポイントがある。一つは、房飾りの位置である。式守流では真正面から見て、房飾りが軍配の真下か右側に位置するが、木村流では軍配の外側か真下より左側に位置する。軍配の真下より左側に房飾りが位置するのは、手の甲を真横にし、力を込めて軍配を握る場合である。

もう一つのポイントは、手首の捻り具合である。式守流では掌が左上を向くように手首を左に捻る。その捻りが少しであれば掌が少しだけ上向きになり、大きく捻れば大きく上向きになる。木村流では手の甲を真横に向けるとき、その判断が非常に微妙になることがある。力を入れずに軽く軍配を握れば、掌は真下を向くが、力を入れて強く握ると、真下というより左上を少しだけ向くことがある。これは「式守流」だと分類することも可能である。手の甲を真横にする握り方では、その分類はときどき違うことになる。

月刊誌『相撲』(H17.1) の「新春全行司名鑑」(pp.83-5) に名乗り上げをするときの写真が掲載されているが、木村流の中には式守流として分類してもよさそうな「紛らわしい」握り方をする行司が何名かいる。掌が左上を向くほど手

---

29) この握り方には興味があったので、行司本人に確認したところ、自分は木村流で握っているつもりだと語っていた。握り方には個性があり、本人が思っていることと実際の握り方と違っていることがある。これは行司の「癖」とみなしてよい。

首を捻っていないが、房飾りが軍配の中央下、あるいは中央より少し右寄りになっている。たとえば、次の行司の握り方は、必ずしも、明確ではない。すべて「木村姓」である。

光之助（三役）	庄三郎（幕内）	恵之助（十両）
堅治郎（幕下）	勝次郎（幕下）	行男（三段目）
吉二郎（三段目）	好夫（序二段）	

行司は自分が手首を捻っているという意識はないかもしれない。手の甲が真横を向いていたり、掌が左上を明確に向いていないので、木村流で握っているのだと判断しているはずだ。木村流の握り方には幅がありすぎるが、式守流はかなりはっきりしている。

(B) 式守流

式守流は「陽」と呼び、それは掌を上に向けるとよく言われる。しかし、実際の軍配の握り方を見ていると、掌は真上を向いていない。掌が左の方向を向き、甲が全体として左下へ斜めになるだけである。

(a) △　掌の下部が左上に少し向く。拳は全体として右上から左下へ少し斜めになる。
(b) ▲　掌の下部が左上に大きく向く。拳は全体として右上に左下へ大きく斜めになる。

	握り方	所属部屋	入門年月
〈序ノ口段格行司〉			
木村秀朗	○	千賀ノ浦	H6. 4
木村光哉	◎	錦戸	H15. 4
木村泰賀	○	大島	H15. 4
式守大輔	▲	鏡山	H14. 4

〈序二段格行司〉

木村亮輔	○	中村	H13. 10
木村隆義	○	玉ノ井	H13. 2
木村好夫	○	入間川	H12. 9
木村純之助[30]	○	八角	H10. 10

〈三段目格行司〉

木村将二	○	春日野	H15. 10
木村保之助[31]	◇	出羽海	H5. 10
木村勘九郎	○	北の湖	H5. 5
木村吉二郎	◇	放駒	H5. 5
式守玉男	△	片男波	H4. 11
木村行男	◇	玉ノ井	H4. 1

<幕下格行司〉

木村誠二	◇	花籠	H3. 10
木村隆男	○	鳴戸	H3. 3
木村勝次郎[32]	■	高砂	H3. 3
木村要之助	○	東関	H2. 3
木村堅治郎	■	峰崎	H2. 3
式守慎之助	△	二所ノ関	H1. 3
木村秋治郎[33]	◎	三保ケ関	S61. 12

30) 木村純之助は、平成14年には、甲がやや斜めである。

31) 木村保之助は、平成14年には、甲がやや斜めである。

32) 木村勝次郎は、平成11年には、式守流で握っている。平成14年にも、式守流に近い握り方である。しかし、平成16年には、木村流で握っている。

33) 木村秋治郎は、平成12年には、式守流で握っているが、平成16年には木村流である。

〈十枚目格行司〉

木村元基[34]	○	湊	S59. 4
式守錦之助	△	伊勢ケ浜	S59. 4
木村寿行	○	大島	S58. 4
木村晃之助[35]	■	九重	S56. 4
木村善之輔	◇	春日野	S54. 9
木村恵之助[36]	■	九重	S52. 10
木村玉治郎	◎	立浪	S51. 2
木村和一郎	○	高田川	S50. 4
木村吉之輔	◇	宮城野	S50. 2

〈幕内格行司〉

木村正直	○	朝日山	S44. 4
木村庄三郎[37]	△	大島	S40. 6
木村信孝	△	放駒	S40. 4
式守輿之吉	△	井筒	S39. 4
式守勘太夫[38]	▲	伊勢ケ浜	S30. 6
木村城之介	○	立浪	S37. 4
木村孔一	▲	北の湖	S30. 1
式守与太夫	▲	伊勢ノ海	S31. 1

---

34) 木村元基は、平成16年には、木村流だが、平成14年に式守流に近い。

35) 木村晃之助は、平成12年には木村流だが、平成16年には式守流に近い握り方である。晃之助は平成22年5月場所も式守流で握っている。しかし、房飾りがやや右よりで、手首を左に捻っていないことから、木村流として分類する。紛らわしい握り方であることは確かだ。晃之助は平成22年5月場所も式守流で握っている。

36) 木村恵之助は平成14年、手首を左に捻っていないので、木村流としてもよいが、平成16年は少し捻っているので、式守流とみなしてよい。

37) 木村庄三郎は式守流の握り方をしている。房飾りは軍配の真下にきている。平成12年の写真でも式守流の握り方である。

38) 式守勘太夫は木村忠雄を名乗っていたとき、木村流で握っていた。

〈三役格行司〉

式守錦太夫	▲	二所ノ関	S31. 3
木村朝之助	○	高砂	S30. 1
木村光之助[39]	■	二子山	S30. 1

〈立行司〉

式守伊之助[40]	▲	出羽海	S30. 1
木村庄之助[41]	○	立浪	S30. 1

現役行司の軍配の握り方では、大体、次のような点が指摘できる。

(a) 式守姓の行司は例外なく、式守流である。掌の向き具合に少し違いはあるが、木村流の握り方をする式守姓の行司は一人もいない[42]。

(b) 木村姓の行司は、多くの場合、木村流だが、中には式守流の者もいる。幕内格に三人もいる。木村姓を名乗る幕下格以下行司には式守流で握っているものは誰もいない。しかし、木村流の中には手の甲が横向きの場合、式守流と間違えるほどかなり微妙な握り方をしている行司が何人かいる。

---

39) 木村光之助の握り方は非常に紛らわしい。見方によって「式守流」にも「木村流」にも分類できる。それは、軍配を強く握るためである。よく注意してみると、掌は左上を向いていないし、房飾りも真下よりやや右側に位置するので、「木村流」として分類する。

40) 現33代式守伊之助は三役格（木村咸喬）のときは木村流で握っている。

41) 現31代木村庄之助は三役格（木村庄三郎）のときは木村流［相撲カード］、32代式守伊之助のときは式守流で握っている。

42) 三役になっている行司で、式守を名乗る行司が「木村流」の握り方をする行司がいないか資料を調べているが、昭和以降ではまだ見当たらない。これは非常に不思議なことで、軍配の握りが「自由」であれば木村流で握る「式守姓」の三役格行司がいてもおかしくない。それは単なる偶然なのか、それとも伝統を若い頃教えられてきたからなのか、原因を調べる必要がある。

(c) 十枚目格行司の中に木村姓を名乗る行司が式守流に握っている者がいるが、本人たちは木村流で握っていると思っている節がある。掌の底部は式守流のように左上を向かず、垂直になっているので、木村流のカテゴリーになるという解釈である。しかし、力を込めてそのような握り方をすれば、掌の下部がやや左上を向く傾向があり、やはり式守流とみなすのが妥当であろう[43)]。

(d) 幕内格行司の中に木村姓を名乗る行司が式守流で握るものが三人いるが、これは握り方に「姓」による伝統を認めたくないという意識が働いているようだ。直接本人たちに尋ねていないので断言できないが、「軍配は握りやすいように握ればよい」という考えでそういう握り方になっているのだという声を耳にした。もう一つの声は、伝統は認めているだろうが長年の「癖」を直すのが難しく、そのように握っているらしいということだった[44)]。

(e) 木村姓の行司が式守伊之助に昇格したとき、握り方を変えるか、それともそのまま式守流で握るか、興味深いところである。これまでも式守伊之助や木村庄之助の地位に昇格したとき、「姓」が変わると、軍配の握り方を変える行司とそうでない行司がいた。どういう握り方をしようと、それを問題にすることはまったくないそうである。上位行司に対して下位の行司がなにか意見を言うことはまずありえないし、同じ「位」の仲間同士でも相手の軍配の握り方で意見を言うことはまったくないらしい。

---

43) この握り方は力の入れ具合によって「中立的な構え」になったり「陽の構え」になったりする。強く握れば「陽の構え」になりがちである。その場合でも、ほんの少し掌の底部が左上を向くという程度である。したがって、どの分類にするかは、非常に微妙である。

44) 幕内格行司の木村孔一は明らかに式守流だが、30代木村庄之助（鵜池氏）によると、そのほうが握りやすいからだと本人が言っていたという。30代木村庄之助も「握り方は本人の自由だからそれでよい」と助言したとのことだった（電話での話。2004.9.27)。木村孔一は元々春日野部屋に所属していて、出羽海部屋所属の30代木村庄之助は先輩行司である。

(f) 幕下格以下行司の場合、木村姓と式守姓を名乗る行司は軍配の握り方を「伝統」として守っている。これは行司監督の指導によるものである。入門した間もない頃、式守姓と木村姓では軍配の握り方に違いがあることを教えているそうだ。しかし、そういう指導は入門したての頃だけであり、それ以降は行司本人に任せているという。行司仲間で握り方を問題にしたり、指摘しあったりすることはないそうだ。したがって、いつの間にか握り方にも行司の個性が現れ、いろいろな握り方になるらしい。それが実態のようだ。

(g) 式守流には握り方であまりバラエティはないが、木村流にはいくつかバラエティがある。それはなぜだろうか。式守流では掌の向きが大きいか小さいかの区別しかないが、木村流では手の甲の傾き具合と手首の捻り方で握り方が変わるからである。すなわち、木村流には選択の幅が大きいのに対し、式守流にはそれがかなり小さい。この選択の幅は今後も変わらないであろう。

(h) 式守姓を名乗る行司に木村流で握る行司がまったくいないのは不思議なので、それは入門時の頃、厳しく指導されることや人数が少ないためなのかと行司たちに尋ねてみたところ、実は意外な話があった。式守流で軍配を握ったほうが、軍配の向きが腕に直線になりやすいからだという。最初は腕を少し右側に捻るので不自然な感じがするが、慣れてしまえばまったく気にならないそうだ。ところが、木村流では軍配を腕に直線的に構えようとすると、手首を右へ大きく曲げるか手の甲を大きく斜めに傾けるかしなければならない。

木村流の行司が「式守流」で握る場合がたまたま見られるが、それには何か理由があるかと29代木村庄之助に尋ねたところ、次のように話していた(2004.10.4)。式守姓の行司に握り方で例外がないのは、二つのことが考えられるという。

(a) 式守流のほうが軍配を青房にストレートにしやすい。慣れると、その握り方がやさしい。木村流は手首を右につよく捻らなくてはならず、それはきつい。

(b) 入門時に握り方を教えられるので、式守姓はそういう握り方をするものだと身に着けている。習慣でそれに慣れると、それが当たり前になる。

興味深いことに、式守姓の行司には「木村流」の握り方をする行司はいない。少なくとも現役の行司にはいない。しかし、三役格までずっと「木村姓」を名乗ってきた行司が「式守伊之助」になれば、「木村流」で握ることもありうる。同様に、式守伊之助までずっと式守姓を名乗ってきた行司は「木村庄之助」になれば、「式守流」で握ることもありうる。身についた握り方を変えるには意識して変えなくてはならない。

10. 立行司になった行司たちはどのような握りかたをしていたか

三役格行司から式守伊之助になり、次に木村庄之助になったとき、行司は軍配の握り方を変えていたのか、それとも変えていないのかを調べてみることにした[45)]。軍配の握り方が木村姓と式守姓で違いがあるのであれば、「姓」が変わるとき、やはり軍配の握りを変えるはずである。それを調べるために、便宜的に、三役格行司以降の握り方を調べることにした。

(a) 三役格行司で木村姓を名乗っていて式守伊之助になったとき。

(b) 式守伊之助から木村庄之助になったとき。

もし握り方が「姓」によって違うのであれば、三役格行司のとき式守姓を名

45) 三役格以前にも「改姓」をする行司はいたので、その改姓に伴ってどのような握り方をしているか、興味はある。しかし、十分な資料を見つけることは不可能に近いので、三役以上になってからの「握り方」に注目することにした。三役格以上の場合でさえ、名乗り上げで軍配を差し出している姿だけを写した資料は偶然に見つかるくらいである。中には、なかなか見つからない行司さえいる。

乗っていた行司は式守伊之助に昇格しても握り方を変えなくて済む。しかし、木村姓を名乗っていた三役格行司は式守伊之助になったとき、握り方を変えなくてはならない。また式守伊之助から木村庄之助に昇格したら、握り方を変えなくてはならない。本当に、「姓」が変わると、握り方も変えているだろうか、それを確認したかった。結論としては、変えようとする努力は見られるが、すべての行司が変えているわけではないということである。

過去の立行司がどんな握り方をしていたかを確認する資料は意外と少ない。写真や映像では力士の取組が中心で、行司は付随的に裁いている姿だけが映っている。名乗り上げている姿を見つけるのは幸運にすぎないという感じだ。中には、立行司であるのに名乗りを上げている写真がなかなか見つからないものもいる。こういう状態なので、三役格以下の行司となると、まったくと言っていいほど、名乗りを上げている姿はない。

しかし、写真や映像は、たとえば、相撲協会にもNHKにもあるはずなので、時間をかければ確かな資料をもっと簡単に入手できるかもしれない。ここでは、雑誌や書籍など活字資料を中心に確認してある。さらに、三役格行司の木村朝之助にもリストを渡し、行司仲間にも確認するようにお願いした。木村朝之助によると、中には付き人をしていた行司からも貴重な指摘が得られたそうである。無印の○は写真などで確認できたものだが、「推定」は名前や部屋などからその握り方を推定したものである。この推定は、ひょっとすると、間違っている可能性もある。

(A) 木村庄之助になった行司

	式守流	木村流
30代木村庄之助（出羽海部屋、鵜池保介）	……	○
31代式守伊之助	……	○
三役格（木村容堂）	……	○

写真や大相撲カードなどで見ると、三役格から木村庄之助までの握り

方は木村流である。したがって、式守伊之助の頃も三役格の頃と同じ握り方である。式守伊之助の頃に木村流で握っているので、本人に電話で確認してみた。師匠（22代木村庄之助）から軍配は握りやすいようにすればよいということを教えられていたので、そのように一貫して木村流で通したと語っていた。軍配の握り方に二流あることは承知していたが、師匠の言ったことを守ることにしたと言う。

29代木村庄之助（二所ノ関部屋、梯→桜井春芳）	……	○
28代式守伊之助	○	……
三役格（式守錦太夫）	○	……

木村庄之助の頃は、『国技相撲のすべて』（H8.11）の写真や大相撲カードなどで見るように、木村流である。伊之助になるまでは、式守流である。序ノ口から幕内まで何回か改姓改名をしている。「姓」が変わると握り方を変えるように心がけていたそうだが、ときには無意識のうちに別の流儀で握ることもあったという。慣れた握り方を変えるのは必ずしも簡単ではなく、意識的に変える努力が必要だそうだ。これは、29代木村庄之助（桜井氏）がしばしば語っていた話である。現役行司たちからも同じような表現をときどき聞いている。

28代木村庄之助（出羽海部屋、赤松→後藤悟）	○	……
25代式守伊之助	○	……
三役格（式守錦太夫）	○	……

Dynamic Sumo（1994）で見ると、木村庄之助の頃は式守流で握っている。現幕内格行司の木村正直も28代木村庄之助（後藤氏 ）は三役格時代と同じように「式守流」だったと認めている（電話での話。2004.9.28）。The Giants of Sumo（1990）では式守伊之助の写真があるが、式守流である。三役格の頃も式守流である。すなわち、軍配の握り方は三役格から木村庄之助まで一貫して式守流である。それは最初の師匠だった20代木村庄之助（松翁）の訓育によるものである。22代木村庄之助は二番目の師匠であるが、軍配は握りたいように握ってよいとい

う教えだったことから、最初に身につけた式守流の握り方を変えなかったかもしれない。28代木村庄之助本人も両師匠の教えを忠実に守ったと電話で語っていた。30代木村庄之助と28代木村庄之助は同じ師匠から教わっている。

27代木村庄之助（立浪、熊谷宗吉）	……	○
23代式守伊之助	……	○
三役格（木村玉治郎）	……	○

式守伊之助の頃を『国技相撲のすべて』（S49.7）で見ると、握り方は木村流である。甲は横を向くが、手首は右に捻っていない。本人は「陽」で握っているつもりかもしれない[46]。木村庄之助の頃は『VANVAN相撲界』（S58.10）で見るように、手の甲は横向きである。

26代木村庄之助（君ヶ浜部屋、浅井正）	……	○（推定）
22代式守伊之助	○	……
三役格（式守勘太夫）	○	……

大相撲本場所パンフレット（1973.1）では、手の甲はやや横向きである。三役格の頃にも式守姓であることから、伊之助の頃も、もちろん、式守流である。木村庄之助を襲名してからは、木村流の握り方になるよう務めたかもしれない。しかし、式守流の癖が残っている節がある。もう少し資料を吟味しなければ、どの流儀だったかははっきりしない。

25代木村庄之助（二所ノ関部屋、山田釣吾）	……	○（推定）
21代式守伊之助	○（推定）	……
三役格（木村庄九郎）	……	○（推定）

---

46) 27代庄之助（熊谷氏）は立浪部屋所属なので、先輩のヒゲの伊之助の影響を受け、「陽」の握り方をしていたのかもしれない。手の甲が真横に向いている握り方なので、「陰」として分類したが、実際は「陽」なのかもしれない。いずれにしても、あいまいな握り方である。

24代木村庄之助（出羽海部屋、緑川義）	……	○
20代式守伊之助	○	……
三役格（式守鬼一郎）	○	……

『大相撲』（S35.2／S40.9）の写真では、式守伊之助のときは式守流で握り、木村庄之助のときは木村流で握っている。三役格のときも、おそらく、式守流で握っていたはずだ。

23代木村庄之助（朝日山部屋、吉田→内山等三）	……	○
副立行司	……	○
三役格（木村正直）	……	○

『日本相撲の歴史』（S52.10）や『大相撲』（S38.1）の写真で見ると、庄之助のときは木村流である。

22代木村庄之助（出羽海部屋、泉林八）	……	○
18代式守伊之助	……	○
副立行司（木村玉之助）	……	○

『大相撲』（1995.11）、『大相撲画法』（S33.6～34.11）、『相撲　今と昔』（朝日新聞社、S29.12）などで木村庄之助時代の写真を見ると、手の甲は水平に近い握り方をしている。

21代木村庄之助		
（時津風部屋、樽田→山響→竹内重門）	……	○（推定）
17代式守伊之助	○（推定）	……
立行司（11代木村玉之助）	……	○（推定）
三役格（式守勘太夫）	○（推定）	……

自伝『ハッケヨイ人生』（H41）に、「木村と式守では、軍配の持ち方もちがいます。長い間、木村を名乗っていた者が式守にかわると、ややもすれば木村式の軍配の持ち方になります。こんなことは、行司を知っている人以外はわからないことです。」（pp.184-5）とある。21代庄之助

は三役格まで式守流だったが、木村玉之助（11代）のころは木村流に変えた可能性が高い。この自伝にあるように、21代庄之助は少なくとも「姓」が変われば、それに合わせて握り方も変えるように心がけたはずだ。

20代木村庄之助		
（出羽海部屋、名川→後藤子之吉）	……	○
15代式守伊之助	○（推定）	……
三役格（式守与太夫）	○（推定）	……

NHK相撲映画ビデオの大相撲大全集「昭和の名力士（1）双葉山」（1991）で見ると、手の甲は真横だが、手首は右側に捻っていない。この握り方は、たとえば28代式守伊之助（池田氏）とほとんど同じである。20代木村庄之助は8代式守伊之助（伊勢ノ海部屋）の弟子で、養子となっている。明治19年1月の初土俵から、多分、式守流で軍配は握っていたであろう。本人は木村流と式守流をはっきり認めているので、木村庄之助の頃の握り方は「中立的」ではなく、「木村流」である。昭和11年10月5日のメモにも「陰」の握り方をしていると書いてある。

(B) 式守伊之助になった行司

	式守流	木村流
30代式守伊之助（井筒部屋、五反田→竹田文雄）	○	……
三役格（式守勘太夫）	○	……

『VANVAN相撲界』（S58.10）の写真で見ると、式守流である。

29代式守伊之助（春日野部屋、池田貢）	……	○
三役格（木村善之輔）	……	○

『国技相撲のすべて』（H8.11）の写真や相撲カードで見ると、三役格

の頃は甲がやや斜めの木村流だが、式守伊之助の頃は少し変化し、甲は真横になっている。本人は式守流を意識していたかもしれないが、手首が右へ捻っておらず、27代木村庄之助（熊谷氏）や20代木村庄之助（松翁）と同じである。

27代式守伊之助（春日野部屋、福井英三）	……	○
三役格（木村庄太郎）	……	○

『VANVAN相撲界』（S58.10）の写真で見ると、三役格の頃は木村流である。現幕内格行司の木村正直もこの握り方は「木村流」だったと認めている（電話での話。2004.9.28）。

26代式守伊之助（春日野部屋、茶原宗一）	……	○
三役格（木村庄二郎）	……	○

大相撲本場所パンフレット（1977.5）の写真を見ると、幕内の頃は木村流で、手の甲はやや水平である。式守伊之助の頃は、Dynamic Sumo (1994) の写真を見るように、手の甲が真横を向き、握り方に変化が見られるが、やはり木村流として判断したほうがよい。式守流を意識して握っているかもしれないが、掌は左上を向いているというより、その底部は真下を向いている。

24代式守伊之助（朝日山部屋、尾崎信雄）	○	……
三役格（木村正直）	……	○

大相撲本場所パンフレット（1978.1）では式守伊之助時代の写真があるが、手の甲がやや斜めで、木村流である。しかし、他の写真では式守流もあるので、式守流として解釈する。正確な分類をするには、もっと他の資料も調べる必要がある。本人は24代伊之助になったとき、式守家は手の甲を下にして軍配を握ると述べている（『大相撲』(1977.11) の「でっち小僧から立行司へ」(p.111)）。

19代式守伊之助（立浪部屋、高橋金太郎）　○　……
三役格（木村庄三郎）　○（推定）……

『大相撲』（1995.11）や『大相撲画法』（S34.10）などの写真では、式守伊之助の頃は式守流である。しかし、三役格の頃の写真がまだ見当たらない[47]。月刊誌『相撲』（1995.11））の記事では木村庄三郎の頃、掌を上にして握っていたという記述があるので、式守流と推定する。

写真や映像などで確認できる立行司がどんな握り方をしているかを見てきたが、次のような特徴を指摘できる。

(a) 三役格の頃、式守姓を名乗っていた行司は式守伊之助になっても軍配の握り方はそのまま式守流である。これには例外がない。
(b) 三役格の頃、木村姓を名乗っていた行司は式守伊之助になると、二つに分かれる。一つは、式守流に握り方を変える行司で、そのほうが普通である。もう一つは、三役格の頃の木村流を変えない行司である。これは少数派で、たとえば、30代木村庄之助（出羽海部屋）、22代木村庄之助（出羽海部屋）、29代式守伊之助（春日野部屋）、27代式守伊之助（春日野部屋）、26代式守伊之助（出羽海部屋）等である。春日野部屋と出羽海部屋は出羽海系であり、そういう伝統があったのかもしれない。
(c) 三役格の頃、木村姓でありながら式守流で握っていた木村庄三郎は、19代式守伊之助になっても式守流で握っている。木村姓の行司が式守流の握り方をするのはときどきあるので、これは例外中の例外というわけではない。現役の行司でも何名かそういう握り方をする木村姓の行司がい

47) ヒゲの伊之助（19代）は雑誌対談でも見たように式守流と木村流の握り方があることを認めていながら、本人は伊之助を襲名する以前、三役格だった木村庄三郎の頃も「式守流」で握っていたはずだ。初土俵が木村金吾で、その後もずっと木村姓だったので、本来なら木村流の握り方になるはずだ。しかし、三役格の頃も式守流だったので、その握り方が自然に身についていたかもしれない。

る。

(d) 式守伊之助のとき式守流で握っていた行司は木村庄之助になると、木村流に変えるのが普通である。したがって、三役格の頃、式守姓だった行司は初めて握り方を変えることになる。しかし、三役格の頃、木村姓だった行司が式守伊之助になり、式守流に変えた場合、さらに木村庄之助になると木村流に変えなくてはならない。もちろん、式守伊之助になっても木村流で通した行司は、木村庄之助になってもそのまま木村流である。その逆は見当たらない。

(e) 三役格の頃、式守姓を名乗っていた行司が式守伊之助を経て木村庄之助になったとき、軍配の握り方が木村流ではなく、式守流の行司が一人いる。28代木村庄之助である。これはまさに例外中の例外であると言ってよい。三役格で式守姓を名乗っている行司は例外なく式守流で握るので、28代木村庄之助はその握り方を一貫して持続したことになる。

このように、式守伊之助や木村庄之助になったとき、軍配の握り方を変える行司と変えない行司がいる。それには理由がないわけではない。簡単に言えば、握りを変える行司は軍配の握り方に伝統を認める場合であり、変えない行司はそれを認めない場合である。

軍配の握り方に二流を認めない行司の中には、たとえば、22代木村庄之助を師匠と仰ぐ28代木村庄之助（後藤氏）や30代木村庄之助（鵜池氏）がいる。この二人の行司は、師匠が軍配は握りやすいように握ればよいと言ったので、そのように握ってきたと語っている。握り方に区別があるらしいことは周囲の人たちから聞いており、それは認識していたが、それに従わなかったそうである[48]。

興味深いのは、三役格から木村庄之助まで、28代木村庄之助（後藤氏）は式守流で握っているのに対し、30代木村庄之助（鵜池氏）は木村流で握っている

48) 式守流と木村流の区別があることは認識していたと、二人の行司とも間違いなく語っていた。しかし、師匠の教えたことを守って伝統にこだわらなかったという。軍配の握り方に「陰」と「陽」を認めることはおかしいとも語っていた。

ことである。自分の握りやすいように握った結果がそのように違ったわけであるが、二人の背景にその違いを求めることができるかもしれない。30代木村庄之助は入門時から出羽海部屋で師匠が22代木村庄之助であり、木村流が握りやすいために自然にそうなったのであろう。他方、28代木村庄之助は最初に20代木村庄之助（松翁）に入門し、その2年後に22代木村庄之助の預かり弟子となっている。入門時から「姓」が木村→式守→木村→式守→木村というように何回か変わっている。式守流の握り方に固定したのは、この改名と関係があるかもしれない。しかし、いつの時点で軍配の握り方が固定したかは、写真で追跡することが困難なので、何とも言えない。

春日野部屋の立行司も式守伊之助になったとき、軍配の握り方を変えていない。三役格までは全員「木村姓」であり、軍配の握り方は木村流である。しかし、式守伊之助になったとき、式守流に握り方を変えたかというと、「完全に」変えたとは言えない。ただ三役格の頃より少し変化していることは認めることができる。すなわち、三役格の頃は手の甲がやや水平か斜めになっているが、式守伊之助の頃は手の甲が真横に向いている。しかし、手首を右側に捻り、掌が左上を向く式守流にはなっていない。掌の底部が下を向く「中立的」な握り方になっている。これは、どちらかと言えば、「木村流」の握り方である。

このような握り方をしている行司は春日野部屋所属の立行司に多い。春日野部屋は出羽海一門であり、昭和33年以前は巡業も一緒である。22代木村庄之助の影響を自然に受けていたとみなしてよいであろう。しかし、三役格から式守伊之助になり「式守姓」を名乗るようになると、立場上、軍配の握り方を少しは意識するようになったのかもしれない。22代木村庄之助の教えを忠実に遵守するか、伝統を継続するか、その選択をしなければならなかったのであろう。伝統を維持するのであれば、完全に式守流に変えればよいが、長年の「癖」はそう簡単に直らない。手の甲を真横に向けると、何となく式守流に近くなる。手首を右に捻り、掌が左上を向くようにすれば完全に式守流になるはずなのに、あえてそれをしていない。心に何かためらうものがあり、それが自然に握り方にも反映しているのではないだろうか。そうでなければ、三役格の頃のように、手の甲をやや水平にした握り方を継続してもよいはずである。

昭和33年以降、巡業を協会で行うようになると、行司たちも一緒に活動することが多くなった。入門する行司は、行司監督の下で指導を受けるようになる。それに伴い、師匠の権威も次第に薄くなった。その結果、軍配の握り方に関しても、ゆるい形ではあるが、統一した考えに変わってきた。たとえば、現33代式守伊之助は出羽海部屋に所属するが、軍配の握り方は三役格時代の木村流から式守流に変えている。先輩行司の28代木村庄之助や30代木村庄之助はいずれも出羽海部屋所属だが、師匠の影響で軍配の握りにまったくこだわっていない。握りやすいように握っている。現33代式守伊之助は行司部屋ができる3年ほど前に入門しているが、行司部屋の指導の影響が強く、師匠との関係は以前ほど強くないようだ。

昭和33年を境にして行司たちの伝統に対する心構えにも変化が現れている。それまでは相撲部屋単位あるいは一門単位で行動していたのが、行司部屋の独立で全員が一つの団体として行動するようになった。それに伴い、入門した頃は行司監督の下で行司の作法も心構えも指導を受けるようになった。しかし、聞くところによると、昭和33年以降も、軍配の握り方に関して二流があることを認め、それを行司が守るべきだとする統一見解はされていない。何となくそういう伝統らしいものがあり、それは守って行きたいものだという姿勢は見られるが、守らない行司がいた場合でもそれを認めてしまう寛大さがまだ残っている。軍配の握りに関しては、結局、個人の自由であると言っても過言ではない。したがって、この区別を維持するかどうかは、行司本人が伝統を守るか、それとも伝統として認めないか、その考え方しだいである。

11．おわりに

軍配の握り方に「陰の構え」と「陽の構え」という二流があるが、それがいつ始まったかは、残念ながら、突き止めることはできなかった。資料で確認できたのは、昭和11年である[49]。これは信憑性の高い資料で、間違いなく20代

49）これまでも何回か指摘しているように、確認できた最も古い資料は『都』（M43.4.29）である。

木村庄之助（松翁）の口述を筆記したものである。20代木村庄之助は明治19年に初土俵を踏んでいるので、おそらくその当時から二流あったに違いない。しかし、それを確認する資料は見つかっていない。さらに、それより以前に二流あったことも否定できない。

昭和33年に行司部屋が独立し、昭和46年に解散しているが、昭和33年以降は行司監督の下で軍配の握り方に二流あることを教えている。これは伝統として現在も受け継がれている。このような指導がされている限り、軍配の握り方に二流あることは受け継がれていくに違いない。しかし、伝統を維持しようとする指導が行われていても、それを守らない行司もいる。過去にもいたし、現在もいる。

軍配の握り方は行司によってマチマチであるかのように見えるが、それはそう見えるだけで、実は、伝統が生きている。大多数の行司は二流を守り、それを存続させている。式守伊之助まで「式守姓」を名乗っている行司は、ずっと「陽の構え」で握っているし、それには例外がない。資料で見る限り、昭和の行司にはいない。木村姓の行司にはときどき「陽の構え」をする者がいる。しかし、それは大多数の中の例外である。

軍配の握り方は、表面的には、手の甲を上にするか、掌を上に向けるかといった作法にしか過ぎないが、その起源をさかのぼろうとすると、「行司の家」とは何かを追究することになる。つまり、木村家と式守家はいつごろ確立するようになったかということである。異なる「行司姓」が江戸時代はたくさんあったが、次第に淘汰されて木村家と式守家になった。異なる「行司姓」があったときは、それぞれ、どんな握り方をしていただろうか。また、木村家と式守家は明治後期まで別々の系統として機能しているが、いつの時点で握り方に違いが生じたのだろうか。このような疑問が次々に沸いてくる。これらの疑問も追究してみたくなるが、これは私の能力をはるかに超えている。

第2章　譲り団扇

1. はじめに

「譲り団扇（ゆずりうちわ）」とは、基本的には、代々受け継がれてきた軍配のことである。しかし、最近になって特定の団扇を「譲り団扇」として認めたものもある[1)]。「譲り団扇」は特定の行司に受け継がれるものであるが、その行司は必ずしもそれを使用するとはかぎらない。使用してもよいし、使用しなくてもよい。一般的に、「譲り団扇」は同じ行司名を名乗る行司に受け継がれる。協会パンフレット（1992.1）で「譲り団扇」として取り上げられている軍配は次の5本である[2)]。

(a) 木村庄之助の譲り団扇2本
(b) 式守伊之助の譲り団扇1本
(c) 式守勘太夫の譲り団扇1本
(d) 木村正直の譲り団扇1本

本章の目的は、これらの譲り団扇の歴史的経緯を調べることである。つまり、これらの譲り団扇は誰が寄贈し、いつ頃から使われ出し、どの行司を経て

1) 「譲り団扇」は「ゆずりうちわ」、「ゆずり団扇」、「譲り軍配」、「ゆずり軍配」というようにいくつかの表し方がある。本章では、多くの場合、「譲り団扇」を使用している。「団扇」も「軍配」と同義で使用している。

2) この5本以外に、「中道実相」の文字が書いてある式守錦太夫の「譲り団扇」があるが、これは歴史が浅く、まだ世間に知られていないし、協会のパンフレットなどでもまだ認知されていない。この軍配は昭和60年に初めて使われ、現在（平成18年3月）、11代錦太夫に受け継がれている。

現在に至っているかなどを調べる。

木村庄之助の譲り団扇2本と式守伊之助の譲り団扇1本は、相撲博物館の所蔵になっている。式守勘太夫の譲り団扇は博物館にあるが、式守勘太夫所有となっている。そして、木村正直の譲り団扇は博物館にはなく、木村正直個人の所有となっている。博物館所蔵の譲り団扇を使用したいときは、博物館から一時的に借用する形になる。他方、そうでない譲り団扇は行司の持ち物なので、使用したいときにいつでも使用する。

譲り団扇5本のうち、4本は少なくとも幕末か明治時代から使用されているが、木村庄之助の譲り団扇1本は昭和46年5月から使われ出している。つまり、4本は代々の行司に受け継がれてきたが、1本はそうではなく、昭和46年5月にある人から協会に寄贈された軍配を「譲り団扇」として定めたのである。

なぜ特定の個人が寄贈した軍配を「譲り団扇」として決めたのかは、必ずしも定かでない。この譲り団扇は昭和46年に決まっているので、まだ歴史が浅い。その経緯を記した文書は見つかっていないが、当時のことをいくらか知っている3名の方に話を聞くことができた。それについては、後で「8. 個人が寄贈した軍配」の項で記してある。

2. 譲り団扇という語句

『大相撲画報』(春場所展望号、S35.2)の「行司生活五十年」という記事の中に「譲り軍配のこと」という小見出しがあり、23代庄之助と20代伊之助が対談しているが、次のようなやり取りがある。

「記者：庄之助襲名で継承されるものはなんです？

庄之助：百年ほど前から代々うけつぐ軍配です(注＝多分十代か、十一代庄之助の所持したものといわれる)。木材はタガヤサンで表に知進知退　随時出処、裏に冬則龍潜　夏則鳳挙の文字があります。それと今度は木村瀬平さんの遺族の方が行司部屋に寄贈され、先代の庄之助さんが使われていた印ロウを頂戴しました。

記者：伊之助さんの方は？

伊之助：式守家は関東大震災で焼いてしまったとかで譲り軍配はありません。」(p.18)

この対談で、私が興味深く思ったのは木村庄之助には譲り団扇があるのに対し、式守伊之助にはそれがないということだった。それでは、木村庄之助と式守伊之助の団扇はいつから「譲り団扇」となったのだろうか。少なくとも式守伊之助には昭和35年2月の時点では、式守伊之助専用の「譲り団扇」はなかった。

そもそも「譲り団扇」という語句はいつから使われ出したのか。ずっと昔から、少なくとも幕末から使われていたのではないかと私は思っていたが、調べていくうちにそうでもないらしいということが分かった。それを確認したくて、明治時代以降の文献を丹念に読んでみたが、見つからなかった。相撲の世界では相撲界独特の語句であれば、それを取り上げ、それに解説を加える傾向がある。「譲り団扇」も行司の世界だけで通用する独特の語句である。

『相撲』(S29.10) に「立行司の軍配集」と題し、4名の立行司の軍配写真が掲載されている。その中に、木村庄之助の例の譲り団扇がある。その面の「知進知退　随時出処」について短い解説があるが、「譲り団扇」という語句は使用されていない。もし、当時、「譲り団扇」という語句がごく普通であったなら、それを必ず使っていたはずである。「代々の木村庄之助に伝えられている軍配」という表現の仕方をしている。ということは、少なくとも昭和29年10月には「譲り団扇」という語句はなかった可能性が高い。昭和30年と昭和31年の文献も調べてみたが、その語句は見つからなかった。

私が最初に「譲り団扇」という語句を文献で見つけたのは、木村・前原著『行司と呼出し』(S32) である。その中に、次のような記述がある。

「木村家には代々“ゆずりうちわ”というものがあり、これはタガヤサンで作られた古いもので、すでに私で8代相伝といわれている[3]。表には「知進

3) 22代木村庄之助が語っている「8代相伝」は正しくない。なぜなら、この軍配は13代木村庄之助のときにはすでにその存在が確認されているからである。22代木村庄之助のと

知退　随時出処」、裏には「冬則龍潜　夏則鳳挙」と金粉の蒔絵(まきえ)風に文字が浮き出している立派なものだ。私は本場所の十五日間に限って、このうちわを使用する。」(pp.62-3)

「譲り団扇」という語句は昭和33年の雑誌でも見られる。たとえば、『私は知りたい』(S33.4) に次のような記事があり、その中に「ゆずりうちわ」が使われている。

「庄之助には、木村家相伝のゆずりうちわというものがあります。タガヤサンで出来た立派なもので、私で8代相伝になるそうです。表には「知進知退　随時出処」裏には「冬則龍潜　夏則鳳挙」と、金粉の蒔絵風の文字が浮き出ています。戦争のさい中、先代庄之助の立田川さんが、巡業に持っていて焼失をのがれたもので、私は本場所のときだけしか、使っておりません。」(p.245)

昭和32年に「譲り団扇」という語句が使われ出したが、昭和35年あたりからは頻繁に使われるようになっている。行司も好んで使っている。なんとなくぴったりする表現だからであろう。「譲り団扇」という語句を最初に使い出したのは『行司と呼出し』(S32) だと思っているが、もっと早い段階から使われ出しているかもしれない。もしそのような文献を見つけたら、そのことをどこかで公表してほしい。

3. 譲り団扇誕生

昭和35年2月の時点では、式守伊之助に「譲り団扇」はなかったと先に述べたが、それは事実である。というのは、錦島親方が所有していた軍配を式守

きは「10代相伝」であり、「2代」の違いがある。木村庄之助の代数は、以前は、人によって違うこともあったので、22代木村庄之助が代数をどのように考えていたかは少し気になる。

伊之助の「譲り団扇」として決定したのは、昭和35年5月だからである。これは、文献で確認できる。『相撲』(S35.6) に「ウチワゆずり」の小見出しがあり、式守伊之助の譲りウチワについて次のような記事がある。

「行司式守家の二つの「ゆずりウチワ」の式が去る15日（5月16日：NH）午後館内相撲教習所の道場で行なわれた。

いずれも由緒あるウチワで、一つは昔、伊予（愛媛県）の久松家が対（つい）のウチワを行司の木村、式守両家に与えた。

このウチワのうち、木村家へ与えたものは無事に歴代の庄之助の手に渡り、現在の庄之助が使っているが、式守家へ渡されたウチワは錦島親方（元行司木村今朝三）がもっていた。

明治時代の三役格行司木村銀次郎から21代庄之助（現立田川監事）へ、それから引退した木村銀次郎の弟子、木村今朝三に、この今朝三も行司を引退、年寄錦島となったので、これから式守家のゆずりウチワにしようと式守伊之助へ贈られた。

もう一つのウチワは初代伊之助（寛政年間）が使ったウチワの複製。これは「獅子王」と呼ばれるウチワで式守家の本家へ伝わっていたが戦災で焼いてしまった。

それを初代伊之助の子孫10代目式守正雄氏（41）が写真などを参考に実用的に複製したもの。」(p.175)

この記事とともに、錦島親方が式守伊之助にウチワを渡している儀式の写真も掲載されている。この記事から分かるように、式守伊之助の「譲り団扇」は昭和35年5月に正式に決まったのである。

この記事の中に、木村庄之助の軍配が久松家から寄贈されたと書いてあるが、これを確認する資料はない。協会の場所パンフレット（1992.1）によると、久松家が寄贈したのは式守勘太夫の団扇と木村正直の団扇である。木村庄之助の団扇については誰が寄贈したのか何も書いていない。これについては、後で「6. 木村正直の譲り団扇」と「7. 式守勘太夫の譲り団扇」の項でもっと詳しく触れる。

この記事の中にはまた、初代式守伊之助が使用していた「獅子王」の複製も「譲り団扇」として寄贈したとあるが、現在、その軍配は博物館に所蔵されていない。博物館によると、当時の式守伊之助は確かに持っていたが、式守家に返したと聞いているという。なぜ寄贈された軍配をわざわざ式守家に返したのか分からないそうだ。寄贈した式守家もなぜそれを受け取ったのか不思議だ。何があったのかまったく分からないというのが真相のようだ。

式守家の子孫が東京に住んでいることが分かったので、平成17年11月8日に電話で11代目らしき子孫にその団扇について尋ねてみた。その軍配は式守家に残っていないし、父（10代目の正雄氏）からそのような軍配を受け継いだこともないという。式守家に残っていた相撲資料も戦災で焼失してしまい、何も残っていないとも語っていた。今は名目だけの「式守家」であり、それを証明するものもないとのことだった。

『相撲の史跡（6）』（H5）に式守家について次のような記述があるので、それを参考までに記しておく。

> 「東京の子孫は代々、両国回向院裏の大徳院前角に住んで、蝸牛膏を販売してきた。現当主の式守正雄氏は9代目とのことである。昭和46年に150回忌があり、東京の子孫も6人来静している。」（p.174）

『相撲』（S35.2）では、式守正雄氏は10代目になっているが、『相撲の史跡（6）』では9代目になっている。どちらが正しいかについては調べていない[4)]。『相撲』（S35.6）の記事にある初代伊之助の子孫10代目式守正雄氏については、次のような面白いエピソードがある[5)]。

> 「29代木村庄之助によると、式守伊之助に昇格したとき、平成6年5月場所、式守正雄氏が行司部屋を訪ねてきて、所蔵している団扇についてその由来を言われ、使ってくれと頼まれたので、2、3度使ったそうである。平成6年5月までもときどき使ってもらっていたと言っていたという。しかし、平成7

4）初代式守伊之助は南伊豆町小稲の出身だが、『相撲の史跡（6）』によると、生家の現当主は谷正氏である。南伊豆町にも子孫がいるが、東京にもいる。平成18年3月現在も谷正氏が当主かどうかは分からない。なお、初代伊之助は『相撲穏雲解』（寛政5年）を蝸牛名で著している。

5）これは国技館の行司部屋で29代庄之助から直に聞いた話をまとめたものである。

年以降、池田貢氏が式守伊之助になったとき、訪問した姿は見ていない。ずいぶん年をとっていたので、もう訪ねなかったかもしれない。式守正雄氏は当時、回向院の裏側に住んでいて、表札も出ていたそうだ。35年5月には、寄贈したのではなく、ときどき使用してくれと頼まれただけでないだろうか。先輩の立行司たちから、この団扇については何も聞いていない。」

29代木村庄之助にその話を聞いて、式守正雄氏が使ってくれと申し出た軍配には「獅子王」の姿が描いてなかったか尋ねたが、それは記憶にないという。35年5月に協会に寄贈した団扇が何らかの理由で式守正雄氏に返されたのであれば、それをずっと所持していた可能性がある。しかし、今となっては、それを確認するすべはない。

『大相撲』(S36.3, p.109) にも「式守伊之助のうちわゆずりの式」の写真が掲載されているが、これは式守伊之助が次の式守伊之助に「譲り団扇」を手渡す儀式である。このような儀式は、おそらく、これが最初で、最後だったかもしれない。このような儀式がその後も行なわれたかを29代木村庄之助や博物館に尋ねたが、見たことがないと言っていた。

この『大相撲』の写真については、その撮影時期がはっきりしない。というのは、19代伊之助は昭和34年11月に退職し、昭和36年3月にはもう行司ではない。引退した後で行司装束を着けるのは不自然だからである。贈呈式の日付もはっきりしないが、引退興行は昭和35年3月に行なわれている。20代伊之助は35年1月に伊之助に昇格しているので、それ以前に譲り団扇を受けることも不自然である。この「式守伊之助のうちわゆずりの式」の写真がいつ撮影されたかに関しては、今のところ、はっきりしないことを記しておく[6)]。

式守伊之助の軍配を正式に「譲り団扇」にしようと決め、簡単なセレモニーを行なっているが、木村庄之助の「譲り団扇」はいつどこで正式に決まったのだろうか。実は、それを確認する資料は見たことがない。13代木村庄之助から代々の木村庄之助に受け継がれてきたので、改まって「譲り団扇」にしなく

---

6)　ヒゲの伊之助は儀式のために特別に行司装束を着けたのかもしれない。行司の引退興行を終えた後は何かの記念式でない限り、行司が装束する姿になることはないはずだ。

ても暗黙のうちに「譲り団扇」となっているのかもしれない。昭和32年に「譲り団扇」という語句が作られたので、代々受け継がれてきた木村庄之助も自然に「譲り団扇」と呼ぶようになったと推測している。もし木村庄之助の「譲り団扇」をある時点で正式に決めたことを示す文書の存在を知っているならば、それを公表して欲しい。私は文書の存在を何とか確認しようとしたが、できなかった。このような努力には限界があることも率直に認めざるを得ない。

4. 木村庄之助の譲り団扇

この軍配については、協会パンフレット（1992.1）に次のような記述がある。

> 「第13代木村庄之助が市之助時代より使用したもので、現在の第28代まで140年間受け継がれている。」(p.26)

この軍配は木村庄之助の譲り団扇としてあまりにも有名である[7)]。軍配の面に書かれている「知進知退」と「随時出處」についてもその意味を解説した文献は非常に多い。その一つに半藤著『大相撲こてんごてん』(1991) があり、その中に次のような記述がある。

> 「表面の文字は『知進知退、随時出處』で、中国の前漢の時代（今から約2千年前）の『淮南子(えなんじ)』のなかにある人間訓の一節。裏は表の意味を日本的漢文にした『冬則龍潜　夏即鳳擧』。進むを知り退くを知り、時にしたがって出る。冬すなわち龍潜(ひそ)み、夏すなわち鳳飛び立つ。つまり表も裏も、辛抱するときはじっとこらえ、時いたれば思いきって出る、という相撲の極意を示している。」(p.63)

---

7) この軍配を木村庄之助の「譲り団扇」とする正式な決定やセレモニー等を記した文献を調べてみたが、見つからなかった。相撲博物館にもそのような文書はないということだった。代々の木村庄之助に受け継がれているうちに、いつの間にか、「木村庄之助の譲り団扇」と呼ぶようになったようだ。

『大相撲こてんごてん』では、この軍配が天保4年から使用されていると書いてあるが、天保4年はおそらく間違いである。天保4年10月場所が市之助の初場所であり、その当時は小太郎と名乗っていた[8)]。

これと同じ内容の説明は、たとえば、『相撲』(H11.10) にも見られる。

「天保4年、13代庄之助から伝わる鉄刀木の面に紫檀の柄。
表面『進むことを知るばかりでなく、退くことも知らなければならない。その時どきに応じて知るべし』。すなわち猪突猛進を戒める意味。
裏面『冬すなわち龍(りゅうひそ)潜み、夏すなわち鳳が飛び立つ』。つまり辛抱するときはじっとこらえ、時が来たら思い切って出よとの意味である。
主に東京場所や特別の興行に使用する。」(p.151)

市之助は天保7年2月の番付で確認できるが、それ以前にその軍配を使用していたという証拠はない。市之助は天保6年10月まで小太郎を名乗っている。これから判断すると、少なくとも天保4年からその軍配を使用していたとするのは誤りである。この軍配が天保4年から伝わるとしている文献には、この他にも次のようなものがある。

(a) 池田編『相撲百年の歴史』(昭和45年)[9)]

「天保4年に10代目を襲名した木村庄之助からつたわるもの (後略)」(p.129)、
「軍配は天保時代から今に伝わる譲りうちわ」(p.240)

---

8) 『相撲の史跡 (3)』(p.30) によると、この市之助 (後の13代木村庄之助) は福井県武生市の生まれである。『人物大事典』(p.688) によると、明治12年2月に死亡している。墓碑によると、72歳で亡くなっている。

9) 『国技相撲のすべて』(別冊『相撲』秋季号、H8.11, p. 129) にも天保4年、10代庄之助の襲名以来伝わるものとしている。天保4年からこのウチワが存在していたのかどうかは不明である。天保4年の木村庄之助 (9代) は5代木村庄太郎である。9代木村庄之助がこのウチワを使用していたなら、13代木村庄之助は正しくないことになる。逆に、13代木村庄之助がそれを使い出したなら、9代木村庄之助は正しくない。

(b)『大相撲5月場所パンフレット』(日本相撲協会、1992.5)

「(木村庄之助の譲り団扇は：NH) 第13代木村庄之助が市之助時代より使用したもので、現在の28代まで約140年間受け継がれている。」(これは裏表紙の軍配のキャプションである。)

(c)『相撲』(H11.10)

この雑誌の「行司軍配の変遷：29代木村庄之助親方の団扇」に次のような記述がある。

「天保4年、13代庄之助から伝わる鉄刀木の面に紫檀の柄。(中略) 主に東京場所や特別の興行に使用する。」(p.151)

木村市之助がその軍配を使用しているのを確認できる最初の資料は、弘化4年の『金剛伝』である。もちろん、その少し前から使用していた可能性はある。しかし、天保4年までは遡らないであろう。市之助は嘉永元年 (1848) に3代多司馬に改名し[10)]、嘉永6年 11月場所に13代木村庄之助を襲名している。最終場所は明治9年4月場所である。弘化4年に市之助がその軍配を所持している文献が確認されてから、ずっと代々の木村庄之助に受け継がれてきたことになる。

弘化4年に市之助がその軍配を持っていることは文献『金剛伝』で確認できるが、錦絵でも確認できる。そのいくつかを次に示しておく。

(a) 黒岩と小柳の取組。嘉永3年3月、豊国画、田原博物館編『相撲錦絵展』(p.7)。
行司は木村多司摩である。

(b) 響灘と小野川の取組。安政7年2月、国貞画、『江戸相撲錦絵』(p.79)。

(c) 鬼面山と不知火の取組。文久年間、豊国画、『相撲浮世絵』(p.78)。
この錦絵は安政4年だという見方もある (田原博物館編『相撲錦絵展』(pp.20-1))。

---

10)『相撲の史跡 (3)』(p.30) に市之助は弘化5年正月に3代多司馬に改名したとある。弘化5年は1月27日で終わり、嘉永元年はその翌日から始まった。

(d) 雲龍久吉土俵入、文久元年、国貞画、『江戸相撲錦絵』(p.62)。

この軍配は13代木村庄之助から現在（平成18年3月）まで歴代の木村庄之助だけに受け継がれており、それを使用できるのは木村庄之助の誇りである。現在でも、この軍配はよく使用されている。もちろん、東京場所や協会主催の大きな相撲行事に限られている。「22代庄之助一代記（16)」(『大相撲』(S55.5))に次の記述がある。

「私で8代相伝といわれていたから、いまの庄之助（27代目）では13代相伝ということになる。」(p.145)

22代木村庄之助の「8代相伝」は間違いである。なぜなら、この軍配は13代木村庄之助のときにはすでに存在が確認されているからである。22代木村庄之助のときは「10代相伝」であり、「2代」の違いがある。

5. 式守伊之助の譲り団扇

この軍配に関しては、協会パンフレット（1992.1）に次のような記述がある。

「幕末に伊予（愛媛県）の久松家から式守勘太夫（後・5代式守伊之助）に贈られたもので、明治の三役格（たぶん、幕内格：NH）行司木村銀次郎、第21代木村庄之助を経て元三役格行司木村今朝三の錦島親方が所有していたが[11)]、昭和30年（35年:NH）5月より正式に式守伊之助のゆずり軍配となった[12)]。」(p.27)

11) この軍配を21代庄之助が持っていたことは21代庄之助著『ハッケヨイ人生』(p.188)で確認できる。ただこの軍配を昔の酒井の殿様が拵えたものの1本としており、他の文献で見られる「久松家」でないことが気になる。木村正直の「譲り団扇」も「酒井家」から寄贈されたものになっている。これは21代庄之助の単なる勘違いなのか、それともその通りなのか、今のところ、分からない。

12) この記述にある昭和30年5月は、明らかに昭和35年5月のミスである。同じミスは日本相撲協会企画編『大相撲』(小学館、1996, p.106) にも見られる。雑誌『相撲』(S35.6)

この軍配は博物館に所蔵されているが、面に書かれている字は、今のところ、完全に読めないらしく、したがって意味もはっきりしない。協会パンフレットの記述にあるように、この軍配が幕末から使用されていたかどうかを確認するために、文献や錦絵などを調べてみたが、それを確認する資料は見つからなかった。そうかと言って、それを否定することもできない。

資料で最初に確認できるのは、明治15年5月の錦絵である。その絵は、たとえばSWPM（p.54）にもあるが、梅ケ谷と楯山の取組を描いたものである。行司の軍配にその文字がはっきり確認できる。ただその錦絵の行司は14代木村庄之助であり、式守姓ではない。明治45年までは木村姓と式守姓は厳然と別系統だったので、式守勘太夫に寄贈した軍配がなぜ木村姓の行司に渡ったのか、その経緯は分からない。いずれにしても、明治15年にはその軍配の存在を錦絵で確認できる。

協会パンフレットに記述されていることが正しければ、この軍配は天保10年3月以前にはすでに存在していたはずである。なぜなら初代勘太夫は天保10年3月に5代式守伊之助に昇格しているからである[13]。協会パンフレットにはまた、久松家から初代式守勘太夫に寄贈されたと書いてあるが、それが正しければ天保10年以前ということになる。その頃の錦絵を博物館でも調べたが、それを確認することはできなかった。勘太夫の地位が低いので、錦絵に取り上げられなかったかもしれない。幕末に出版された各種の『金剛伝』も調べてみたが、その軍配を確認できなかった。この軍配の文字は独特の難しい漢字なので、使用されていたのであれば、絵師はそれを見逃さなかったはずだ。

協会パンフレットには、次のような記述がある[14]。

にあるように、この軍配が式守伊之助の「譲り団扇」として決められたのは昭和35年5月である。

13) この5代式守伊之助は嘉永3年2月までとなっているが、当時すでに死亡しているので、番付だけの名前になっている。

14) 木村銀次郎から21代木村庄之助に受け継がれたというのは伝承だけなので、それを裏付ける資料が欲しい。しかし、これは比較的最近のことなので、たぶん間違いないであろう。21代庄之助著『ハッケヨイ人生』には木村銀次郎から受け継いだことに関しては何も触れていない。21代木村庄之助の前に所有していた行司がいたことは認めている。

「明治の三役格（たぶん、幕内格：NH）行司木村銀次郎、第21代木村庄之助を経て元三役格行司木村今朝三の錦島親方が所有していた」(p.27)

明治の三役格行司木村銀次郎がどのようにその軍配を手に入れたかが判明すれば、それ以前のことが少しは解明できることになる。さらに、天保の頃にその軍配が存在したことを示す資料が出てきたら、軍配の初期の様子がもっとはっきりする。このような資料を私は確認できなかったが、協会のパンフレットに初代勘太夫に寄贈されたものであると書いてあるので、それをひとまず信じるしかない。何らかの裏づけがあって、そのように書いてあるはずだからである。その裏づけとなる資料が協会の博物館にありそうだと思い、しつこいほど確認してみたが、やはりそういう裏づけとなる資料は出てこなかった。いつか確実な資料が出ることを期待したい。

そのような不確かな状態なので、久松家が木村正直の団扇と式守勘太夫の団扇を「対」として製作し、それぞれの行司に寄贈したという協会パンフレットの記述もその真偽を確認することができなかった。木村正直の「譲り団扇」の存在を確認できる一番古い資料は、明治17年の天覧相撲を描いた錦絵である。また、式守伊之助の「譲り団扇」を最初に確認できる一番古い資料は、明治15年の錦絵である。相撲協会のパンフレット（p.27）には、梅ケ谷と若島の取組を描いている錦絵が掲載されているが、先に触れたように、その2年前にはその軍配を確認できる錦絵がある。しかし、それ以前の資料では、残念ながら、まだ確認できていない。

昭和35年5月に、この軍配は式守伊之助の団扇にすることが正式に決まっているが、その辺の事情について何か記憶がないかを電話で29代木村庄之助に尋ねてみたところ、次のような趣旨のお話をしていた。

「昭和35年当時、今朝三さんが所有していた軍配を協会の許可を受けて博物館に預けることにしたという。理事会で審議したかどうかは分からない。木村庄之助の譲り団扇はあるのに、伊之助の譲り団扇がないので、歴史の古い軍配を今朝三が協会に話をもっていき、そのようにしたらどうかと協会のトップにお願いした。今朝三が三役で、現役の頃は、例の譲り団扇は使って

いないはずだという。」(2005.9.14)

昭和35年当時は行司も年寄になり、理事にもなることができたので、錦島親方が懇意にしていた理事長にお話をし、「譲り団扇」にすることに決定したかもしれない。協会で「譲り団扇」にすることを協議し決めたという形跡はない。また、錦島親方や協会側が当時の木村庄之助や式守伊之助に相談したのかどうかも分からない。それを確認できる資料はまだ見つかっていない。

協会パンフレット（1992.1）には式守伊之助の「譲り団扇」は、木村正直の「譲り団扇」と同様に、「久松家」から寄贈されたものとなっているが、21代木村庄之助著『ハッケヨイ人生』には「酒井家」が寄贈したものとなっている[15)]。

> 「いままでのもの（21代木村庄之助が使用していたもの：NH）には、昔の酒井の殿様（現横綱審議委員会委員長 ）が2本こしらえて正副とあります。その1本は私が持っていて、誰から譲ってもらったのか忘れましたが、もう1本は庄之助になった正直が持っていました。私の持っていたのは木村今朝三君にやり、今朝三君は誰かにやったようです。」(p.188)

この記述にある軍配は文脈から判断する限り、きっと、式守伊之助と木村正直の「譲り団扇」である。軍配は正副2本を同時に製作するのが普通だと書いてあるが、それが昔、普通だったかどうかはわからない[16)]。『相撲』(S35.1)

---

15) この記述が正しければ、軍配は最初正副2本製作し、同一行司に寄贈したが、時間の経過とともに、別々の行司の手に渡った可能性もある。すなわち、最初から式守伊之助と木村正直に別々に寄贈したのではなく、元々は同一行司に寄贈したかもしれない。少なくとも幕末や明治前半に式守姓と木村姓に別々に軍配を寄贈するとは、私にはまだ納得がいかないが、逆に、別々の系統に1本ずつ等しく寄贈したかもしれない。協会パンフレット（1992.1）には別々に寄贈されたと書いてある。

16) 軍配を正副2本作るのが普通と書いてあるが、疑問に思ったので、現役行司に尋ねてみた。少なくとも戦後はそのようなことはないということだった。行司に関する戦前の文献を読んでいると、軍配を正副2本作ったという趣旨の表現がときどきある。これがどの程度一般的慣行だったのか、そしていつ頃まで続いていたのかはっきりしない。その

には久松家から寄贈されたことが書いてあるが、『ハッケヨイ人生』(S41) には「酒井家」から寄贈されたことになっている。21代木村庄之助の勘違いのような気がするが、参考のために取り上げておく[17]。

21代木村庄之助と木村正直がどのようにして「譲り団扇」を受け継いだかは、何も分からない。また、「昔の酒井の殿様」が拵えたとあるが、それがいつ頃のことかも述べていない。行司の間で伝承されてきた寄贈者が「久松家」ではなく、「酒井家」だったとすれば、「久松家」説には問題があることになる。「酒井家」説は、たまたま酒井忠正氏が相撲博物館の初代館長でもあり、先祖が「昔の酒井家」だったこともあることから、21代木村庄之助が「酒井家」だったと勘違いしたと推測している。もしかすると、軍配の寄贈者は「久松家」や「酒井家」ではなく、他の人や家かもしれない。この辺のことは、古い資料が見つからないので、まったく分からない。

ところで、木村庄之助の「譲り団扇」は歴代の木村庄之助がよく使用しているのに、歴代の式守伊之助は専用の「譲り団扇」をあまり使用していない[18]。不思議に思い、そのことを元立行司の二人に尋ねた[19]。すると、次のような

ような慣行自体があったのかさえまだ分からない。正副2本を作成する場合、1本が巡業用、もう1本が本場所用だと書いてある文献もある。

17) 私の知る限り、この軍配が「昔の酒井家」から寄贈されたことを述べた文献はこれ以外にない。

18) 博物館に所蔵してある「譲り団扇」を立行司が使用したいときは、その旨を博物館に伝えれば、博物館員が行司部屋に持って行くこともあるし、立行司の付き人が博物館に取りに行くこともある。譲り団扇は、基本的に、東京場所に限って使用する。例外は、大きなイベントとして行なう協会の相撲行事の場合である。

19) 因みに、二人ともその軍配は使用していた。26代式守伊之助著『情けの街のふれ太鼓』(p.19) にも第26代式守伊之助がそれを使用している大きな写真が掲載されている。24代式守伊之助も月刊誌『大相撲』(1984.5, p.95) でこの軍配をもっている。なお、月刊誌『大相撲』(1972.5, p.58) に「25代木村庄之助」というキャプションつきでこの軍配を持って裁いている写真があるが、これは式守時代の古い写真であろう。もし庄之助時代にこの軍配を使用しているとすれば、式守伊之助の「譲り団扇」を立行司が取り違えていることになる。記者は軍配の文字に気づかず、人物だけに注目していたかもしれない。木村庄之助と式守伊之助の譲り団扇に気づいていたなら、キャプションに「木村庄之助」は記載しなかったはずだ。

興味深いお話を聞くことができた。

(a) 軍配に書いてある文字が全部読めず、したがって意味がはっきりしない。
(b) 式守伊之助の期間が短く、使用する機会が少ない。短期間のうちに、木村庄之助に昇格する。
(c) 譲り団扇になっているが、その経緯があまり分からない。したがって、愛着が湧かない。
(d) 自分専用の軍配を持っている。いつも使い慣れている軍配のほうが使いやすい。

式守伊之助の譲り団扇も木村庄之助の譲り団扇と同様に、頑丈で格式を感じさせるものである。使用頻度の差が何から来るのか改まって調べていないが、たぶん、上記の理由のいずれかであろう。伊之助時代が長い行司でも、それほど頻繁に使用しているようには見えないが、これは私の錯覚かもしれない。

6. 木村正直の譲り団扇

この団扇には「丹心忠貞抱」という文字が書いてあり、協会の場所パンフレット（1992.1）には次のような記述がある。

> 「幕末に伊予の久松家から木村・式守両家に贈られた対のうちの1本で、第13代木村庄之助から弟子の第16代木村庄之助に受け継がれた。そして16代庄之助から同郷で高砂の改正組の時に一緒だった大阪相撲の木村正直（後木村越後）に譲られ、代々正直に引き継がれ、現在は十枚目行司の4代目正直が所持している。」(p.29)

この記述によると、この軍配は式守伊之助の譲り団扇と「対」である。贈られた時代は幕末であり、贈り主は伊予（愛媛県）の久松家である。そして、現在（平成18年3月）、この軍配を所持しているのは、幕内格（平成22年5月現在は三役格）の4代目木村正直である[20]。協会のパンフレットに記述してあることをそのまま信じればよいのであるが、その由来や経緯に関心があって、それを少し詳しく実証してみたくなった。由来や経緯を調べると言っても、それを確認することは容易でない。現在までに調べたことを記しておきたい。

協会パンフレットには「幕末に伊予の久松家から木村・式守両家に贈られた対のうちの1本」という記述があるが、それを確認する資料は見当たらない[21]。「対」になっている式守伊之助の譲り団扇もその贈り主や時期を確認するとなると、そのような資料がない。軍配の出所を示す確実な資料としては、軍配の箱書きがあるが、その箱はもうすでになくなっている。また、最初から箱に入れて贈呈していないかもしれない。贈呈するとき、それが代々行司に受け継がれていくという考えはないのが普通である。さらに、軍配は個人に贈呈するものだし、消耗品のようなものなので、贈り主も贈呈する理由などを記録することもない。この軍配に関しては、その贈り主を確認できる資料は何もなかった。

それでは、誰が「幕末に伊予の久松家から木村・式守両家に贈られた対のうちの1本」だということを言い出したのだろうか。この団扇を代々受け継いできた行司が伝承として語り継いだかもしれないと思ったが、それを確認する資料も見当たらなかった。しかし、資料は見当たらないが、軍配の由来が語り継がれてきた可能性を否定することもできない。

協会パンフレットの記述に具体的にその贈呈主が「伊予の久松家」とあることから、それを真正面から否定することもできない。しかし、本当に「伊予の久松家」だったかとなると、それを確認する資料がない。これを誰が言い出し

20）この軍配は4代正直が現在も所有していて、軍配袋に納めてある。ときどきその軍配で取組を裁いている。博物館に入れてしまうと、博物館所有となる恐れがあるので、自分が所有していると語っていた。次に「正直」を継ぐ行司が出たら、その人に譲るつもりだそうだ。

21）先に「脚注」で触れたが、21代木村庄之助著『ハッケヨイ人生』（p. 188）にはこの軍配は「昔の酒井家」から寄贈されたものとなっている。「対」をなす式守伊之助の「譲り団扇」も「昔の酒井家」から寄贈されたものとなっているので、その真偽が気になる。寄贈された年代には触れていない。

たのかを知ることはできなかったが、元博物館長の酒井忠正氏、その側近として働いていた池田雅雄氏、錦島親方（もと三役格行司)、当時生存していた元立行司のいずれかだろうと推測している[22]。何らかの裏づけがあって、具体的な贈り主を挙げている気がするが、それを確認する資料がまだ見つからないのは残念である。

協会パンフレットの「第13代木村庄之助から弟子の第16代木村庄之助に受け継がれた」という記述が正しいのかどうかも、実は、分からない。文献や錦絵などを調べてみたが、それを証明する資料はない。16代木村庄之助が13代木村庄之助の弟子であることは確かだが、13代木村庄之助がこの軍配を所持していたことを示す資料がない。したがって、13代木村庄之助が弟子の16代木村庄之助にその軍配を与えたことを示す資料もない。さらに、重要なことは、16代木村庄之助がその軍配を所持していたことを示す証拠がまったくないことである。文献になければ、錦絵にあるだろうと思って調べてみたが、16代木村庄之助は別の軍配を所持している。

協会パンフレットには「16代庄之助から同郷で高砂の改正組の時に一緒だった大阪相撲の木村正直（後の木村越後）に譲られた」と記述してあるが、それを確認できる資料はない[23]。この木村正直は「初代木村正直」のことである。16代庄之助はもともとこの軍配を所持していなかったので、それを初代正直に与えることもなかったはずである。資料では確認できないが、それを全面的に否定してよいのかとなると、必ずしもそうではない。資料にないから、真実ではないということもないのである。資料になくても、物品の貸し借りは実際あったかもしれないし、所持していたが使用しなかったかもしれない。この辺の事情はなかなか難しく、証明ができないが、個人の持ち物である以上、い

---

22)『相撲』(S35.6) の「譲り団扇の贈呈式」に関する記事が文書に基づいていなければ、当時の相撲関係者の話を聞き、それに基づいて書いてあるに違いない。その当事者が誰かを調べたり、博物館にも問い合わせたりしたが、結局、何も分からなかった。

23) 初代正直は明治45年5月から大正4年1月までで、大正5年1月からは木村越後を名乗っている。明治4年3月に大阪相撲に入門したが、明治6年には高砂の改正組に参加している。明治18年8月に木村直から（初代）木村正直に改名。明治20年1月に東京相撲を脱退し、明治23年に大阪相撲に復帰している。

ろいろな想定が可能である。いずれにしても、この軍配は、昭和37年頃には、初代正直が実際に所持している。

どのようにして、初代正直がこの軍配を所持するに至ったかについては、分からない。16代木村庄之助から初代正直に直接渡ったかもしれないし、16代木村庄之助ではなく別のルートから渡ったかもしれない。明治37年に初代正直が所持していることは写真で確認できる[24)]。その軍配を正直が持って写っている独り立ちの写真がある。明治37年を起点にすれば、この軍配は現在の4代目正直まで代々受け継がれていることになる。木村正直の「譲り団扇」と言われるのは、初代木村正直が名高い行司であり、その軍配を所持していたからであろう。事実ははっきりしないが、この軍配は幕末から別の行司に使用されていたこともあるのだから、もともと初代正直の軍配ではないはずだ。軍配の歴史の途中で有名な行司が現れ、その行司がその軍配をたまたま所持していたので、その行司を尊敬する意味もあって、その軍配を代々受け継いでいるのである。これが木村正直の「譲り団扇」である[25)]。

実際、4代正直も「譲り団扇」だということをあまり強調していない。先輩行司の「正直」から代々受け継がれてきた軍配で、それを3代正直から受け継いだのだと語っていた。行司名「正直」を受け継ぐことにも意味があるが、同時に、その先輩たちの精神が込められている軍配を自分が受け継いでいるという自覚もある。行司にとって軍配は命に等しいもので、行司が軍配にかける気持ちはなかなかのものである。力士が土俵を見つめる気持ちに匹敵するかもしれない。初代正直の以前には、この軍配を他の行司が所持している。錦絵では2名確認できる。1名は木村庄治郎（3代）であり、もう1名は大阪相撲の6代

24）この写真の存在は4代正直から聞き、小池氏にそれを見せてもらった。小池氏は明治37年頃に撮影したものであると語っていた。写真には撮影年月日が書かれていないが、おそらく間違いないであろう。

25）23代庄之助（2代正直）の話によると、この軍配は久松家から寄贈されたものであると越後（初代正直）から聞いたが、それが真実かどうかは分からないという。初代正直以前の軍配の行方については、23代庄之助は越後から聞いていなかったらしい。4代正直も2代正直の話を記憶しているだけで、初代以前の軍配の行方についてはまったく分からないという（2005.12）。

木村玉之助である。これについて簡単に記しておきたい。

明治17年に天覧相撲が行なわれているが、それを描いた錦絵の一つに3代庄治郎（慶応2.3～M19.5）がこの軍配を所持し控えに座っている[26]。この錦絵には木村誠道（後の16代木村庄之助）も描かれている。初代正直も天覧相撲では「木村直」の名で取組を裁いているが、錦絵には描かれていない。少なくとも資料としての錦絵では木村庄治郎がこの軍配を所持している。それを16代木村庄之助から借りたのか、もともと木村庄治郎のものであったのかは、分からない。確かなことは、木村庄治郎がその軍配を持って控え席に座っていることである。この錦絵がこの軍配を確認できる最初の資料である。したがって、幕末からその軍配が受け継がれていたかどうかは、まったく分からない。同時に、13代木村庄之助が所持していたとか、それを16代木村庄之助に譲ったとかいうのも、事実かもしれないし、そうでないかもしれない。それはまだ確認できないのである。

もう一つの錦絵は、明治33年頃に描かれたものである。これは横綱八陣の土俵入を描いたもので、その中に6代木村玉之助（M30.9～M36.1）がこの軍配を持っている[27]。横綱八陣は大阪相撲の横綱で、明治30年9月から明治34年5月まで横綱を締めていた。6代玉之助は天覧相撲の木村庄治郎とは別人だし、8代玉之助（初代正直で後の木村越後）とも別人である。どのような経過で、6代玉之助がこの軍配を所持するに至ったかは不明である。初代正直が所持していた軍配を6代玉之助が借りて所持していたのか、絵師が軍配の文字に思い入れがあってそれを描いたのか、分からない。6代玉之助が何らかのルートでその軍配を手に入れていたかもしれない。その辺の事情はまったく不明である。もし初代正直が所持していた軍配をたまたま借りていたのだとすると、正直はどのようにその軍配を手に入れたのかを解明する必要がある。16代木村庄之助と懇意の仲だったので、譲り受けたのだと仮定すれば、16代木村庄之助が

26）この3代庄治郎は明治17年当時、十枚目格行司である。2年後に亡くなっている。

27）池田編『相撲百年の歴史』（p.9）では8代木村玉之助となっているが、これは6代木村玉之助の誤りである。8代玉之助は明治45年1月から大正4年1月までであり、明らかに年代が違う。錦絵は明治33年頃のものなので、6代玉之助でないと事実と一致しない。

所持していたことを証明しなければならない。

初代正直が明治37年にこの軍配を所持しているのは錦絵で確認できた。資料を素直に理解すれば、明治33年から明治37年の間に6代玉之助が8代玉之助(すなわち初代正直)に譲り渡したことになる。どのような経緯でそれを譲り渡したかは分からない。おそらく親しい間柄だったので、先輩行司の6代玉之助が後輩行司の8代玉之助に与えたのだろう。いずれにしても、錦絵で見る限り、初代正直の前に少なくとも2名の行司がその軍配を所持していたことになる。ひょっとすると、明治17年以前にも他の行司が所持していたかもしれない。相撲協会のパンフレットを信じれば、少なくとも13代木村庄之助と16代木村庄之助が所持していたことになる。

なお、余談になるかもしれないが、この軍配は修繕がほどこされていて、元の軍配とは若干異なる。相撲協会のパンフレット（1992.1, p.29）の錦絵では、絵の中央部分が丸形の金具で留めてあるのに、同じページに掲載されている軍配の写真ではその中央部が縦棒の短い金具になっている。明らかに金具の形が異なる。この写真は4代木村正直が所持している軍配の写真なので、現在の軍配は複製かもしれないと思い、木村正直にそのことを行司部屋で尋ねてみた。すると、意外な返事が返ってきた。元々は丸型であったが、それは後に修繕したものだという。その証拠に丸型の金具であった痕跡が軍配に残っていると言って、その痕跡を見せた。実際に、その痕跡は軍配にくっきりと残っていた。つまり、元の軍配の丸型の金具を短い縦棒の金具で修繕しているが、それ以外は元の軍配のままである。丸型の痕跡が確認できなければ、この軍配は複製の可能性もあったのである。類似の軍配はいくらでも製作可能だからである。

この軍配をいつ頃修繕したかとなると、これは明治時代のようだ。4代正直によると、明治41年の写真番付や写真では棒状の金具になっているという。明治33年の錦絵には丸型になっているので、明治33年から明治41年の間で補修したことになる。しかし、これが真実だとすれば、修理は二度行なわれている可能性がある。というのは、『VANVAN相撲界』（秋季号、S58.10, pp.23-4）に昭和35年頃の行司たちを撮影した写真があり、その中で23代木村庄之助（2代木村正直）がこの軍配を持っている。その軍配の中央部には金具が何もついていない。つまり、明治の頃に棒状に修理した金具がなくなり、いったん修理されたが、昭和35年頃には外れてしまっている。それをまた棒状の金具で修理したのが昭和35年以降で、それが現在の軍配ということになる。現在の木村正直によると、23代木村庄之助（2代木村正直）の時代に補修した可能性が高いそうだ[28)]。二度目の補修が行われた年号を確定はできなかったが、以前は棒状の金具がついていたのに昭和35年頃にはついていないのだから、その後修理されていることは間違いない。軍配は少なくとも二度修理されていることになる。

7. 式守勘太夫の譲り団扇

この軍配には「一心一声、如神」の文字があり、「月舟小西順書、泉・胡民作」も書いてある。この譲り団扇については、協会の場所パンフレット（1992.1）に次のような記述がある。

> 「軍配の箱書きに慶応2年（1866）4月と記されている。第7代式守伊之助が鬼一郎時代から使用していたもので、その後代々勘太夫に引き継がれ、現在は幕内行司8代目勘太夫が所有している。」

現在（平成18年3月）、勘太夫は9代目なので、その行司がこの軍配を受け継いでいることになる。しかし、この軍配は接合部分に不具合があるし、房紐を通す穴が小さく紐を通すことができないので、現在使用されていない[29)]。こ

---

28) 4代木村正直は最初、修理は一度だけで、二度行われたはずはないと主張していたが、私の指摘により手元の写真をいくつか調査した結果、やはり修理が二度行われていたことを認めた。写真はやはり貴重な資料である。軍配を先輩行司から代々受け継ぎ、修理のことなどを聞いていないと、補修などまったくやっていないと思いがちである。補修された軍配であっても、それはやはり「譲り団扇」である。

29) 実際、私も博物館にお願いし、その軍配を手にとってみたが、中心の柄と面に少しズレがあり、ゆるゆるしていた。激しく動き回る取組では面が外れる危険性がある。房を通

の軍配は博物館にあるが、9代勘太夫によると、預けてあるだけだそうだ。つまり、博物館（あるいは協会）に寄贈したものではなく、一時的に預けてあるだけである。博物館にあれば博物館のものではないかと尋ねると、それは違うという。それを確認する文書も博物館から一筆取ってあり、勘太夫を名乗る行司の持ち物であるそうだ。

軍配の箱書きには協会パンフレットの記述にあるように、確かに慶応2年4月と書いてある。その他に、「進上　丸合組」、「式守鬼一郎丈」と書いてあり、その贈呈主と贈呈された行司がはっきり分かる。この式守鬼一郎は3代目に当たり、文久3年7月から明治15年6月までその行司名を名乗っている。まさに幕末から延々と受け継がれてきた軍配だということになる。

箱書きに書いてある贈呈主の「丸合組」がどのような組なのかについては、調べていないので分からない。寄贈された鬼一郎は2代勘太夫を名乗り、後に7代式守伊之助になっている。この軍配は錦絵にもときどき描かれているので、確認できる。しかし、確認できるのは、今のところ、明治時代のものである。そのいくつかを次に示しておく。

(a) 綾瀬川と雷電の取組。明治初期、相撲協会パンフレット（1992.1, p.28）。
(b)「大相撲引分之図」。明治9年4月、国明画、学研『大相撲』(p.142)。梅ケ谷と境川の取組で、行司式守鬼一郎である。なお、同じ画題で、梅ケ谷と西ノ海の取組を描いた錦絵もある。

由緒ある勘太夫の譲り団扇であるのだから、修理して使用したらどうかと9代勘太夫に尋ねてみたが、勘太夫は「現在のところ、修理して使用するつもりはない」ということだった。この軍配が今後どのような扱いを受けるかは、私には分からない。「勘太夫」がかつては代々受け継いだ軍配だったとして博物館に寄贈するのか、それとも修理を施して使用するのか、それとも他の処理の仕方をするのか、見当もつかない。「勘太夫」を受け継ぐ行司が変われば、また別の考えが出てくる可能性もあるので、それは今後の成り行きを見守るしか

す穴に関してはそれほど小さいという感じがしなかったが、それは私が房の大きさをあまり知らないからかもしれない。

ない。木村正直の「譲り団扇」が修理をほどこして現在でも受け継がれ使用されていることを考えれば、式守勘太夫の「譲り団扇」も修理して使用してもよいかもしれない。

8. 個人が寄贈した軍配

この「譲り軍配」に関しては、協会の場所パンフレット（1992.1）に次のような記述がある。

> 「昭和46年1月、兵庫県宝塚市の清荒神、清澄寺の坂本光聰管長より相撲協会に寄贈されたもので、木村庄之助のゆずり軍配として使用されている。白檀にぼたんと唐獅子の彫金がほどこされている。（彫金は海野建夫先生作）」（p.26）

この軍配は相撲博物館に所蔵されており、木村庄之助が東京場所でときどき使用している。坂本管長が昭和46年1月に軍配を協会に寄贈したのは事実だが、元々は協会に直接寄贈するのではなく、25代木村庄之助個人に寄贈するはずだった。それが、いつの間にか、25代木村庄之助個人ではなく、協会へ寄贈されることになった。その辺の事情を調べているうちに、1本の軍配を巡って、興味深い経過があることが分かった。それをここに記しておきたい[30]。

昭和45年1月場所後に玉の海が51代横綱に昇進し、3月の大阪場所終了後、

30）軍配寄贈の経緯についてはそれを知っていると思われる3名の方に質問しながら、直接お話を聞いた。しかし、なぜ管長が25代木村庄之助でなく、協会へ直接寄贈するに至ったかは必ずしもはっきりしなかった。うすうすは分かっているような感じであったが、肝心の坂本氏本人に聞いたわけでもないし、噂に聞いている当事者たちに直接聞いたわけでもない。坂本氏もすでに亡くなっているし、当時の事情を知っていると思われる多くの方々も亡くなっている。お話を直接聞くことができた方々は、坂本氏夫人を除き、間接的に噂として聞いているに過ぎない。この意味では、どこまでが真実で、どこまでは真実でないか、迷うところである。

清荒神清澄寺で横綱土俵入りと奉納相撲を行った[31]。そのお礼と横綱昇進を祝って、清澄寺坂本管長の主催で宴席が設けられた。

坂本管長は二所ノ関の32代横綱玉錦時代から相撲と密接な関わりを持つようになったが、昭和46年にはすでに片男波部屋のタニマチ（すなわち後援者）であった。坂本管長は大阪場所では溜り席を確保するほど相撲に多大な貢献をしていた[32]。管長が主催した宴席には片男波部屋の師匠はもちろん、横綱玉の海、二所ノ関一門の親方衆、横綱大鵬、21代式守伊之助（後の25代庄之助）らが出席していた。

酒席で雑談しているうちに、軍配の寄贈が話題になり、坂本管長は、21代式守伊之助が25代木村庄之助に昇進したら、そのお祝いに軍配を寄贈するということになった。さらに、当時三役格の式守勘太夫が22代式守伊之助（後の26代木村庄之助）に昇格すれば、その祝いにも軍配を製作して寄贈しようと申し出た。つまり、同時に軍配を2本製作し、1本は25代木村庄之助に、もう1本は22代式守伊之助にそれぞれ寄贈することを約束した。管長としては、当初、軍配を個人用として寄贈するつもりであった。

ところが、軍配を製作しているうちに、当初の約束と違う話になってしまった。結果的には、25代木村庄之助に寄贈する予定だった軍配はその本人に寄贈されず、協会へ寄贈された。しかし、22代式守伊之助に寄贈する予定だった軍配はその本人に寄贈された。つまり、25代木村庄之助には坂本管長から軍配は寄贈されず、約束は果たされていない。

25代木村庄之助用の軍配は片面に唐獅子、もう一面には牡丹が純金で彫られており、かなり高価なものである。現在でも、おそらく何千万円かの価値があると言われている。聞くところによると、坂本管長は非常にお金持ちで、羽振りがよく、純金の軍配を作成し、25代木村庄之助にそれを寄贈したいと思っていたらしい。しかし、結果的に、その軍配は25代木村庄之助ではなく、協

31）横綱玉の海は元々二所ノ関部屋だったが、横綱の頃には片男波部屋所属になっていた。

32）現在（平成18年3月）でも理事長から溜り席のチケットが贈呈されている。放駒親方（元大関魁傑、広報部担当）がそのチケットを坂本氏宅へ届けているそうだ。坂本氏夫人はお礼の電話を理事長に直接かけていると言っていた（2005.12.19）。

会に寄贈された[33]。

もう1本の22代式守伊之助用の軍配は片面に「かきつばた」の模様が施してあり、それほど高価なものではないらしい。この軍配は個人用として22代式守伊之助に寄贈されているが、その軍配の行方は、今のところ、分からないという[34]。22代式守伊之助から26代木村庄之助に昇格し、定年で引退したとき、その軍配を後輩行司には与えていない[35]。

なお、22代式守伊之助は26代木村庄之助に昇格してから、博物館に所蔵されている唐獅子・牡丹を彫金した軍配の模造品を1本製作しているが、その費用は自分で負担している。少なくとも坂本管長にはお世話になっていない。博物館に木村庄之助用として本物の軍配が所蔵されてあり、立行司はそれを使用しようと思えばいつでも使用できることになっている。それなのに、なぜ模造品をわざわざ製作したかは、はっきりしない。その理由を知っている人はもういない[36]。

推測になるが、26代木村庄之助は本物とまったく同じように見える軍配を個人用として常に持っていたかったかもしれない。そのようなケースは過去にもあったし、現在でもあるからである。たとえば、「一味清風」、「天下泰平」、「忍」などといった同じ文字を書いた軍配はよく使用されている。しかも、これらの文字は昔から軍配に頻繁に使われている。形が似て文字が同じであれ

---

33) この軍配は純金作りで重いため、使いにくいという。歴代の行司がその軍配をあまり使用しないのは、重さのせいではないかと話していた行司もいた。

34) 最近になって、「かきつばた」の軍配を所蔵している方が分かった。『図録「日本相撲史」総覧』(H4, p.76) で26代木村庄之助の軍配の写真が掲載されていたので、伊之助時代のものかもしれないと思い、行司部屋で1月場所中、26代木村庄之助の後輩行司式守與之吉と軍配通の木村正直に見せて確認した。そして、間違いないというお墨付きをもらった。この軍配は現在個人蔵で、その所有者も判明した。

35) 誰かの手に渡っていれば、その所在はいつか分かる可能性がある。心当たりの人がその軍配の所在をある程度確認してあるらしいが、まだはっきりしたことが分からないという。

36) 二つの軍配があり、複製が作製されていたことや坂本氏夫人がまだ健在であることなどは、相撲協会広報部の鈴木綾子さんに教えてもらった。いろいろ裏話も聞いたが「裏付け」が取れなかったので、残念ながら、割愛せざるを得ない。

ば、見た目には「同じ」として映る。材質はそれぞれ違うが、見た目にはなかなか細かい文字の違いなど分からない。26代木村庄之助が製作した模造品は、一見すると、博物館所蔵の軍配とまったく同じだが、使われている「金」の材質がまったく違う。博物館所蔵の軍配は「純金」そのものだが、模造品は表面だけを「金」に似せていたに違いない。この模造品の行方も、今のところ、分からないという[37)]。

坂本管長は当初、25代木村庄之助個人に寄贈するつもりで軍配を作製したのに、結果的に、本人ではなく、協会に寄贈している。約束違反だということになる。実際、25代木村庄之助は協会に寄贈されたことを快く思っていなかったらしい。なぜそのような結果になったかに関しては、必ずしも明確なことは分からない。当時の事情をいくらか知っている人によると、二所ノ関関係の玉ノ海（昭和46年当時はNHKの相撲解説者）が坂本管長に行司個人（つまり25代木村庄之助）に寄贈するよりも代々の木村庄之助に使ってもらうように協会に寄贈したらどうかということをお話ししたらしい[38)]。坂本管長も代々使ってもらうのであれば、そのほうがよいという考えになって、協会に寄贈したという。

玉ノ海がなぜそのようなお話をしたのかは分からない。純金で見栄えのする軍配だということを玉ノ海が知り、そういう高価で品位のある軍配なら協会の宝として代々の木村庄之助に使ってもらったほうがよいと思ったのかもしれない。軍配は個人のものとして寄贈されると、それをどのように処分しようと、その行司の勝手である。行司は博物館に寄贈することもあるし、宝物として身近においておくこともあるし、他の人に譲ることもある。子孫に残すことだっ

---

37) この模造軍配は26代木村庄之助と関係ある人が所蔵していたことは大体見当がついていたらしいが、その人から他の人へ渡ってしまったのか、それともその本人が今でも所蔵しているのか、現在、それは分からないそうだ。坂本氏夫人としてはそのような模造品があれば、自分で引き取りたい心境だという。

38) 玉ノ海は元関脇で、力士時代は二所ノ関部屋に所属していた。力士と年寄・二所ノ関を兼ねた二枚鑑札だったこともあるが、昭和26年5月に相撲界から引退している。その後、NHKの相撲解説者として活躍した。

てある。しかし、協会に寄贈すれば、間違いなく協会の持ち物として代々受け継がれていく。いずれにしても、管長にお話をしたのは、玉ノ海だというお話を伺ったことがある[39)]。

玉ノ海の話を坂本管長は当時の花籠理事に話し、花籠理事は武蔵川理事長（当時）に伝え、武蔵川理事長もそれに同意したようだ[40)]。その結果、軍配は協会へ寄贈され、木村庄之助の譲り団扇となった。それが、博物館に現在でも所蔵されている。話に聞くと、25代木村庄之助はこの団扇を使用していないはずだという[41)]。気持ちの上で、わだかまりがあり、使用する気になれなかったかもしれない。この軍配を使用し始めたのは26代木村庄之助であるという。

25代木村庄之助としては自分用として製作したはずの軍配が、自分の知らないうちに協会へ寄贈されたのだから、腑に落ちないのは当然である。25代木村庄之助の理解を得るために、坂本管長がその寄贈に至った経緯を説明し、25代木村庄之助の同意を得たかどうかは分からない。博物館に直接寄贈した経緯を多少なりとも知っている方たちの話から推測すると、25代木村庄之助の同意は得ていなかったはずだという。25代木村庄之助は行司たちの何人かに「博物館に所蔵されている団扇は自分のものだ」とときどき漏らしている。軍配を寄贈する発端は25代木村庄之助の昇格祝いのためであったが、本人に寄贈される前に何らかの理由で話が途中で変わってしまった。これは、寄贈される側としてはどうしようもなかったに違いない。軍配製作を内々に進めておけば、当初の約束どおりスムーズに運んでいたはずだが、具体的な製作の話が

39）これを語った方は解説者の玉ノ海本人から直接聞いたのではなく、坂本管長の筋から間接的に聞いたということなので、その信憑性を必ずしも断言していない。においは感じたが、においの源を確認していないので、そのにおいの源を断言できないというのと同じだ。その信憑性に疑義があったとしても、軍配製作のことを知った身近な相撲関係者であることは、間違いない事実であろう。

40）当時の花籠理事は元前頭大ノ海で、花籠部屋の師匠である。横綱初代若乃花と輪島、大関魁傑らを育成した。昭和56年3月に相撲界から引退している。

41）たとえ25代木村庄之助が使用したことがあったとしても、それはほんのわずかだったかもしれない。それを記憶している他の行司さんはいない。もしかすると、フィルム映像や写真などで確認できるかもしれない。

他の人に伝わり、その人の話を坂本管長が聞き、考えを変えたということであろう[42)]。これが真実に近いような気がする。

坂本管長が寄贈した「譲り団扇」を調べ始めたころは、同時に2本の軍配を製作し、1本目を25代木村庄之助に、2本目を協会にそれぞれ寄贈したものと考えていた。しかし、調べていくうちに、製作時期は同時だが、1本目は25代木村庄之助の昇格祝い用として、2本目は22代式守伊之助の昇格祝い用として製作されたことが分かった。しかも、同じ軍配を2本製作したのではなく、材質や図柄が異なるのである。それぞれにかかる費用にも明らかな違いがある。

22代式守伊之助にはかきつばたの軍配がすんなり寄贈されたが、唐獅子・ぼたんの軍配は25代木村庄之助に寄贈されず、協会へ寄贈された。個人に寄贈するはずの軍配がどういう理由で協会へ寄贈されるに至ったかは、玉ノ海（当時のNHK相撲解説者）が介在しているようだが、その辺の事情が必ずしもはっきりしないのである。代わりの軍配が坂本管長から25代木村庄之助に寄贈されたのかもしれないと思い、確認したが、その経緯を知っている関係者の話では寄贈されていないという。そして、26代木村庄之助は博物館所蔵の軍配をお借りし、その模造品を自分の費用で製作している。26代木村庄之助が持っていたかきつばたの軍配の行方は最近になって分かったが、模造品の軍配は、現在のところ、その行方が分からない[43)]。

坂本管長が寄贈した軍配を巡って、このような複雑怪奇な経緯があるとは、最初の頃、まったく気づかなかった。当時の事情を知っていると思われる方々に質問をしているうちに、軍配製作の発端から博物館に所蔵されるに至った経

---

42) 安価な軍配だったならどうでもよかったのかもしれないが、この軍配は純金製で、有名な先生の彫金がほどこされている。このような高価なものを個人に寄贈するのはもったいないと誰かが思ったかもしれない。これは、もちろん、私の邪推かもしれない。真実は、玉ノ海の語っているように、代々の木村庄之助に使用してもらったほうがよいということだったかもしれない。

43) 26代木村庄之助の後輩行司である式守與之吉もその行方はわからないという。式守與之吉によると、26代木村庄之助が模造品を製作したことは確かだそうだ。これに関しては、木村正直も同意していた。すなわち、行司の仲間では良く知られた事実だったことになる。

緯が次第に分かってきた。個人に寄贈するつもりで製作を始めたものが、その本人に寄贈されず、協会へ寄贈されている。何かきな臭いものがあるらしいと思うのは、ごく自然なことであろう。何でも当初の約束どおりに行かないときは、それなりの理由があるものである。この軍配の経緯についても何か人間的要素が絡んでいるらしいことは感じるが、それは私の勘違いかもしれない。話を聞いているうちに、ある程度確実な情報らしきものを得たが、公表するには確実性が欠けていることも事実である。そういう理由で、具体的な経緯についてはあいまいなままにし、確証が得られた情報だけを記すことにした[44]。

相撲通の人や団体がある軍配を寄贈し、それを木村庄之助や式守伊之助に代々使っていただきたいとお願いすれば、それをすんなり「譲り団扇」として受け入れてよいのか、一瞬迷うに違いない。なぜなら、譲り団扇は、基本的には、先輩行司が使用していた軍配を後輩行司に譲り、それが代々続いているものだからである。そのような考えに基づけば、この軍配は昭和46年に始まったばかりであり、木村庄之助個人が使用していたものではなく、代々の木村庄之助に使ってくださいという名目で協会に坂本氏個人が寄贈したものである。これが「譲り団扇」となっているのは、最初から「譲り団扇」にしようと協会が決めていて、それを後の木村庄之助が使用しているからであるにすぎない。要するに、「譲り団扇」の定義が今のところあいまいなため、代々、特定の行司に使用されていれば、それを「譲り団扇」だと呼んでいることになる。譲り団扇にもいろいろなタイプがあるということである。

44）もっと他の事情通に話を聞けば、もっと確実な情報が得られる可能性がある。しかし、これ以上の情報を得ても、あまり意味はないかもしれない。というのは、博物館に所蔵されている軍配はすでに「譲り団扇」となっているからである。軍配が寄贈された経緯を正しく知ることは「譲り団扇」とは何であるかを知る手がかりとなるが、そのような経緯は知らなくてよいかもしれない。個人の寄贈したものであっても、「譲り団扇」は「譲り団扇」だからである。

9. 中道実相

この団扇は29代木村庄之助が9代錦太夫を名乗っていたときに初めて使用され、その後代々の「錦太夫」に「譲り団扇」として受け継ぐことになっている。10代錦太夫は平成17年7月場所で退職したが、平成18年1月場所から木村吉之輔が11代式守錦太夫となり、その団扇を受け継ぐことになっている。実際、11代式守錦太夫はそれ以降、ときどきこの軍配を使用している。

このように、特定の団扇を「譲り団扇」として受け継いでいこうという明確な意思があるのは、歴史的には初めてのことである。これが他の行司たちに伝播していくかどうかは、今のところ、分からない。

雑誌『大相撲』(H9.5) に新山氏と29代木村庄之助の対談記事があり、「中道実相」について29代木村庄之助は次のように語っている。

> 「新山：昭和55年1月に幕内格、60年に先代の式守錦太夫を襲名、そのころ使っていた軍配に“中道実相”という文字が書かれていましたが、どんな意味があるんですか。
>
> 庄之助：これは栢木寛照（かやきかんしょう）さんという比叡山のお坊さんに書いていただいたもので、仏教用語のようですが、左右に負けずに公平に裁けという教えが込められているそうで、私の好きな言葉でもあり、代々の錦太夫の譲り軍配として残したいと思っています。」(p.84)

平成9年5月にはすでに、29代木村庄之助は「中道実相」の軍配を錦太夫の「譲り団扇」にすることを決めている。これは非常に珍しいケースであり、今後の成り行きに注目したい。

なお、『相撲』(H11.10, pp.150-1) に「行司軍配の変遷――29代木村庄之助親方の団扇」と題し、29代親方が行司入門以来所持してきた軍配の写真が掲載されている[45]。その中に「中道実相」の軍配があり、昭和60年に使用し始め

---

45) 29代木村庄之助は個人用として所持し使用した軍配以外にも、もちろん、自分の軍配で

ている。この軍配について、次のような解説がある。

> 「『式守錦太夫』（庄之助親方の三役格当時の行司名）の“譲り軍配”。『円の中心は円周のどの位置からも等距離にあり、公平である』の意。輪島塗。比叡山天台沙内／栢木寛照師・筆。後輩の現・式守錦太夫（10代）が使用中。」(p.150)

この「中道実相」の軍配は昭和60年、29代木村庄之助が式守錦太夫を名乗っていたときに初めて使用されているので、平成18年3月現在、3代目の錦太夫に受け継がれていることになる[46]。

10. おわりに

譲り団扇がいつ頃から使われ出し、誰が寄贈したかを中心に調べてきたが、必ずしも満足のいく結果は得られなかった。いつ頃使われ出し、誰が寄贈したかに関し、確認できたことを次に記しておこう。

(a) 木村庄之助の譲り団扇2本

①「知進知退」の団扇：弘化4年。寄贈者不明。
②「唐獅子・牡丹」の団扇：昭和46年。清荒神清澄寺の坂本管長。

ないものを土俵上で何本か使用している。行司はときどき「譲り団扇」以外にも由緒ある軍配を臨時に使用するときがある。

46) 宮城野部屋所属の木村吉之輔が式守錦太夫を受け継いだが、これは珍しい改姓・改名である。「錦太夫」は式守系の行司名なので、所属部屋と関係なく、どの部屋の行司でも受け継ぐことができる。「改姓」は本人や師匠の承諾が必要である。木村吉之輔は元々「式守」を名乗っていたこともあるので、この式守錦太夫を名乗ることにそれほど違和感はなかったに違いない。それに、伝統ある「錦太夫」の名を中断せず、継続していこうという29代木村庄之助や関係ある行司たちの意図もあったに違いない。「錦太夫」を受け継ぐ行司として木村吉之輔が指名を受けたことは、本人にとってこの上もない名誉なことである。行司の改姓・改名については、拙稿「行司の改姓」(2004)、「行司の改

(b) 式守伊之助の譲り団扇1本

明治15年。寄贈者不明。

(c) 式守勘太夫の譲り団扇1本

慶応2年。丸合組。

(d) 木村正直の譲り団扇1本

明治17年。寄贈者不明。

幕末に伊予（愛媛県）の久松家から寄贈されたという2本の譲り団扇について資料の裏づけを確認したかったが、そのような資料は見つからなかった。その由来について行司の間で先輩行司から伝承されてきた可能性があるが、その伝承は必ずしも正確でない場合もある。私が調べた限り、そのことを記した最初の文献は昭和35年6月号の『相撲』だが、それを書いたのが行司の伝承に基づいているのか、それとも何らかの文献資料に基づいているのか、それが分からない。前者であればどうしようもないが、後者であれば私がそれに遭遇していないだけである。いつかそのような資料が出てくることを願っている[47)]。

軍配は元々個人の所有物であり、使用し始めた頃、それが代々受け継がれていくとは考えない。先輩行司から後輩行司へ与えていた軍配が、振り返って見ると、「譲り団扇」と呼んでもよいほどになっていたというのが実情であろう。軍配の寄贈者や寄贈された行司が何らかの証拠を残しておかなければ、その出所や経緯を知ることはきわめて難しい。そういう理由で、昔の軍配の寄贈者

名」(2005)、「由緒ある行司名」(2005)、「改名した行司に聞く」(2010) にも述べてある。

47) 昭和41年出版の21代木村庄之助著『ハッケヨイ人生』(p.188) には「昔の酒井家」から寄贈されたものになっているが、これも「酒井家」であること示す証拠は一つもない。「酒井家」だとする文献もこれ以外にないので、あえて深く調べていない。

を知ることは不可能に近いと言ってよい。現在でも、行司が使用している軍配は、多くの場合、その寄贈者を知っているのは本人と身近な人だけである。軍配の出所を公表した資料をあまり見たことがない。しかし、その中から将来、「譲り団扇」と呼ぶものが出ないとも限らないのである。

清荒神清澄寺の坂本管長が寄贈した「譲り団扇」だが、これも実際は、最初から「譲り団扇」として製作されたわけではない。25代木村庄之助に寄贈するために製作したと坂本氏夫人を始め、当時を知る事情通の人すべてが認めている。なぜ個人に寄贈する予定で製作した軍配が本人に渡らず、協会へ寄贈されたのか、必ずしもはっきりしない。真相を知っている人が語らなかったのか、それとも噂の域を出ないと思って語らなかったのか、私には分からない。私もあまり突っ込んで尋ねることは遠慮した。

「譲り団扇」と言っても、それは1本の軍配にしか過ぎない。しかし、その軍配に寄せる行司の思いは、計り知れないものがある。使用できる誇りと同時に、歴史の重みも感じるに違いない。この重みの責任について、第27代木村庄之助著『ハッケヨイ残った』に次のような記述がある。

> 「伊之助から庄之助へと昇格して、庄之助に代々伝わる『譲り団扇』を手にしたときは、改めて伝統の重みが胸に迫ってくる感じがした。」(p.126)

特定の行司だけが受け継ぎ使用できるのだから、それを受け継ぐ行司の喜びは筆舌に表しにくいであろう。「譲り団扇」は現在5本あるが、その軍配に対する思いは行司たちによってそれぞれ異なるであろう。ぜひ使用したい「譲り団扇」もあれば、そうでない団扇もあるかもしれない。「譲り団扇」に対する行司の思いを何人かの行司たちに尋ねてみたかったが、そのような質問はあえてしなかった。

最後に、坂本管長が寄贈した木村庄之助の「譲り団扇」に関して一言述べておきたい。本章で記したことが真実であると必ずしも断言できないということである。実際、ここで記したことと食い違う証言もあった。たとえば、坂本管長は25代木村庄之助に軍配を寄贈し、管長がそれと同じ軍配を製作して博物館に寄贈したという証言もあった。つまり、25代木村庄之助は本物の軍配を所持していたというのである。その軍配が現在、どこにあるかは知らないという[48)]。もしそれが本当だとすると、本章で述べたことは全面的に書き換えなくてはならない。本章で述べたことが真実に近いと思っているが、話を伺った方々がすべてにおいて一致していたわけでもないことを記しておきたい。

---

48) 25代木村庄之助は昭和47年1月に定年を待たずに辞めているし、軍配の協会寄贈は昭和46年1月である。また、26代木村庄之助がその軍配の複製を持っていたという現役行司が2名いる。2本目の軍配作成の期間があまりにも短く、なぜ2本目を製作しなければならなかったか、その理由がわからない。さらに、製作時期がずれているとは言え、1億円近くもする高価な純金の軍配を2本製作するにはお金がかかりすぎる。このような理由から、この証言は記憶違いによるものと判断し、採用しなかった。博物館にある軍配が純金の唐獅子・牡丹でなければ、この証言にも信憑性が出てくるが、その軍配の真偽を疑うわけにはいかない。

第3章　行司と草履

1. はじめに

現在、草履は三役格以上の行司だけに許されている。三役格は立行司と同じように横綱土俵入を引く可能性があるため、草履を特別に許されている。しかし、そのように決まったのは、昭和35年1月である。それ以前は、草履を履けたのは「立行司」に加え、朱房の行司の中で特別に許された者だけだった[1)]。つまり、朱房行司だからと言って、どの行司でも草履を履けたわけではない[2)]。

現在では草履は三役格以上であれば誰にでも許される特権であるが、昭和35年以前は、朱房行司では一部の者だけに許される特権だった。その特権は、端的には、横綱土俵入を引くことができることである。一昔前まで、草履の免許は吉田司家から授与されることになっていた。さらに、房の色も紅白以上であれば、吉田司家の免許を必要としていた。このように、行司の世界では草履

1)　朱房は時代によって紅房、緋房、赤房などと呼ばれている。どの呼び方でも特別に問題はない。特に明治前期は「房」の代わりに「総」が用いられているが、中期以降は「房」がよく使われている。なお、行司規定の改定は、実際は、昭和30年5月以前も行われているが、本書では昭和35年1月の規定を主として参考にした。因みに、昭和26年1月には新しく副立行司が設けられているし、昭和22年6月には三役格行司のうち二名（すなわち庄三郎と正直）に特別に草履を許している。三役格が全員草履を履けるようになったのは、昭和35年1月である。

2)　多くの文献で三役格行司は朱房で草履を履き、帯刀できると記されているが、少なくとも昭和2年春場所から昭和34年11月までそのような事実はなかった。つまり、草履を履くこともなかったし、帯刀することもなかった。明治から大正期までは草履を履ける朱房行司（つまり三役格行司）と草履を履けない朱房行司の区別があった。草履を履ける朱房の「三役格行司」でも基本的に帯刀しなかった。紫白房の立行司に支障があり、三役格行司が代わりに横綱土俵入りを引くとき、帯刀することが許されていたようだ。

にしても房の色にしても、それを許されるのは大変名誉なことだった。

本章では、特に明治中期に活躍した朱房以上の行司に限定し、朱房と草履が授与された年月を調べ、その授与は同時ではなく、別々になされていたことを指摘する。さらに、江戸時代のいつごろから、草履が特権的な履物になかったかを調べ、木村庄之助は天明8年から、式守伊之助は文政11年から、それぞれ草履免許を受けるようになったことも指摘する。すなわち、木村庄之助にしても式守伊之助にしても勧進相撲の初期の頃から草履を特権として履いていたのではなく、ある時点から草履が特権的な履物になったのである。

明治初期の行司の朱房や草履に関しては、明治15年7月に相撲協会が吉田司家に出した「御請書」を特に参考にしている[3)]。この文書には当時の上位行司の朱房や草履のことが記されていることから、貴重な資料となる。しかし、朱房や草履を「いつ」授与したかに関しては、この文書では分からない。分かるのは、当時、どの行司が草履を履き、房がどの色であったかという事実だけである。この御請書は明治15年7月に出されているが、どういうわけか、他の資料と必ずしも一致していない場合がある。どのような違いがあるかも指摘したい。

明治10年頃から明治15年頃までは、行司の草履や房の色を相撲協会が独自に許可した可能性がある。その間、吉田司家の主人である吉田追風（すなわち吉田善左衛門）は「西南の役」に参加した責任を問われ、房紐や草履の免許授与を含め、行司に関わる業務から遠ざかっていた[4)]。相撲協会は許可した草履や房の色を記し、吉田司家に報告している。吉田司家はそれを追認したため、

---

3) この御請書は荒木著『相撲道と吉田司家』(S34) に紹介されている。残念なことに、その資料の基になるオリジナルの文書はまだ見ていない。相撲博物館にもその資料はない。御請書は内容に事実と一致しない面があるが、架空の代物ではなさそうである。当時作成された「契約書」がある以上、この御請書も実際に協会から提出されているものと判断してよい。

4) 荒木著『相撲道と吉田司家』(pp.116-29) によると、吉田善左衛門（追風）は西南の役のため明治10年頃から15年頃まで司家としての活動はしていない。吉田追風が活躍しだすのは、明治15年5月頃からである。横綱境川は熊本で横綱を受けているので、明治10年2月頃までは活躍していることになる。したがって、明治10年末から15年5月頃ま

それに対し相撲協会は御請書として吉田司家に提出している。御請書が免許の代わりになっているのか、後で免許状が出されたのかは明らかでない。

2. 正徳時代の草履

『相撲家伝鈔』（正徳4年）に「草履の事」の項があり、次のように述べている。

> 「草履は田舎体にては冬にて用いる事もあり。御前相撲などには不礼なり。夏は素足、冬草履を履かず、足袋ばかりにて致すべし。惣じて草履はくこと不作法なり。キヤハンは用いるべからず。牡丹なしに緞子あやなども見合用いるべし。」

この記述から判断すると、草履は寒さしのぎのためであり、まったく特権的な履物ではない。草履を履いたとしても、おそらく冬だけである。冬でも、草履ではなく、足袋だけに留めたほうがよいとしている。草履を履くときは、素足ではなく、同時に足袋も履いている[5)]。御前相撲では草履は礼儀にかなわないので、履かないほうがよいとしている。足袋は許されていたかもしれない。いずれにしても、正徳4年頃は、御前相撲はもちろん、勧進相撲でも草履を履くことは無作法である。

正徳以前、草履がどのような扱いだったかはまったく分からない。が、絵図を見る限り、行司はほとんど素足か足袋である。土俵が冷たいときに、寒さし

での間は行司の免許などは出していない。『ちから草』（p.129）によると、吉田善左衛門は明治10年2月、西南の役勃発と同時に熊本隊に加わっている。

5）草履を履くとき、最初から足袋を履いていたかどうかは不明である。素足のまま、草履を履いた可能性もある。つまり、足袋の後に草履を履くというのは、後のしきたりかもしれない。草履と足袋ではどちらが先かという順序は問題にせず、草履を履けば足袋も履くという仮定の下で、今後の論考は進めることにする。因みに、天明7年までの相撲を描いた錦絵では、木村庄之助は素足である。足の5本指がはっきり描かれている。したがって、足袋も履いていないし、草履も履いていない。

のぎで足袋を履いたかもしれない。しかし、草履は禁止されていなかったらしい。というのは、草履を履いている絵図を見ることができるからである。たとえば、少なくとも次の二つの絵図では、行司が草履を履いている。

(a)「元禄四十八手絵巻」、堺市博物館編『相撲の歴史』(p.24)。
(b) 四角土俵を描いた図、堺市博物館編『相撲の歴史』(p.26)[6)]。

この絵図で見る限り、元禄時代でも、草履を履くことがあったことになる。しかし、多くの絵図では、行司は草履を履いていない。このことは、草履を履くことに特別な特権がなかったことを意味する。

勧進相撲や草相撲では、特に寒い冬では、草履を履くことがあったかもしれないが、御前相撲では無作法とみなされていたようだ。正徳以前では勧進相撲であっても草履を履くことは慣例化していないと言ってよい。すなわち、勧進相撲で草履を履くことが特別な意味を持つようになったのは、少なくとも正徳以降である。文字資料や絵図で見る限り、正徳から天明7年までは、行司の草履が免許制になったことを示唆するものは見当たらない。しかし、後の文献によると、行司の家元である追風は元禄よりずっと以前に草履を許されている[7)]。それは免許ではなく、追風に授与された特権である。

---

6) 元禄12年には円形土俵で勧進相撲を興行しているので、この四角土俵はそれ以前のものを描いているようだ。が、その制作年代は、今のところ、必ずしも明確でない。さらに、この図は南部相撲を描いたものとよく言われるが、土俵が四角というだけでは必ずしも南部相撲だとは言えない。元禄の頃、南部相撲が江戸で興行したことを示す資料はない。この四角土俵の絵図が南部相撲を描いたものだと断定するには、まだ確かな根拠がない。これに関しては、拙稿「謎の絵は南部相撲ではない」(2007) でも扱っている。享保年間には南部相撲が京都で行なわれているが、この「四角土俵を描いた図」は元禄時代のものだと言われている。たとえ享保年間に描かれたものだとしても、南部相撲の特徴を示すのは四角土俵だけである。四本柱は四色（あるいは五色）でないし、屋根に鯱も飾られていない。

7) 吉田追風の由緒を扱っている文献ではそのことが記されている。文献によると、草履はもともと朝廷から許された履きものだったらしい。しかし、それを証明する資料は、吉田司家の家伝を記したものだけである。吉田司家の家伝に記されているものは証明できないが、物的証拠として装束、唐団扇、軍配などが残っているらしい。現代の科学技術

3. 木村庄之助と草履

勧進相撲で行司の中で草履を履くのを特権として許可されたのは、5代木村庄之助が最初である[8]。文政10年11月の『相撲行司家伝』に当時の16代吉田追風がその5代木村庄之助に次のような免許を出したことが書いてある。

「　　　　　　　　　　　　免許状
無事之唐団扇並紅緒、方屋之内、上草履之事免之候、可有受用候、
仍免状如件
　寛延二年巳八月
　　　　　　　　　　　　　　　　　　　　本朝相撲司御行司
　　　　　　　　　　　　　　　　　　　　　19代吉田追風　㊞
　江府
　　木村庄之助殿　　　　　　　　　　　　　　　　　　　　　　」

この『相撲行司家伝』は[9]、木村庄之助の「先祖書」と呼ぶこともある。文政10年までの歴代の木村庄之助のことが記述されているからである。これは幕府から相撲会所に行司の由来などについて問われ、9代木村庄之助が提出用として文書にまとめたものである。これによると、5代木村庄之助がはじめて、寛延2年8月に草履を履くことが許されている。初代から4代目までの木村庄之助が草履を履いていたかどうかは、『相撲行司家伝』には何も述べていない。

寛延2年8月に出された免許状では、5代木村庄之助に草履を許しているが、この文言に関して問題がまったくないわけではない。免許状では、朱房と草履

でその年代が測定できれば、吉田司家の言い分もいくらか判明するかもしれない。

8) 行司はどの行司名でも、その代数と任期は『大相撲人物大事典』(H13) の「行司の代々」(pp.685-706) に基づいている。

9) 『相撲行司家伝』は歴代の木村庄之助を扱っている書籍で頻繁に見ることができる。たとえば、酒井著『日本相撲史 (上)』(S31, p.96) もその一つである。

を両方とも許しているが、実は、朱房だけだった可能性がある。つまり、草履の使用は9代木村庄之助が、7代木村庄之助の免許状に倣って、草履の文言を後で追加した可能性がある。そう考えたくなる証拠が少なくとも二つある。

その一つが、寛政元年11月26日に勧進元3名が連名で寺社奉行所へ提出した文書である。その中に「差し上げ申す一札の事」として、次のような記述がある。

> 「今般吉田善左衛門追風殿より、東西谷風、小野川へ横綱伝授被致候、先年木村庄之助場所上草履相用い候儀　先日善左衛門殿より免許有之、その節場所にて披露仕候例も御座候につき、この度も同様披露仕度旨、牧野備前守様へもお願申上候処、苦しかるまじき仰せ渡され、有難く畏まり奉り候、(中略)、之に依って一札申上候」(酒井著『日本相撲史(上)』(p.166)／『相撲講本』(p.593))

寛政元年の木村庄之助は7代目で、明和8年3月に木村庄之助を襲名している。この記事によると、襲名後9年ほどして草履の許可を受けているが、それまでこの木村庄之助は草履を履いていないことになる。

それでは、6代木村庄之助は草履を許されていただろうか。この木村庄之助にも5代木村庄之助と同じ免許状が出されているが、『相撲行司家伝』によると、その免許状は焼失してしまい、残っていない。したがって、同じ免許状であったなら、草履も許されていることになる。しかし、この草履が実際に許可されていたかとなると、5代目と同様に、疑わしい。というのは、7代目の草履に関し、当時の相撲会所が特別にその使用を報告しているからである。

二つ目は、天明7年以前の錦絵を見るかぎり、木村庄之助はすべて素足で取組を裁いている[10)]。たとえば、次のような天明年間に描かれた錦絵では、7代

---

10) 錦絵では足の小指がはっきり描かれているので、素足である。足袋さえも履いていない。いずれにしても、庄之助は草履を履いていない。なお、谷風と小野川の取組を描いた錦絵「江都勧進大相撲浮絵之図」(春章画)では、木村庄之助は素足である。堺市博物館編『相撲の歴史』(p.100)によると、この錦絵は天明8年春場所を描いたものとされているが、それは正しくないはずだ。SWPM(p.80)にあるように、やはり天明4年3月

木村庄之助は素足である。

(a) 東西土俵入の図、天明2年春場所、春章画、堺市博物館編『相撲の歴史』(p.35)。
(b) 谷風・小野川立合いの図、天明3年、春章画、堺市博物館編『相撲の歴史』(p.35) ／『相撲浮世絵』(p.67)。
(c)「日本一江都大相撲土俵入後正面之図」、天明6年、春章画、SWPM (p.26)。
(d) 谷風・鬼面山の取組、天明6年、春章画、SWPM (p.25)。

天明以前の明和年間に描かれた絵図でも、行司は素足のままである。したがって、当時の絵では木村庄之助の草履を確認できない。錦絵が現れて間もない頃で、相撲を描いたものはあまりない。天明7年以前の絵図では、7代木村庄之助も含め、6代木村庄之助も草履を履いた姿では描かれていない[11)]。したがって、6代目はもちろん、7代木村庄之助も天明7年までは草履を履いていなかったと断言して差し支えない。

7代木村庄之助は寛政元年11月に寺社奉行所に提出した文書の前年、錦絵で草履を履いていたことが確認できる。その絵は天明8年4月春場所の幕内土俵入を描いたものである。これは、たとえば、池田編『相撲百年の歴史』(p.10) に掲載されている。この錦絵（春好画）では行司の名前は書いてないが、裁いている行司は木村庄之助である。

に描かれているはずだ。池田編『相撲百年の歴史』(p.10) にも天明8年春場所の幕内土俵入りを描いた別の錦絵があるが、木村庄之助は草履を履いている。これらの錦絵を見る限り、木村庄之助は天明7年までは素足で、それ以降は草履を履くようになったとするのが自然である。この錦絵が天明8年春場所を描いているとすれば、錦絵で草履が描かれるようになった年月は天明8年春場所以降ということになる。

11) 天明年間には谷風と小野川の取組を描いた錦絵に木村庄之助もときどき描かれている（たとえば、酒井著『日本相撲史（上）』(pp.144-61)）が、やはり草履を履いていない。正徳の頃は草履を軽視している写本があるのに、後の時代にはそれが特権的な着用具になっている。寛延2年以前も草履は特権的着用具ではなかったはずである。草履に特権を与えるようになったのは、吉田追風の影響かもしれない。その辺のことは、実は、分からない。

それでは、寛延2年8月、5代木村庄之助に授与された免許状はどう解釈すればよいのだろうか。実は、この免許状の文面は寛延2年8月の免許状をそのまま書き写したものではないということである。すなわち、その免許状には草履のことは何も触れていなかったに違いない。天明8年以降、木村庄之助に草履を許すことが慣例化していたために、9代木村庄之助は5代木村庄之助の場合も草履を履いていたと勘違いし、それを書き加えたのである。原本の免許状があったなら、それに「草履」の文言を新たに追加したことになる[12)]。もしかすると、5代木村庄之助の免許状は、実際は、9代木村庄之助の手元にはなかったかもしれない。

寛政元年11月に寺社奉行所に提出した文書以降、代々の木村庄之助はほとんど草履を履いている。寛政年間の錦絵だけを見ても、これは、たとえば、次の錦絵で確認できる。

(a) 横綱授与の図、寛政元年、春英画、池田編『相撲百年の歴史』(pp.50-1)。
谷風と小野川に横綱を伝授しているが、行司は草履を履いている。
(b) 雷電と陣幕の取組、寛政3年、春英画、『相撲浮世絵』(p.70)。
庄之助の左足には草履がある。
(c) 小野川と雷電の取組、寛政元年から3年、春好画、『江戸相撲錦絵』(p.68)。
これらの錦絵は年代に3年ほどの幅があるが、すべて寛政元年以降のものである。どの絵でも行司は草履を履いている。
(d) 小野川・谷風の引分けの図、春英画、寛政3年4月、SWPM (p.24)。
(e)「大名御覧相撲の図」、春英画、寛政6年、堺市博物館編『相撲の歴史』(p.40)。

寛政元年の錦絵は少ないが、寛政3年以降に描かれた錦絵はかなりある。寛

---

12) 文政10年に9代木村庄之助が書いた『相撲行司家伝』には、草履だけでなく、南部相撲の記述に関しても不正確な記述がある。つまり、南部相撲が吉田司家の支配下にあったという記述である。南部相撲は少なくとも吉田家の支配下にあったのではなく、独立した相撲の家元だったに違いない。しかし、これは本章の「草履」とは関係ないので、これ以上触れない。

政以降、木村庄之助が草履を履くのは当たり前になっている。

4. 寛政3年の上覧相撲

寛政3年6月に上覧相撲が行われているが、そのとき、木村庄之助が草履を履いていたかどうかは、必ずしも定かでない[13)]。上覧相撲の様子を記した文献はいくつかあるが、その中では吉田追風の草履だけが強調されている[14)]。たとえば、式守蝸牛著『相撲隠雲解』(寛政5年)には、吉田追風について次のような記述がある[15)]。

> 「谷風、小野川取組の節、古例によって、往古、追風、禁裏より賜わりたる紫の打ち紐つけたる獅子王の団扇を持ち、風折り烏帽子、狩衣、四幅の袴を着用の上、草履御免にて相勤め候」(p.119)

ここにあるように、吉田追風の草履御免についてはそれを強調している記述がたくさんあるが、他の行司がどのような履物を履いていたかに関しては明確な記述がないと言ってよい。すなわち、素足なのか、足袋だけなのか、それとも草履を履いていたのか、上覧相撲を記した文字資料では判断できない。しかし、絵図や他の資料から、判断できないこともない。それについて、簡単に触れておきたい。

上覧相撲の木村庄之助は7代目だが、次のような間接資料から推測すると、

---

13) 寛政3年以降であれば、木村庄之助は「勧進相撲」ではもちろんのこと、どの「上覧相撲」(たとえば、寛政6年3月)でも草履を履いている。したがって、本章では、寛政3年6月の上覧相撲で、木村庄之助が草履を履いていたかどうかだけが関心事である。

14) 追風が草履を履いているのは、徳川家斉公上覧相撲絵巻(堺市博物館編『相撲の歴史』(p.39))や酒井著『日本相撲史(上)』(p.175)の絵図でも確認できる。勝ち力士の谷風に弓を授けている行司は文字資料から追風だと分かるが、その行司は草履を履いた姿で描かれている。

15) この『相撲隠雲解』は上覧相撲を扱っている本ではかなり言及されているが、その一つに『VANVAN相撲界』(秋季号、S58.10)がある。現代風に読みやすくしてある。

この木村庄之助は草履を履いていたようだ[16]。

(a) 寛政元年11月に寺社奉行に提出した文書では草履が許可されている。
(b) 寛政元年に谷風と小野川に横綱を伝授した様子を描いた錦絵があるが、土俵上で行司は草履を履いている。
(c) 寛政2年11月場所の小野川と雷電の取組を描いた錦絵が石黒著『相撲錦絵発見記』(p.84) にあるが[17]、それを裁く行司は草履を履いている。その行司は間違いなく木村庄之助である。
(d) 寛政3年4月の谷風と小野川の引き分け相撲を描いたという錦絵がSumo and the Woodblock Print Masters (p.27) にあるが、それでも木村庄之助は草履を履いている。上覧相撲が行われる2ヶ月前まで草履を履いていることから、木村庄之助は上覧相撲でも草履を履いていた可能性がきわめて高い。

上記の錦絵は勧進相撲を描いたものもあるし、上覧相撲を描いたものもある。雷電と陣幕の取組は上覧相撲の錦絵である[18]。その錦絵で、行司は草履を履いている。上覧相撲を絵師が直接見ていない可能性があるが、絵師は相撲関係者から話を聞いて描いているはずだ。実際は草履を履いていなかったのに、錦絵では草履を描くということはないはずである。そう解釈するのが自然である。

しかし、一つの可能性を否定することもできない。すなわち、木村庄之助は上覧相撲のために草履御免を許されなかったかもしれない。追風の草履御免は特権のように記されているのに、木村庄之助の草履については何の記述もな

16) 錦絵の年号は描かれている取組、番付、力士等を総合的に判断するが、ときどき、年号にズレが生じることもある。錦絵の年号は記されている出典に基づいている。

17) この錦絵が寛政2年11月場所の取組かどうかに関しては、『相撲錦絵発見記』に基づいている。

18)『相撲浮世絵』(p.70)、酒井著『日本相撲史 (上)』(p.73)、池田著『大相撲ものしり帖』(p.276) などに雷電と陣幕の取組を描いた錦絵があるが、木村庄之助は草履を履いているように見える。池田氏も書いてあるように、この錦絵は実際の上覧相撲の土俵そのものではなく、勧進相撲の本場所の土俵から想像して描いたものである。木村庄之助は草履を履いて描かれているが、上覧相撲では履いていなかった可能性もある。

い。上覧相撲に式守伊之助として務めた式守蝸牛は『相撲隠雲解』(寛政5年)をその2年後に著しているが、その中にも木村庄之助の草履についてはまったく触れていない。さらに、木村庄之助を描いたと思われる絵図も二つあるが、それにもやはり素足である。

一つの絵図では谷風の土俵入が描かれているが、蹲踞している行司は素足である。横綱土俵入を引く行司は木村庄之助か式守伊之助であるはずである[19]。もしこの行司が木村庄之助ならば、土俵上で草履を履いていないことになる。もう一つの絵図では行司が横綱を先導しているが、やはり素足である。この行司はどの位階か判別できないが、横綱を引くくらいだから、木村庄之助か式守伊之助であろう[20]。もしその行司が著者である式守伊之助自身であれば、草履を履くことは特権なので、必ずそのことを記述していたに違いない。その行司が式守伊之助でなければ、木村庄之助ということになるが、その木村庄之助は草履を履いていないのである[21]。

追風が草履を履いているのは、たとえば、徳川家斉公上覧相撲絵巻（寛政3

---

19) 寛政の頃は、木村庄之助が最高位である。式守伊之助は第二位かもしれないが、草履に関しては厳然とした差があった。木村庄之助は草履を履くことができたかもしれないが、式守伊之助は当時、草履を許されていない。木村庄之助は天明8年に草履を許されているが、式守伊之助はまだ許されていないのである。

20) 横綱は二人いたが、木村庄之助一人で二人の横綱土俵入りを引いたのか、二人の行司が一人ずつ引いたのか、必ずしもはっきりしない。当時の資料では、横綱土俵入りをしている行司名について何も述べていない。この上覧相撲の横綱土俵入りで行司が土俵上で差し添えをしているかどうかさえ不明である。絵図では横綱の案内役を務めているだけかもしれない。

21) 木村庄之助は草履を履いていた可能性が高いが、文字資料ではまだ確認ができない。寛政元年11月の文書には草履を履くことが記されているのに、寛政3年6月の上覧相撲の模様を記述した写本などでは木村庄之助の草履について何も記述されていない。なお、上覧相撲の土俵祭から弓取り式までの順序を描いたスケッチ（カラー）でも土俵祭の脇行司3名はすべて素足である（『四角い土俵とチカラビト』(p.40)／堺市博物館編『相撲の歴史』(p.39)）。そのスケッチで草履を履いているのは、祭主の追風だけである。木村庄之助も脇行司として追風の手助けをしているが、やはり素足で描かれている。このスケッチが行司の履物や帯剣などを正しく描いているかどうかは、もちろん、吟味しなければならない。

年）や堺市博物館編『相撲の歴史』(p.39）でも確認できる[22]。谷風と小野川の取組を裁いた行司は追風であるし、勝ち力士に弓を授けたのも追風である。現在であれば、結びの一番を裁くのは木村庄之助だが、上覧相撲で結びの一番を裁いたのは、吉田司家の追風である[23]。

5. 式守伊之助と草履

初代式守伊之助は明和4年3月場所から寛政5年3月場所まで務めているが、その間、草履を履いていたことを確認できる文献はない[24]。おそらく、履いていなかったに違いない。したがって、寛政3年の上覧相撲でも草履は履いていなかったはずだ[25]。

式守蝸牛著『相撲隠雲解』(寛政5年）は初代式守伊之助の著書だが、式守伊之助は自分が草履を履いていたことを述べていない。もし履いていたなら、それを必ず書いていたはずだ。寛政5年当時、草履を履くことは、行司の特権だったからである。実際、『相撲隠雲解』には行司が横綱を引いている図があるが、行司は素足である。その行司が木村庄之助なのか式守伊之助なのか判断できないが、そのうちの一人であろう[26]。いずれにしても、寛政3年当時、式

22) 上覧相撲の様子を絵師は実際に見た可能性が低いので、錦絵が真実を伝えているかどうかに関してはまったく疑問がないわけではない。勧進相撲で草履を履けたので、上覧相撲でも履けたと勘違いしているかもしれない。しかし、他の錦絵などから判断する限り、錦絵は真実に近い場合が多い。

23) 寛政から幕末まで上覧相撲は7回行われているが、吉田追風は寛政3年6月と寛政6年3月に取組を裁いている。

24) 式守伊之助は安永以降、基本的には、木村庄之助の次席行司名となっている。実際は、特に明治時代に見られるが、席順が入れ替わったときもある。

25) 寛政3年6月の上覧相撲が行われた頃、木村庄之助は式守伊之助より優位で、木村庄之助は草履が履けたのに、式守伊之助は履けなかった。式守伊之助が草履免許の申請をしたという文献も見たことがない。

26) 現在と違い、土俵際まで横綱を引く行司は最高位の行司でなかった可能性もある。その辺のことは、私には分からない。横綱の前後には力士がそれぞれ一人いたが、その先頭

守伊之助は草履を履いていないことは確かだ。

式守伊之助の草履許可を最初に確認できる文字資料は、蓬莱山人著『相撲金剛伝（下）』（文政11年）である。その中に、次のような記述がある。この式守伊之助は、3代目である。

「故式守伊之助門人　卯之助改
天明4子年春相撲初めて出勤　卯之助
文政3辰年改名
文政11子年上履　免許」

すなわち、式守伊之助は文政11年に初めて草履免許を受けている。この式守伊之助は文政3年3月に襲名し、約9年後に草履の免許を授与されているが、その間、草履を履いていなかったかどうか、必ずしもはっきりしない。少なくとも文字資料では確認できなかった。正式な草履免許はときどき使用許可の年月より後で出ることもある。いずれにしても、正式に吉田追風から草履免許が授与されたことを確認できるのは、文政11年である。

2代式守伊之助は寛政5年10月から寛政11年11月までと文化11年4月から文政2年11月までの2回務めているが[27]、いずれの間でも草履を許されたことを示す文献はない。式守伊之助は安永以降、木村庄之助の次席行司なので、式

に行司がいたかどうかもまだ確認できない。横綱が土俵上に上がるまで、行司は土俵上で待っていたかもしれない。しかし、それもまだ確認できていない。実際、当時の勧進相撲の横綱土俵入りでは、横綱が土俵入りをしているあいだ、行司は土俵上で蹲踞していたが、上覧相撲でも同様な方式だったかどうかはっきりしない。もしかすると、横綱と同行した二人の力士と共に土俵下で待機したかもしれないし、土俵下までも同行しなかったかもしれない。上覧相撲の横綱土俵入りで、行司が土俵上で差し添えをしていたとする文献や錦絵はあるが、それは当時の勧進相撲や後の横綱土俵入りの方式を適応したものかもしれない。上覧相撲の模様を記述した写本等では、横綱土俵入りの始めから終りまで行司がどのような役割を果たしていたのか、必ずしもはっきりしない。もちろん、幕内土俵入りでは行司が花道を先導している。しかし、横綱土俵入りの場合も、行司は同様に先導したのだろうか。

27) 2代式守伊之助は初代式守与太夫で、初代式守伊之助の引退後は木村庄之助の次席だった。寛政11年11月以降、式守伊之助が途絶えたのは、伊勢ノ海部屋の継承問題がこじ

守伊之助を襲名すると同時に草履の許可も授与されたと思いがちだが、実際はそうでもない。木村庄之助と式守伊之助との間には大きな差があったのである[28]。幕末になると、木村庄之助と式守伊之助は二人とも、基本的に、朱房で、かつ草履も許可されている[29]。

6. 明治15年の御請書

荒木著『相撲道と吉田司家』(S34, p.126) によると、明治15年6月13日、吉田司家が「故実相伝又ハ免許ス可キ条目」として相撲協会に文書を提出している[30]。その条目の一つに「上草履」が入っている。相撲協会は明治15年7月、次に示す「御請書」を吉田司家に提出している。

れたためらしい。寛政12年から文化11年春まで、錦絵に式守伊之助が描かれていないのは、式守伊之助がいないからである。その間は、式守与太夫が式守家の最高位である。

28) 2代式守伊之助（当時は初代与太夫）の草履は文字資料では確認できなかったが、草履を許されていたことは間違いない。というのは、第3席の式守鬼一郎（初代）に文化6年9月、紅紐と草履が許されているからである（『ちから草』(p.26)）。式守鬼一郎に草履が許されていることから、第2席の与太夫（後の2代式守伊之助）にも草履が許されていたと判断して差し支えない。しかし、式守伊之助（2代）の草履がいつ許されたかはまだ確認できていない。式守与太夫（初代）は文化11年4月、二度目の（2代）式守伊之助（文化11年4月～文政2年11月）を襲名している。一度目の式守伊之助（前名：式守見蔵）は寛政11年11月から文政2年11月まで務めていたが、その後、いったん退き、式守与太夫（初代）を名乗っていた。『人物大事典』(p.693) によると、一度目の式守伊之助を退いたのは「伊勢ノ海訴訟事件」と関係があるらしい。行司に復帰した後、式守与太夫（初代）を名乗り、しばらくして二度目の式守伊之助を襲名している。2代式守伊之助が草履を履いていたことはほぼ確実だが、初代式守伊之助（明和4年3月～寛政5年3月）が草履を履いていたかどうかはまだ分からない。

29) 明治時代は「立行司」を襲名したからと言って自動的に「紫房」が授与されたわけではない。明治前半は立行司でも朱房が普通だった。もちろん、その時の「紫房」は「紫白房」であって、「総紫房」ではない。

30) 文書の宛て先は相撲協会ではなく、当時の相撲会所の代表者たちになっている。しかし、事実上、相撲協会と吉田司家との間の契約書とみなしてよいものである。

「　　　　　　　　　　御請書

紫白打交紐	
熨斗目	木村庄之助[31]
麻上下	
方屋上草履	
紅紐	
熨斗目	式守伊之助
麻上下	
方屋上草履	
右同	木村庄三郎[32]
紅紐	式守与太夫
方屋上草履	木村庄五郎
右同	木村　誠道
右同	木村庄次郎[33]
紅白打交紐	木村多司馬
方屋上足袋	
右同	木村喜代治
右同	式守錦太夫
右同	木村嘉太郎

右十一名ノ者共へ前書ノ通リ御免許奉願候処、願ノ通リ御附与被成下難有奉頂戴候、依テ御請書差上候以上

明治十五年第七月三日

年寄　伊勢ノ海五太夫　㊞
取締　大嶽　門左衛門　㊞

31) 木村庄之助、式守伊之助、木村庄三郎の位置が一つずつズレている感じがするが、荒木著『相撲道と吉田司』のとおりに記すことにした。オリジナルを転記した別の資料があれば、記載ミスかどうかが分かるが、そのような資料を見たことがない。

32)「右同」は「上に同じ」と同じである。項目はもともと縦書きなので、「右同」となっている。

33) 御請書では「庄次郎」となっているが、「正誤表」があり、その中で「庄治郎」が正しいと指摘してある。明治15年の番付や明治16年の絵番付でも確かに「庄治郎」となっ

同　　中立　庄太郎　㊞
年寄　　根岸　治三郎　㊞

吉田善門殿

」

この御請書はおそらく、相撲協会が吉田司家に願書を出し、それに対する文書を吉田司家から受け、協会がその返礼として吉田司家に提出したものである。この「御請書」も荒木著『相撲道と吉田司家』(pp.126-7) に掲載されている。御請書に記されているように、明治15年7月には上記の行司は房の色や草履に関しそのとおりだったことになる。「方屋上草履」とあれば、それを履くことのできる行司はすでに「朱房」の軍配を使用していたはずだ。もちろん、足袋も履いている。朱房の行司でなければ、草履の使用は許されていない。式守与太夫のように、「朱房」だけなら、草履はまだ履けていない可能性が高い。木村多司馬は「紅白」で足袋なので、現在の「幕内格」に相当する。木村喜代治、式守錦太夫、木村嘉太郎は「足袋」なので、おそらく、「十両格」である[34]。

この御請書で明治15年の行司の朱房や草履は分かるが、それをいつ許されたのかという「授与年月」は分からない。上記の「朱房」以上の行司について他の文献を調べてみると、朱房や草履の免許年月はこの御請書とは必ずしも一致しない。むしろ、異なっている場合が多い。これは不思議である[35]。

推測になるが、明治10年頃から明治15年頃までは、相撲協会が吉田司家の許可を受けず、独自に使用許可を出していた可能性がある。吉田善左衛門は当時、西南の役に参加した責任を取らされ、行司の免許どころか行司に関わる業

ている。

34) 明治15年頃の行司の位階を現在の位階に置き換えるのは必ずしも妥当ではない。位階の呼び方も違っているし、位階の区切り方もまったく同じとは言えないからである。明治15年頃は、力士の「十両」は「幕下二段目」と言われていた。

35) たとえば、庄五郎（後の瀬平）が朱房を許されたのは明治17年だし、誠道が草履を許されたのは明治29年である。庄五郎は朱房を明治15年頃許され、明治17年頃は草履を許されていたかもしれない。御請書によれば、庄五郎は明治15年にはすでに朱房になっているし、誠道も草履を許されている。

務からも遠ざかっていた。しかし、その間も東京相撲は行われており、行司の人事も進めなくてはならない。そのため、相撲協会は独自に房の色や草履の使用を許可した可能性がある[36]。その使用は文書で行われたのか、口頭で行われたのかは分からない。もし相撲協会が免許状の形で出していたなら、その免許状がどこかに埋もれている可能性もある。もしそのような免状があったとしても、それは「仮免」みたいなものだったはずだ[37]。

7.　明治の上位行司と草履

御請書には紅白房以上の行司も含まれているが、ここでは木村庄治郎より上位行司の房の色や草履について簡単に見ていく。次に、御請書に記載されている行司について詳しく見ていこう。

(1) 木村庄之助（14代）

この木村庄之助は4代木村喜代治（弘化3.3～文久2.11)、10代庄太郎（文久3.7～M9.4）となり、14代木村庄之助（M10.1～18.1）を襲名している。

御請書によると、紫白に上草履となっているので[38]、14代木村庄之助はすでに草履を履いていたことになる。しかし、御請書にあるように、14代木村

36) 相撲協会が出した使用許可に対し、明治15年以降、吉田司家が改めて正式に免許状を出したかどうかは分からない。単に追認した可能性が高いが、木村誠道には明治28年免許状を出したということが『読売』(M29.2.24）や『相撲新書』(p.89）にあるので、例外があったかもしれない。

37) 御請書にあるように、吉田追風が行司に房や草履を許したことは確認できるが、免許状を正式に授与したかどうかは定かでない。さらに、奇妙なのは、御請書に記されている行司の昇格年月が他の資料と合致しないことである。ここでは、御請書に記載されていることを事実として捉えている。

38) 御請書に「紫白」となっているが、これは文字通り「紫白」である。しかし、相撲の文献ではこの「紫白」を「紫」として捉えている場合が多い。純粋な「総紫」の授与は明治末期になってからであろう。

庄之助が紫白房で草履を履いていたことを確認できる資料は他にない。多くの文献では、明治時代に「紫」の免許を初めて授与されたのは、15代木村庄之助となっている。これがそもそも事実の誤認かもしれない。というのは、14代木村庄之助は、明治15年当時、すでに「紫白」だからである。

14代木村庄之助は明治10年1月に木村庄之助を襲名しているが、朱房や草履の授与がいつだったかは分からない。朱房や草履は木村庄之助になる前に授与されている可能性もある。もしそれが明治10年以前であれば、まだ吉田司家は行司の免許を出せる状態にあったので、吉田司家の免許を直に受けた可能性もある。しかし、どちらかの免許（おそらく紫白房）が明治10年以降であったなら、相撲協会が独自にその使用を許可したことになる。明治10年1月に木村庄之助を襲名し、紫白と草履のことを御請書にわざわざ記載していることから、この木村庄之助は明治10年には紫白と草履のうち、いずれかを吉田司家から授与されていなかった可能性がある。さらに、明治10年以前に、紫白房を授与されることがあったなら、それは非常に例外的なことなので、吉田司家は簡単に許さなかった可能性がある。この紫白房の使用は、おそらく、相撲協会の独自の判断であろう。

なぜ14代木村庄之助の紫白房と草履を多くの文献が見落としているかは、謎である。その原因は、おそらく、明治15年に出された御請書の存在が知られていなかったからであろう。相撲協会内部の人たちの中では話題になっていたかもしれないが、相撲や行司のことを書いている部外者はそのことをまったく知らなかったかもしれない。さらに、明治15年当時、行司の房や草履にあまり関心がなく、その事実を記述しなかった可能性もある。明治30年あたりになって相撲を詳しく記述した書籍が現れるが、その著者たちも14代木村庄之助の紫白や草履についてはまったく知らなかったようだ[39]。そのために、紫房を許された最初の行司は14代木村庄之助ではなく、15代木村庄之助だと記述されている。15代木村庄之助が明治23年頃、「紫房」を使用していたのは、

39）明治15年の御請書が明治中期に明らかになっていたなら、「紫白房」が14代木村庄之助に授与されたことはずっと以前に分かったかもしれない。私の知る限り、御請書の存在が世に知られたのは、荒木著『相撲道と吉田司家』（S34）が最初である。

次の記事でも確認できる[40)]。

・『読売』（M23.1.19）の「相撲の古格」の項。

> 「免許は第一紫の紐房、第二緋、第三紅白にして当時この紫を用いるは木村庄之助、緋色は式守伊之助、木村庄五郎、同誠道、同庄三郎の四名なり。」

14代木村庄之助は明治18年1月の番付に記載されているが、この1月番付は死跡である。というのは、明治17年8月に死亡しているからである。死亡したとき、明治18年1月の番付はまだ発行していなかったはずだ[41)]。その番付に死跡扱いで記載してあるのは、特別な計らいがあったに違いない。

(2) 式守伊之助（7代）

御請書の式守伊之助は、おそらく、7代式守伊之助である。というのは、6代式守伊之助は明治13年9月に死亡しているからである。7代式守伊之助は明治16年1月から明治16年5月まで務めているが、御請書を出した明治15年7月には7代式守伊之助の襲名を予期していたに違いない。

この7代式守伊之助は3代式守鬼一郎である。鬼一郎時代は、最初が安政3年1月から安政3年11月で、その次が文久3年7月から明治16年6月である。御請書では朱房と草履の使用が記載されているが、いつの年月にそれが授与されたかは分からない。この3代式守鬼一郎（つまり7代式守伊之助）が明治15年当時、朱房で上草履だったことは確認できるが、15年以前のいつの時点でそ

---

40) 15代木村庄之助は明治23年以前には紫房を許されているかもしれないが、それがいつなのかははっきりしない。塩入編『相撲秘鑑』（p.30）には明治19年当時、木村庄之助が朱房だったと記している。これから判断すると、15代木村庄之助は明治19年当時、紫房を使用していなかったことになる。明治19年以降に、木村庄之助は紫房を使用したに違いない。

41) 番付発行の後、行司が死亡すれば、そのまま記載されることになる。このような番付記載を死跡と呼んでいる。死亡が分かっていても、番付に載っていることもある。

の使用許可が降りたかが分からない。また、朱房の授与があったとしても、それと同じ年月で上草履の授与もあるわけではないので、授与の年月はそれぞれ異なっている可能性がある。しかし、いずれもまだ確認できる資料を持ち合わせていない。

(3) 木村庄三郎（4代）

これは4代木村庄三郎（元治1.10～M18.1）で、後の15代木村庄之助（M18.5～M30.5）である。この庄三郎は八五郎から角次（治）郎そして庄三郎と改名している。御請書では、草履だけが記載されている。つまり、明治15年当時、草履の使用を許されている。朱房のことが記載されていないのは、明治15年以前にすでにその使用が許されているからであろう[42]。明治15年以前、いつの時点で草履を許されたかは、残念ながら、他の資料では確認できない。

この木村庄三郎の草履は、御請書以外にも確認できる資料が少なくとも二つある。一つは、明治17年の『角觝秘事解』（松木著、pp.12-3）である。それには、木村庄三郎が福草履を履けたことが記述されている。もう一つは、明治17年の天覧相撲の錦絵である[43]。明治15年から2年後だが、17年の天覧相撲を描いた錦絵でも、この木村庄三郎は朱房で、草履を履いている。もしこの錦絵が真実を描いているとすれば、木村庄三郎は木村庄之助を襲名する以前に、すでに草履を許されていたことになる。

御請書には「方屋上草履」とあり、松木著『角觝秘事解』には「福草履」とあるが、これは単に言葉の違いであろう。御請書では、土俵上で履く草履はすべて「方屋上草履」と記してあるからである[44]。

塩入編『相撲秘鑑』（M19）によると、明治19年当時、上草履は木村庄之助

---

42) 木村庄三郎の草履がいつ許されたかは分からない。御請書に草履が記載されていることから、それ以前に許されている可能性がある。朱房が許されたのが明治15年以前である。

43) 明治17年の天覧相撲はあまりにも有名な相撲なので、それを描いた錦絵は相撲の歴史を扱った本ではほとんど見ることができる。

44) 草履には「上草履」と「通い草履」の二つがある。土俵で履く草履が「上草履」で、花

と式守伊之助だけに許されているという。

> 「土俵上、草履を用いることを許さるるに至りて、熨斗目、麻裃を着用する。すなわち、相撲大関の格なれば、大関の他に行司を勤めず。（中略）行司として大関の格は木村庄之助、式守伊之助の二人のみなれば、（後略）」（pp.29-30）

明治19年当時、力士の最高位は「大関」で、大関の取組を裁くのはその格に相当する木村庄之助と式守伊之助だけである。この両行司は朱房で、草履を履くことが許される。さらに、その代理を務める行司として「福草履」を許された行司がいる。そのような行司も朱房である。朱房行司の中では、特定の行司だけに草履の使用が許可される[45)]。これに関しても、塩入編『相撲秘鑑』（M19）に次のように書いてある。

> 「真紅の紐を用いる行司のみが草履を履く」（p.30）

御請書によれば、木村庄三郎、木村庄五郎、木村誠道も草履を履いている。しかし、それが正しいかどうかは必ずしも定かでない。というのは、たとえば、木村誠道が草履を許されたのは、明治29年だからである（時事』（M29.5.21））。御請書にあるように、木村誠道が明治15年当時、草履を履いていたことを確認できる資料は他にない。なぜそのようなズレがあるのか、まだ解明できない。吉田司家は御請書に記してあることを承認しておきながら、14年後に草履免許を出しているからである。

道で履く草履が「通い草履」である。「副草履」は「上草履」と同じだと解釈しているが、実際は違っているかもしれない。朱房行司の中で草履を許された者を「福草履」と呼んでいたはずだが、それが正しい解釈なのかどうかはっきりしない。本章で「草履」と呼んでいるのは、土俵で履く「上草履」のことなので、「福草履」もその一つである。因みに、昭和20年代に「格草履」が使われているが、これは朱房の中で草履を履ける行司のことを指している。

45）本稿では、草履を履ける朱房行司とそれを履けない朱房がいたと解釈しているが、それが真実かどうかは定かでない。明治30年以降であれば、それは真実だが、それ以前の朱房行司についてははっきりしない。

(4) 式守与太夫(3代)

これは3代式守与太夫(M4.3〜M17.1)で、後の8代式守伊之助(M17.5〜31.1)である。御請書では、「紅紐」の使用が許されている。明治15年当時、この式守与太夫は朱房行司だったが、草履はまだ履けていないはずだ[46]。いつ朱房が許されたかははっきりしないが、おそらく明治10年以降であろう。というのは、10年以前であれば、吉田司家から直にその免許が出ていたはずで、わざわざ御請書で追認する必要はないからである。番付では明治10年春場所(1月)に最上段に記載されているが、正式の免許はまだ出ていなかったかもしれない。そのようなことを考慮すると、朱房の使用は明治10年から15年の間に相撲協会から許されていたとするのが妥当であろう。

草履免許の授与は、御請書の後であろう。つまり、明治16年以降である。『萬』(M30.2.18)によると、明治30年2月に紫免許を受けている[47]。式守伊之助を襲名したのは明治17年5月だが、式守伊之助を襲名しても房の色は依然として「緋」だったことになる。また、式守伊之助を襲名したからといって、直ちに草履を履けたわけでもない。草履免許をいつ授与されたかははっきりしないが、それは間違いなく朱房の時代である。朱房で草履だったが、明治30年2月に紫房で草履になったということになる。

3代式守与太夫は明治15年以降に草履を許されているはずなので、その授与年月はどこかの資料で確認できるかもしれない。しかし、残念ながら、そのような資料はまだ見ていない。明治17年の天覧相撲を描いた錦絵では、式守与太夫は足袋姿なので、草履は明治17年以降となる。

---

46) 式守与太夫は明治15年夏の番付では庄三郎と庄五郎の間にいるので、庄五郎に草履が許されていれば、与太夫にも当然許されているはずだが、なぜか「紅紐」だけの記載になっている。記載ミスかもしれないし、与太夫に何らかの事情があって昇格が遅れていたかもしれない。なぜ与太夫が庄五郎に遅れて「紅紐」になっているのか、それを確認できる資料を持ち合わせていない。

47)『角力新報(3)』(M30.3, p.50)では興行8日目から紫房を使用したとなっている。なお、式守伊之助(8代)の紫白房授与年月に関しては、本書の第9章で詳しく記してある。

なお、この3代与太夫は8代式守伊之助となったが、明治30年12月18日に死亡している。したがって、明治31年1月の番付記載（願人）は死跡である。

(5) 木村庄五郎（3代）

これは3代木村庄五郎（安政7.2～M23.5）で、後の6代木村瀬平（M24.1）である。明治23年5月まで庄五郎を名乗っていたが、その翌年1月に瀬平を名乗っている。非常に話題の多い行司だったらしく、いろいろなエピソードが新聞や雑誌等で語られている。御請書では「方屋上草履」となっているので、明治15年当時、すでに草履を履くことが許されている。おそらく、明治10年から15年の間で、草履使用の許可が相撲協会から出ていたのであろう[48)]。御請書には朱房のことは記載されていないので、これは吉田司家から明治10年以前に許されていた可能性が高い[49)]。番付の最上段に記載されたのは、明治14年1月場所である。この記載は房の色と関係ない[50)]。つまり、二段目記載から最上段記載になっても、直ちに房の色が変わったわけではない。

この木村庄五郎の朱房と草履に関しては、御請書とは異なる年月もある。朱房免許に関しては、御請書と異なる年月がいくつかあるので、もう少し吟味しなければならない。たとえば、『角力新報（8）』（M31.8）によると、朱房は明

48) 明治8年4月の改印がある錦絵では、木村庄五郎は朱房の軍配を持って鞆ノ平と上ケ汐の取組を裁いている。これが真実を描いているのであれば、明治8年には既に朱房だったことになる。

49)『角力新報（8）』（M31.8, p.57）によると、天覧相撲を機に朱房を許されている。また、月刊誌『相撲』（H9.1, p.103）によると、木村瀬平は明治17年の天覧相撲の前に吉田司家から「朱房」免許が授与されたという。朱房が明治17年に許されているとすれば、御請書と一致しない。明治17年には、おそらく、「草履」を許されたはずだ。

50) 明治期の番付で、特に最上段と二段目の行司がどういう基準で記載されているかははっきりしない。現在のように、位階順にひとまとめに記載してあれば、番付から房の色や草履なども判断できるのだが、明治期の番付は必ずしもそのような記載になっていない。明治30年以降の房の色については、拙稿「明治30年以降の番付と房の色」（第9章）で詳しく扱っている。

治17年の天覧相撲に際して授与されている。

> 「5月場所の相撲元である行司木村瀬平が使用している緋房の軍配はさる17年3月10日浜離宮において天覧相撲があったとき、肥後の吉田追風より授与されたものである」(p.57)

この記述では、木村瀬平の朱房は明治17年に授与されているが、それ以前に授与された可能性もある。吉田追風は改めて正式に明治17年に朱房免許を出したかもしれない。しかし、明治17年3月の天覧相撲では朱房はもちろん、草履も履いていた可能性が高い。草履免許は朱房免許の後なので、もし朱房免許が明治17年であったならば、草履免許はそれ以降ということになる。もし明治17年に朱房が授与されたなら、一度目の草履は明治17年から明治26年の間に授与されたことになる。

御請書に記載されているように、草履の使用許可が明治10年から15年の間に出されたものであれば、吉田司家の免許はないかもしれない。相撲協会が独自に出したものを御請書で追認している可能性があるからである。草履免許の写しがあれば、この問題は簡単に解決するが、残念ながら、そのような資料をまだ見ていない。二度目の草履の許可はよく資料で確認できる。しかし、一度目の草履許可に関しては、不思議なことに、確認できるような資料がない[51]。

明治24年1月、庄五郎は6代木村瀬平に改名し(『読売』(M24.1.11))、明治26年1月、行司を辞めて年寄になっている。1年ほど年寄稼業をしていたが、明治28年1月に行司に復帰した。これは『読売』(M29.2.13)でも確認できる。復帰はしたものの、席順は元の位置ではなく、一つ下がって木村誠道の次になった[52]。明治26年に行司を辞めたとき、草履も剥奪されたので、行司に復

---

51) 木村庄五郎(後の木村瀬平)はいろいろと話題の多い行司だし、その行司歴も普通でないので、一度目の草履免許がいつなのかを述べた資料は見つかる可能性が大いにある。しかし、私は見つけることができなかった。最初の草履は行司を辞めて年寄になったとき、明治26年1月に剥奪されたが、明治28年春場所に行司に復帰し、明治29年夏場所に草履を授与されている。

52)『読売』(M29.2.13/24)にも木村瀬平の行司歴について簡単な記事がある。

帰したときは草履を履けなかった[53]。しかし、『読売』(M30.2.15) によると、明治29年5月、草履免許を再び授与されている。

『読売』(M32.3.16) には明治32年3月14日に紫房の免許が授与されたと書いてある。これは『報知』(M32.5.18) でも確認できる[54]。『読売』(M34.4.8) によると、実際の授与式は明治34年4月、熊本興行中に行なわれている。すなわち、免許が出てから2年後に授与式を行なっている。小島著『大相撲人物史』(p.167) には明治31年1月場所、吉田司家から紫房と副草履が許されたとあるが、これは正しくない[55]。というのは、これは単なる噂であったらしく、実際に免許は出ていない (『読売』(M31.4.13))。これに関しては、『角力新報 (8)』(p.58) にも詳しい説明がある。紫房の許しが出たのは、その翌年の明治32年3月である。

(6) 木村誠道（初代）

これは初代木村誠道 (M12.1～M20.1, M22.5～30.5) で、後の16代木村庄之助 (M31.1～45.1) である。明治15年の御請書には「方屋上草履」とあるので、当時、すでに朱房で草履を履いていることになる。しかし、この朱房と草履に関しては、御請書と異なる記述が多くの文献で見られる。

たとえば、上司著『相撲新書』(M32, p.88) では、朱房は明治20年となっている。『読売』(M20.1.30) によると、誠道を鬼一郎に改名したのは、1月場所4日目 (1月29日) である。『読売』(M30.12.18) では、明治18年に鬼一郎に改名し[56]、朱房を許されたとある。明治17年の天覧相撲を描いた錦絵では、誠道

53)『読売』(M29.2.13) によると、草履を剥奪されたのは明治27年である。行司は辞めたが、年寄木村瀬平になっている。

54) 月刊誌『相撲』(H9.1, p.103) には明治32年3月14日、木村瀬平に紫房の免許が吉田家より授与されたとなっている。

55) 小島氏がどの出典に基づいてそのような判断をしたかは定かでない。もしかすると、番付を参照したかもしれない。上司編『相撲新書』(M32, pp.88-9) にも明治31年、木村誠道に「紫」が授与されたとあるが、木村瀬平の「紫」については何も記されていない。

56) この年月は単純ミスに違いない。というのは、木村誠道が式守鬼一郎に改名したのは、

は朱房で描かれているので、明治18年や20年に朱房が許されたとするのは間違いであろう。明治16年から17年の間で、朱房の免許が授与されたと解釈することも可能である。また、御請書にあるとおり、明治15年以前から朱房だったかもしれない。朱房でもないのに、明治15年、相撲協会が「方屋上草履」を申請するはずがないからである[57]。

草履の許可を受けたのは、『読売』(M30.12.18) によると、明治28年5月である[58]。上司著『相撲新書』(p.88) によると、明治29年3月である[59]。御請書が正しいとすれば、この二つはいずれも正しくないことになる。御請書によると、草履の使用は明治10年から15年の間である[60]。すなわち、相撲協会が独自に許したもので、明治15年に吉田司家の追認を受けたことになる。しかし、

明治20年春場所だからである。木村誠道から式守鬼一郎、その式守鬼一郎から木村誠道に再び改名している。その経緯は多くの文献で見ることができる。木村姓から式守姓になったのはこの木村誠道が初めてだが、式守姓から木村姓になったのもやはりこの木村誠道が初めてである。当時は木村家と式守家は別系統だったので、所属する「家」を変えたらその家の姓を名乗らなければならなかった。

57) 本章では御請書が正しいものと仮定して論を進めているが、その御請書が正しく書き写しされていない可能性もある。

58)『読売』(M29.2.24／5.24) にも木村誠道が28年、九州巡業中に熊本の吉田追風から草履免許を授与されたとする記事がある。しかし、『時事』(M29.5.21) によると、夏場所から許されることになっている。『都』(M43.4.29) でも29年に許されたとある。御請書以外の文献では28年か29年に授与されたとなっているし、しかもこれらの記事は、多くの場合、16代庄之助が生存中に書かれている。当時の文献の記述が間違っているとも思われない。木村誠道の場合、御請書から書き写したとき、項目の箇所を間違ったかもしれない。

59) 月刊誌『相撲』(H9.1, p.103) では、木村誠道は草履免許を明治29年6月に授与されている。そのとき、木村瀬平にも草履免許が授与されたという。使用を始めた本場所は同じかもしれないが、許された年月は異なる。木村誠道は3月に許され、木村瀬平は5月場所からである。

60) 木村誠道は明治6年から明治11年までは高砂の改正組と同道しているので、その間、吉田司家から朱房免許や草履免許を授与されていない。東京相撲を脱退したときは、幕下格行司だったようだ。明治11年に復帰したが、明治12年1月の番付では二段目に乗っている。明治11年には「別番付」が出ている。

朱房や草履の免許年月が御請書とかなり違っていることから、御請書を間違って書き写した可能性もある。どれが真実を表わしているかに関しては、今後の検討課題としておきたい[61)]。

この木村誠道は16代木村庄之助を襲名しているが、上司著『相撲新書』(pp.88-9）や『読売』(M30.12.26）によれば、その襲名は明治30年12月である。『日日』(M45.1.15）に正式な免許状の写しがあり、日付は明治31年4月11日となっている。多くの文献では「紫房」として記述されているが、免許状の文面では「紫白」である。正式な免許状に「紫白」と書いてあるのだから、「純紫」ではない。ただ当時は、2、3本の白糸を交ぜた紫房を「紫白」とか「紫房」と呼んでいたようだ。当時は、白糸の混ざらない「純粋の紫房」は授与されていなかったので、「紫房」と呼んでも誤解されることもなかった[62)]。

(7）木村庄治郎（3代）

これは3代木村庄治郎（慶応2～M19.5）で、明治19年8月に死亡している。番付では明治18年4月、最上段に記載されている。御請書では「方屋上草履」となっているので、明治10年以前に朱房免許を吉田司家から授与されていた可能性が高い。草履は明治10年から15年の間で相撲協会から独自にその使用許可を受けていたようだ。その使用許可を御請書で再確認したことになる。朱房にしろ草履にしろ、その授与年月を確認できる資料は他にまだ見つかってい

61）明治30年以前は、行司の草履や軍配房の色に関して記述してある資料が極端に少ない。たとえ資料があったとしても、それを手軽に見ることができない。もちろん、見落としているという可能性もある。しかし、どこかに資料は埋もれているはずだ。それに望みをかけたい。

62）純粋の「総紫房」をいつ頃から授与するようになったかは、必ずしもはっきりしない。明治42年、立行司は「紫」だが、それが総紫だったのかどうかははっきりしないのである。式守伊之助を立行司として格付けしたとき、木村庄之助と区別するため、総紫を導入したかもしれない。その辺はもう少し調べてみる必要がある。昭和時代、副立行司があった頃は、式守伊之助の紫白と区別するため、白と紫の割合に差があった。同じようなことが、明治時代にもあったのかどうかははっきりしない。

ない。いずれにしても朱房の免許年月と草履の免許年月は違っていたらしい。というのは、御請書では、朱房のことは記載していないからである。

明治17年の天覧相撲を描いた錦絵では、木村庄治郎は朱房で描かれているので、その2年前にはすでに朱房だった可能性が高い。朱房だったから、相撲協会は「方屋上草履」を申請しているはずだ。しかし、草履の使用を確認できるのは、今のところ、御請書だけである。明治17年の天覧相撲の錦絵でも、草履を履いていたかどうかは確認できない。錦絵では控えに座っているので、足元までは確認できない。

以上、6名の行司が朱房以上である。式守与太夫を除き、すべて草履の使用が追認されている。明治10年から15年までに相撲協会が独自に出した朱房や草履の使用許可をすべて、御請書を見る限り、吉田司家はそのまま追認している。

8. おわりに

本章では、木村庄之助や式守伊之助がいつ頃から草履を許されているかを文献で調べ、木村庄之助は天明8年以降、式守伊之助は文政11年以降であることを指摘した。寛政3年の上覧相撲で木村庄之助が草履を履いているかどうかを調べ、文字資料や錦絵などからやはり履いていると指摘した。天明以前は、草履には特別な意義などはなかったようである。

明治以降の行司に関しては、御請書に記載されている朱房以上の行司を取り上げ、その朱房と草履の年月を調べた。そして、多くの場合、朱房授与の年月と草履授与の年月は異なることを指摘した。

本章で取り上げなかった明治初期の朱房以上の行司について、ここで二人だけ取り上げておきたい。

(a) 13代木村庄之助（嘉永6.11～M9.4）。
改名：小太郎→幸太郎→市之助→3代多司馬（嘉永1.11～嘉永6.2）。

(b) 6代式守伊之助（嘉永6.11〜M13.5）。
　　2代式守鬼一郎（天保6.10〜嘉永6.2）。

この行司は二人とも現在の立行司に相当しているので、間違いなく朱房や草履の免許を受けていたはずだ。錦絵では房の色や草履を確認できるが、いつの時点でその免許が出たのかは分からない。錦絵では幕末にすでに草履を履いている。しかし、残念なことに、免許が出た年月を確認できる文字資料を私は持ち合わせていない。

明治15年に吉田司家と相撲協会との間で取り交わされた契約書をみると、当時すでに「紫白」、「緋」、「紅白」があるので、明治の初期にはこれらの色の存在を確認できる。朱房は江戸時代からその存在を確認できるが、「紅白」やその下位の色となると、必ずしも明白ではない。江戸時代に「紅白」よりも下位の行司が何色の房を使用していたかさえはっきりしない。幕下格以下の行司であれば、「黒」だったと推測しているが、それを確認できる資料をまだ見ていない。十枚目格行司の場合は、何色だったのだろうか。「青」がいつ頃から使われ出したかもはっきりしない。明治40年代以降の朱房と草履の免許については、それを記した資料も比較的容易に得られる。

協会が吉田家に出した御請書が公的になったのは、昭和34年出版の荒木著『相撲道と吉田司家』が最初である。それまで、御請書の中身についてはまったく知られていなかったようだ。そういうことで、明治10年から明治15年の間、行司の世界でどういうことが起きていたかはまったく分かっていない。番付だけでは、房の色や草履授与の年月は分からない。

吉田司家の主が「西南の役」に参加していた間、東京の相撲界の人事は吉田家の管轄下にはなかった。その人事の動きが御請書に記されているはずだ。しかし、御請書に述べてあることは、全面的に正しいわけでもない。たとえば、木村瀬平と木村誠道の房の色や草履免許に関し、御請書と大きなズレがある。なぜそのような違いがあるかははっきりしないが、もっと注意深く調べれば、どれが正しいか判明するかもしれない。ここでは、いろいろな問題があることを指摘するにとどめ、真実の究明は今後の課題としておく。

最後に、ここで、本書で述べてきたことを少し修正しなければならない。本書では、式守伊之助に最初に草履が許されたのは文政11年だと述べているが、実は、それより以前にも草履が許されていたらしいことが最近分かった。文化6年9月に、「紅緒と上草履」の免許が初代式守鬼一郎に授与されていたのである（『ちから草』(p.26)）。当時、式守鬼一郎は第三席であった。その一枚上に第二席の式守与太夫がいた。この与太夫は文化11年4月、二度目の（2代）式守伊之助（文化11年4月～文政2年11月）を襲名している。第三席の式守鬼一郎に「紅緒と上草履」の免許が授与されていることから、一枚上にいた式守与太夫にも「紅緒と上草履」の免許が授与されていたことは間違いない。残念ながら、この2代式守伊之助にいつ上草履の免許が授与されたかは資料で確認できないが、状況から判断して草履を許されていたことは確かである。一度目の式守伊之助時代（寛政5年10月～寛政11年11月）でも草履を許されていたかもしれない。このように、新しい事実が見つかれば、もちろん、修正を余儀なくされる。式守伊之助の草履を巡って、ついに、このような事態が生じてしまった。本書には歴史的な事実を遡って追い求めていることが多いので、このような事態は今後も避けられない。

第4章　明治43年以前の紫房は紫白だった

1. はじめに

本章では、主として、明治43年5月以前の紫房や紫白房に焦点を絞り、次のような点を調べる[1)]。

(a) 明治43年5月までの「紫房」は、実際は、どんな色だったか。
(b) 明治43年5月に「総紫」と「紫白」の区別はあったか[2)]。
(c) 明治43年5月まで、吉田追風の軍配は本当に「総紫」だったか。「紫白」だった可能性はまったくないのか。
(d) 木村庄之助の「紫」と式守伊之助の「紫白」はいつごろから区別されたか。
(e) 明治43年5月以前、木村庄之助と式守伊之助以外にも「紫白」を授与された行司はいないか。

紫房を許された行司は常に草履を履いているが、草履を許された行司は必ずしも紫房を許されない。明治43年5月以前は、草履免許の年月と紫房許可の年月は異なるのが普通だったし、紫房は授与されないこともあった。紫房は階級色でないので、必ずしも授与されるとは限らなかった。明治時代の行司の代

---

1) 房の色を表すとき、「紫房」あるいは「紫」と表すが、それは同義である。「緋房」、「赤房」、「朱房」、「紅房」は四つとも同義である。「房」と「総」も漢字が違うだけで、同義である。明治から現在まで漢字の表し方が違っている。文献から引用する場合も、ときどき語句を変えることがある。

2) 紫に白糸が混じっていない房を「総紫」あるいは「純紫」とする。総紫と紫白を区別しない場合、単に「紫」とすることもある。

数は、『大相撲人物大事典』(2001) に基づいている[3)]。木村庄之助と式守伊之助を重点的に扱うが、明治32年3月に「紫房」を授与された木村瀬平についても少し触れる。この木村瀬平は明治38年2月に亡くなるまで番付では16代木村庄之助より下位だったが、9代式守伊之助より上位だった。つまり、第二席だった[4)]。

2. 紫と紫白

明治43年5月以前、「総紫」と「紫白」の区別はあっただろうか。江戸時代はどうだっただろうか。明治時代の文献では「総紫」という表現はあまりなく、「紫」という表現になっていることが多い。同様に、「紫白」もときどき使われている。「紫」と「紫白」が同時に使用されているので、「別々」の房だと思いがちである。実際は「同じ」房を異なる語句で表現している。すなわち、房の色は「紫白」であって、「紫」ではなかった。現在は「総紫」と「紫白」は別々の地位である[5)]。しかし、それをそのまま明治時代に適用すると、誤解を招いてしまう。明治43年5月、行司装束を改定したとき、「紫」と「紫白」は明確に区別されるようになったからである。

---

3) 行司の代数は特に昭和30年代まで文献によって時々少し異なる場合がある。行司の代数に関しては、大村 (1990, 1961)、吉田 (1960)、小池 (1998) などでも詳しく論じられている。なお、『大相撲人物大事典』(2001) は短くして『人物大事典』として表す。

4) 瀬平は明治26年春、行司を一旦辞めて年寄になっていたが、明治28年春、再び行司に復帰した。これは、たとえば『読売』(M29.2.1) や『木村瀬平』(M31) などにも書いてある。当時は二枚鑑札制度があったが、現役復帰は例外である。辞めたとき草履を剥奪されたが、復帰した後で明治29年6月に再び草履を許可されている。紫白房は明治32年3月に許可された (『読売』(M32.3.16))。

5) 木村庄之助も式守伊之助も「同じ」立行司だが、木村庄之助が式守伊之助より上位である。房の色が違うだけでなく、土俵上の振る舞いや言上なども異なる。その意味で、「地位」が異なるとしてある。

(1) 明治時代の紫

多くの文献で木村庄之助の軍配房は紫だと書いてあるが、実は「総紫」ではなく、白糸がほんの少し混じった「紫白」だった。それを裏付ける資料をいくつか見てみよう[6)]。

・『読売』(M30.2.10) の「式守伊之助と紫紐の帯用」の項。

> 「紫紐は木村庄之助と言えども房中に2、3の白糸を撚り交ぜ帯用しているので、(中略) 式守家が紫紐を使用した先例は今より3代前の伊之助が特許された以外、前例がない。」

この記述によると、木村庄之助の軍配房は「総紫」ではなく、「紫白」である。

・三木・山田編『相撲大観』(M35)。

> 「紫房は先代木村庄之助が一代限り行司宗家、肥後熊本なる吉田氏よりして特免されたるものにて、現今の庄之助および瀬平もまたこれを用いるといえども、その内に1、2本の白色を交えおれり」(pp.299-300)

明治35年当時、16代木村庄之助の軍配房は「紫」と言われていたが、やはり「総紫」ではなく、「紫白」であった。『読売』(M32.3.16) によると、木村瀬平も明治32年3月に「紫房」を許可されているが、それもやはり「紫白」だったに違いない。というのは、木村瀬平は木村庄之助より下位だったからである。下位行司が上位行司より上の「房の色」を使用することはないはずだ。吉田司家の資料でも純粋な「紫」ではなく、「紫白打交紐」となっている。これは最も信頼できる証拠である。なぜなら上位行司の房の色や草履は吉田司家の

---

6) 本章では、古い時代の文献を引用する際、ときどき語句を現代風に少し変えることがある。

許可が必要だったからである。

『相撲道と吉田司家』(S34) には、明治15年6月、吉田司家と相撲協会との間で取り交わされた文書 (pp.124-6) があるが、その中に「故実相伝又ハ免許ス可キ条目」という項目がある。その条目には行司の軍配房のうち、「紫白」、「紅」、「紅白」は吉田司家の許可を受けることが明記されている。「紫」という文言がないことから分かるように、おそらく最高色は「紫白」であったに違いない。

この『相撲道と吉田司家』にはまた、明治15年7月、吉田司家が相撲協会の願書に応えた「御請書」(pp.126-8) の記述がある。それによると、14代木村庄之助は「紫白打交紐」を許可されている。つまり、明治15年当時、(14代) 木村庄之助の軍配房は「総紫」ではなく、「紫白房」であった[7]。

14代木村庄之助が明治15年7月以前、いつの時点で紫白房を許可されたかははっきりしない。明治10年から15年ころまで、たとえ紫白房が許可されていたとしても、それは協会独自の許可だったに違いない。というのは、吉田追風はそのころ「西南の役」に参加し、相撲どころではなかったからである。吉田追風が相撲に復帰したのは、明治15年5月頃である[8]。

---

7) 明治43年5月以前、木村庄之助の場合でも最初に紫白を許し、後に紫を許すということはなかった。明治43年5月以降でも式守伊之助が木村庄之助を襲名する場合、紫白から紫に変わるが、木村庄之助はもともと紫である。しかし、『野球界』(S13.12, p.171) に「吉田家から本当に許されていない紫総の立行司は、総に白糸を交ぜ織り使用しています」という記述がある。明治43年5月以降、木村庄之助を襲名した立行司が吉田司家の許可が下りるまで、暫定的に「紫白」を使用していたのだろうか。そのような措置はなかったと思っている。これは私の認識不足かもしれない。ただし、地方巡業などでは、横綱土俵入りを引く行司に紫白房を臨時に許すことがあった。

8) 明治10年から15年まで吉田追風が「西南の役」で大相撲から遠ざかっていたことは、『相撲道と吉田司家』を読めば分かる。この約6年間は、おそらく、当時の相撲協会が独自に必要な許可を出していたにちがいない。14代木村庄之助の紫白房もその一つである。

・『都』(M37.5.29)。

「行司式守伊之助は昨日より紫白混じり房、同木村庄三郎は土俵の上草履使用、いずれも協会より免されたり」

この事実から明治37年当時、式守伊之助も紫白だったことが分かる。同時に、式守伊之助はそれまで朱房だったことも分かる。式守伊之助は木村庄之助より下位だから「紫白」だったのではない。式守伊之助は席次に関係なく、木村庄之助と同様に「紫白」を授与されている。

・『朝日』(M41.5.19) の「木村家と式守家」の項。

「現代の行司にして故実門弟たるは木村庄之助と式守伊之助となり。両人の位は庄之助が年長タルと同時に、その家柄が上なるをもって、先ず庄之助をもって上位とせざるべからず。軍扇に紫白の打ち交ぜの紐を付するはその資格ある験なり。」

吉田追風はこのように語っている。明治41年当時でさえ、軍配房の色に関し、木村庄之助と式守伊之助は区別されていない。家柄は、木村庄之助が式守伊之助より上位だが、軍配房の色は同じ「紫白」である。

・『都』(M43.4.29)。

16代木村庄之助の引退を報じた記事の中で、行司歴を簡単に記している[9]。

「(木村誠道は：NH) 明治29年草履をゆるされ、30年9月15代目庄之助の没後、16代目庄之助と名乗り、翌年1月団扇紐紫白打交熨斗目麻裃を免許され、

9)　この当時、健康上の理由で16代木村庄之助は引退するのではないかという噂が広がっていた。この噂は明治45年1月に引退するまで続いている。当時の新聞報道では本当に引退するという記事も多いが、実際は噂だけに終わっている。

超えて4月吉田司家より故実門人に推挙され（後略）」

木村誠道は明治31年1月、16代木村庄之助を襲名しているが、房の色は「紫白」であった。つまり、行司の最高位だったが、「総紫」ではなかった。

・『相撲と武士道』（北川著、M44）。

「紫房は、先代の木村庄之助（15代木村庄之助：NH）が[10]、特に一代限りで吉田司家から授けられたもので、中には2本の白糸が混じっていた。」（p.172）

このように見てくると、明治時代の「紫房」は、実は、「紫白房」だったのである。少なくとも明治43年5月頃までは、木村庄之助と式守伊之助は共に「紫白」だった。

(2) 江戸時代の紫

江戸時代にも行司に「紫」が許されたという記録があるが、これも「紫白」だった可能性がある。その資料を二つ示す。

・『相撲家伝鈔』（正徳4年）の「団扇之事」の項。

「紐は無官の行司は真紅なり。摂州大阪吉片兵庫などのごとく官位成の行司は紫を用いるなり」

酒井著『日本相撲史（上）』（S31）によれば、この吉片兵庫は大阪相撲で立

10）この本は明治44年12月に出版されているので、この木村庄之助は15代目である。当時はまだ、16代木村庄之助が務めていた。白糸の数が「2本」と決まっていたかどうかは定かでない。私の知る限り、1本ないし3本という表現である。総紫と区別するために、白糸を申し訳程度に混ぜたのであろう。なお、この記述は三木・山田編『相撲大観』（M35, pp.299-300）とよく似ているが、それはたまたまかもしれない。

行司的な地位にある[11]。つまり、行司の中では最高位である。吉片兵庫が誰から「紫」を授与されたかははっきりしないが、単なる「行司の家」であったなら、白がまったく混じらない「総紫」ではなかったはずだ。江戸時代に「総紫」がどの身分まで許されたかを調べると、吉片兵庫の軍配房が「総紫」だったか、それとも「紫白」だったかは判明するであろう[12]。

・『角觝詳説活金剛伝』((蓬莱山改) 立川焉馬撰、文政11年) の「木村庄之助」の項[13]。

「吉田追風門人　無字団扇紫打交之紐上履免許」

文政11年当時の木村庄之助は9代目である。この木村庄之助の在位期間は文政7年10月から天保5年10月までである。文政10年の『相撲行司家伝』の9代木村庄之助に授与された免許状によると、それには「紅」となっている。この免許状は文政8年3月の日付になっている[14]。

---

11) 江戸時代は「立行司」という名称はなかったはずだ。いつ頃から「立行司」と呼ぶようになったかについては関心を持っているが、まだ本格的に調べていない。しかし、「立行司」という語句は、『読売』(M28.6.13) にあるように、明治20年代にはすでに用いられている。

12) 吉片兵庫が行司を務めていた頃は、吉田追風もまだ「行司の家元」というより単なる「行司の家」だった可能性がある。というのは、吉田追風が実際に他の行司と共に土俵で相撲を裁いているからである。吉田司家は特別な「行司の家」だったため、勧進相撲の行司を規則的に務めなかった可能性もある。いずれが真実かは、今のところ、はっきりしない。

13)「紫打交」は、おそらく、「紫白打交」のミスであろう。「打交」とある場合は、「紫白打交」や「紅白打交」のように、混じる色が記述されているからである。

14) 5代目の免許状は寛延2年8月の日付になっていて、「上草履」が授与された旨のことが書いてある。6代目の免許状は消失したが、文面は同じだったらしい。しかし、「上草履」が授与されたというのは、事実を正しく反映していない可能性がある。つまり、5代目と6代目の免許状は事実を知らずに、9代木村庄之助が後で「先祖書」として作成したようだ。というのは、寛延年間、木村庄之助は草履を履いていなかったからである。草履が許されたのは、おそらく、天明8年頃であろう。草履については、拙稿「緋房と草履」(2007) でも扱っている。

・『相撲行司家伝』(文政10年)。

「無事ノ唐団扇並紅緒方屋之内上草履之事免之候可有受容候仍免許状如件」

つまり、これに基づけば、9代目になって初めて「紫白」が許されたことになる。この行司の場合も「紫」ではなく、「紫白」が許されている。なお、5代目から9代目までの木村庄之助の免許状では、軍配房の色は「紅」という表現になっている。9代目は免許状を授与されてからしばらくして、紫白を授与されている。私の知る限り、これが代々の木村庄之助の中で最初に授与された紫白である。

明治43年5月以前は、「紫」と「紫白」の区別がなく、すべて「紫白」だったので、「紫白」を「紫」と言っても混乱は生じなかった。しかも、白糸は申しわけ程度に2、3本あるだけで、一見すると「紫」だったに違いない。このようなことから、多くの文献で「紫」となっていても、不思議ではない。

本章でも、明治43年5月以前は「紫」と「紫白」を特別に区別していない。しかし、明治43年5月以降は「総紫」と「紫白」を区別し、紫を紫白より上位の色としている。明治43年5月以前であれば、「紫白」を「紫」として読んでも混乱は生じない。明治43年5月以前、白糸がまったく交じらない「総紫」を行司に授与された例があるかどうかに関しては、分からない。おそらく、なかったのではないかと推測している[15]。

3. 紫と紫白の区別

行司の階級色が決まったのは、明治43年5月である。その時、行司装束が改正されたが、装束の括り紐や菊綴などの色が軍配房の色と同じになった。装束

---

15) 江戸時代であれば、総紫ではなく紫白を用いることは、その時代の厳しい服装制を反映していることで説明できるが、明治時代にもなってなぜ総紫でなく紫白だったのか、分からない。そうする理由があったはずだが、明確な説明を述べた資料は見たことがない。

の括り紐が軍配房の色と一致するのであって、その逆ではない。軍配房の色が基本にあり、それに装束の飾り物の色を一致させたのである[16)]。当時の新聞では、改正された装束姿の写真を掲載し、装束と軍配房について簡潔に述べてあるが、それを次にいくつか示す[17)]。

・『読売』(M43.2.9) の「角界雑俎」の項。

「今5月場所（明治43年5月：NH）からは裃を全廃しすべて鎌倉時代に則り横麻に雲立湧浮線の丸の鎧下に武士烏帽子を冠ることとなった。鎧下の紐の色を軍配の房の色と同じように紫は立行司、緋は緋房行司、白と緋混交は本足袋行司、萌黄に白の混交は格足袋行司ということにして段を分けてある」

この記事には格足袋行司以上（つまり十両以上：NH）の色について述べているが、幕下格以下行司（つまり素足行司：NH）の色については述べていない。

・『都』(M43.5.31)。

「菊綴と綴紐の色で階級を分かち、紫は立行司、緋が草履、紅白、青白共に足袋、行司足袋以下は黒、青の二種である。図（写真：NH）は右の方木村庄三郎（49）で近く庄之助をすべき立行司、（後略）」

この記事によると、幕下格以下行司は黒、青の二種となっている。黒と青の

---

16) 明治43年5月当時、行司の階級色がすべてそのまま適用されていたかどうかは分からない。たとえば、「総紫」は新しく導入されたかもしれない。それまでの最高色は「紫白」だったからである。また、青色がそれまで幕下格以下行司の色として使用されていたかどうかもはっきりしない。青色は存在していたかもしれないが、どの位階の色だったかがまだはっきりしないのである。

17) 行司装束改正はほとんどの新聞で取り上げられているが、その中には、たとえば、『日日』／『朝日』／『国民』／『萬朝報』／『横浜貿易』などがある。軍配房の色に関しては全ての新聞が必ずしも同じ記述ではなく、いくらか違いがある。特に幕下格以下行司の軍配房の色や青白の階級では統一された記述になっていない。

二種に関しては、二つの見方がある[18]。

(a) 現在のように、黒と青のうち、どれを用いてもよいとするもの。
(b) 青と黒は階級によって使い分けがあるとするもの。つまり、たとえば、青は幕下格から三段目格まで使用し、黒は序二段格以下が使用するというように、幕下格以下の行司の中で使い分けがあるとするものである。

・『二六』(M43.5.31)。

「立行司三名は菊綴胸紐を紫とし、以下紅、紅白、青白とその地位によりて色を分かち、足（幕下：NH）以下は菊綴なく胸紐は黒色を用いる。」[19]

・『時事』(M43.5.31)。

「背、襟、袖、袴の飾り菊綴並びに胸紐、露紐はいづれも軍扇の房色と同じ、（中略）立行司は紫、次は朱、本足袋行司は紅白、格足袋行司は青白と定め、（中略）幕下行司は（中略）紐類はすべて黒色を用い（後略）」

ほとんどの新聞では、幕下格以下行司の場合、「黒房」だけとなっている。「青房」も使用できるとする新聞は非常に少ない[20]。幕下格以下行司の黒と青に関しては階級によって区別があったのか、それともどちらでも自由に選択で

---

18) 幕下格以下行司の黒房と青房に関しては、拙稿「幕下格以下行司の階級色」(2007) でも扱っている。青と黒に関しては最近までも階級による違いがあるとした文献が少なくない。しかし、相撲協会の規約で軍配房を規定してからは、青と黒はどちらでもよいことになっている。平成15年当時は、黒を使っている行司が一、二名いたが、現在(H22.5)、その黒を使っているのは木村将二（幕下格、春日野部屋）と式守行宏（幕下格、玉ノ井部屋）の2名である。
19) 明治43年5月以降も装束の改正は少し行われている。何がどのように改正されたかは新聞記事に取り上げられているので、興味のある方はその記事に当たるよう勧める。
20) たとえば、『朝日』(M43.5.31) でも木村庄吾（青）となっている。この行司の階級は本足袋（つまり幕内格）なので、実際は「紅白」である。

きたのか、まだ断言できないが、立行司の房の色に関しては、どの記事も明確である。

明治43年5月の階級色を現代風に直すと、大体、次のようになる[21)]。

・立行司：紫・紫白（草履を履ける）
・三役格：緋（草履を履ける）
・幕内格：緋（草履を履けない）[22)]
　　　　　紅白（足袋だけ）
・十両格：青白（足袋だけ）
・幕下格以下：黒か青（素足）

明治43年5月、立行司として三人（つまり、木村庄之助、式守伊之助、木村庄三郎）いたが、これらの行司はいずれも区別なく、同じ紫房を使用していたのだろうか。この点に関しては、少なくとも次の二通りが考えられる。

(a) 木村庄之助は紫、式守伊之助は紫白である。式守伊之助より下位の立行司も紫白である。
(b) 木村庄之助と式守伊之助は共に紫である。式守伊之助より下位の立行司は紫白である。

当時の新聞ではほとんど、立行司は「紫」となっている。「紫白」について触れている新聞は非常に少ない。しかし、丹念に調べてみると、やはり違いがあったことが分かる。

---

21)『毎日』(M43.5.31) によると、「草履は庄之助、伊之助、庄三郎、進、誠道、足袋緋房は朝之助、与太夫、勘太夫、錦太夫、大造、(後略)」とある。当時、進と誠道は草履を許されていたが、房の色は「朱」(つまり「緋」) だった。

22) 草履を履かない朱房が三役力士（たとえば、小結）に対応するのか、幕内力士（たとえば、前頭の上位力士）に対応するのか、必ずしもはっきりしない。草履を履かない緋房行司でも小結や関脇の取組を裁いている場合があるので、実質的には「三役力士」に対応していたはずだが、明治末期の新聞記事ではときどき「幕内力士」に対応すると書いてある。無草履の緋房行司がどの力士に対応するかは必ずしも定かでない。

・『都』(M43.4.29)。

「現在庄之助・伊之助の格式を論ずれば、団扇の下紐において差異あり。庄之助は紫、伊之助は紫白打交ぜにて、庄三郎と同様である。」

このように、色の区別をする記事がある一方で、次のような記事もある。

・『時事』(M44.6.10)。

「土俵上で草履を穿くことを許されるのは三役格以上で、現在の行司では緋総の誠道と紫白の進と紫総の庄之助、伊之助の二人である」

この記事によると、進が紫白で、庄之助と伊之助が紫になっている。伊之助は紫白ではなく、紫である。これは、木村庄之助は紫、式守伊之助は紫白とする記述と違っている。どれが正しいかはもっと慎重に検討する必要があるが、本章では、一応、木村庄之助は紫、式守伊之助と木村進と共に紫白だったと仮定している[23)]。

4. 吉田追風の紫

これまで、吉田追風の軍配房の紫に関し、疑義を唱えた文献は見たことがない。何の疑念も抱かず「総紫」だと信じてきた節がある。しかし、実際に「総

---

23)『日日』(T2.1.12) に式守伊之助が紫を授与されたという新聞記事がある。これが真実だとすれば、当時、式守伊之助は常に「紫白」であると決まっていなかったかもしれない。そうなると、明治43年5月、式守伊之助は木村庄之助と同様に紫だった可能性もある。本章では、『都』(M44.4.29) の新聞記事に木村庄之助が紫、式守伊之助は紫白だとあることから、基本的にはそのような階級色になっていたものと解釈している。いずれにしても、式守伊之助に紫が授与されたとする記事があることから、その真偽はもう少し調べる必要がある。

紫」だったか、疑問を呈してみてもよいかもしれない。というのは、「総紫」ではなかったかもしれないのである。なぜそのような疑問があるかをここで簡単に触れてみたい。もし調べた結果、実際に「総紫」だったならば、それは事実を確認することになるし、そうでなければ、考えを改めればよい。

吉田司家の祖先書に基づけば、天皇家から「一味清風」の軍配を始めとして種々の行司用品を賜っている。同時に、「紫房」も授与されている[24)]。しかし、その「紫」は「総紫」ではなく、1、2本白糸が混じった「紫白」だった可能性がないわけでもない[25)]。というのは、江戸時代、「紫」は特別な家柄にしか許されない色だったからである。相撲の家元である吉田司家が貴族の家柄であったなら、「紫」を許されてもまったく不思議ではないが、当主の吉田追風の出自は武士だったと記されている[26)]。

天皇家や将軍家が武士階級に紫を授与した場合、それは本当に「総紫」だったのだろうか。それとも他の色を1、2本混ぜた「準紫」だったのだろうか。私はその慣習を調べていないので、どれが真実だったかは分からない。どのような基準で「紫」を許したかは分からないが、軍配房が「紫」だということに疑念がわいてきた。それには、少なくとも二つの理由がある。

---

24) 吉田家の家系図を記した文字資料では軍配を始め、種々の着用具を賜っていることがよく記されている。時代が古いため、それが真実を述べたものかどうかなかなか確認できない。全くのでっちあげだと指摘する文献さえある。

25)『角力新報（6）』（M30.7）によると、「（吉田追風は：NH）往昔禁裡より賜りたる紫の打紐付ける獅子王の団扇を持ち」（p.21）とあり、「紫」の紐が授与されている。「総紫」なのか白糸が少し混じった「紫白」なのかは分からない。文治2年頃、皇族家が武士に「紫」を授与したとき、その紫に種類がなかったならば、「総紫」ということになる。何か慣わしがあったはずだが、それについては調べていない。

26) 吉田司家の家伝などによると、その祖先は武士であるが、従五位の身分として処遇されたという。吉田追風は天皇家や将軍家から団扇、烏帽子、狩衣なども授与されている。その際、紫房も授与されている。従下五位の身分であれば、総紫を授与されても不思議ではないかもしれないが、本当にその身分だったのかどうかがはっきりしない。私はこれまで「総紫」だと思い込んでいたが、現在は「紫白」だったかもしれないと疑っている。本章では、どれが真実かを断定せず、「紫白」の可能性があることを指摘するだけに留めておきたい。

(a) 吉田司家の自伝によると、相撲節会を復興したとき、身分を従下5位に格上げし、「紫」が授与されている[27]。そのとき、天皇家は武士出身の吉田追風に本当に白糸の混じらない「総紫」を授与したのだろうか。

(b) 明治時代にもなって、吉田司家は木村庄之助や式守伊之助に「総紫」ではなく、「紫白」を許可している。なぜ「総紫」を授与しなかったのだろうか。

もし吉田追風がもともと「紫白」を天皇家から授与されていたのであれば、行司に同じ「紫白」を許可するのは自然である。「行司の家元」(つまり吉田司家) を越えて、行司に「総紫」を許可することはありえない話だからである。他方、もし吉田追風が天皇家から「総紫」を授与されていたなら、行司に「紫白」を許可するのは差別をつけるためだったということになる。すなわち、色の区別をすることによって行司の家元としての権威を誇示するのである。

しかし、明治43年5月以降、「総紫」を授与していることを考慮すれば、吉田追風は行司の家元と支配下にある行司を区別していなかったかもしれない。つまり、吉田追風が天皇家から授与された「紫」が元々「紫白」だったので、行司にもそれをただ踏襲したのではないだろうか。実際、明治時代の「紫」はすべて、「紫白」だったのである。吉田追風がもともと「総紫」だったならば、行司にも「総紫」を許可したはずである。それをあえてしなかったのは、吉田追風がもともと「紫白」だったからではないだろうか。

いずれにしても、吉田追風の軍配房の色が「総紫」だったのか、それとも「紫白」だったのかを解明するには、少なくとも次のことを調べる必要がある。

---

27) 初代追風の伝記に関してはその信ぴょう性がまだはっきりしない。従下五位として身分を格上げされたということもまだ確認されていない。従って、「紫」を授与されたということも吉田司家の家伝でしか分からない。しかし、寛政3年の上覧相撲で「紫」を使用したことは文献で確認できる。本章では、その「紫」が本当に「総紫」だったかに関し、疑問を投げかけている。明治の文献でも実際は「紫白」だったのに、「紫」として記述しているからである。

(a) 吉田司家の家柄やその系譜を調べる。
(b) 天皇家がどのような基準で紫を授与したかを調べる。
(c) 行司の家元と支配下の行司との関係を調べる。
(d) 江戸時代の紫がどのような意味を持っていたかを調べる。

本章では、吉田追風の「紫」に関し、「総紫」だったのか、それとも「紫白」だったのかを判断していないが、最初から「総紫」だったと思い込む必要もないことを指摘しておきたい[28)]。江戸時代の「紫」が何を基準にして許しているかに詳しい人であれば、吉田司家が本当に「紫」を許されていたかどうか、容易に判断できるかもしれない。いつか、この疑問に答える研究が公表されることを願っている。

5. 13代目から15代目までの木村庄之助

(1) 13代木村庄之助（嘉永6.11～M9.4）

13代木村庄之助は紫を許されている。

・『読売』(M30.2.10) の「式守伊之助と紫紐の帯用」。

「式守家が紫紐を用いたる先例は今より三代前の伊之助が特許されしより外

28) 寛政3年の上覧相撲で吉田追風は土俵上で取組を裁いているが、その装束、草履、紫房などは他の行司と非常に異なっている。そして、これらの着用具は「行司の司家」としての権威を表している。「紫房」に関して言えば、それは吉田追風の先祖に天皇家が授与したものなので、私はこれまで「総紫」だと思い込んでいた。しかし、本当に「総紫」だったのかどうかは検討してみる必要があるかもしれない。明治時代の「紫」が実は「紫白」だったとすれば、江戸時代の「紫」も実は「紫白」だったという可能性もある。そういう疑問があるために、あえて吉田追風の「紫」も吟味してみる必要があると問題提起しているのである。

更になく、この時のごときも当時東に雲龍久吉という横綱ありたりしに、また西より不知火光右衛門現われ、東西横綱なりしため、東は庄之助これを曳き、西は式守伊之助が曳くという場合よりして、伊之助が紫紐帯用の許可を受けたるものなれば、(後略) 伊之助の紫紐帯用は目下沙汰やみの姿なりという」

明治30年当時は8代式守伊之助で、『角力新報 (3)』(M30.3) によると、1月場所中 (7日目) に紫房がこの行司に授与されている。両横綱雲龍・不知火の在位期間を考慮すると、6代目の式守伊之助になる。したがって、三代前ではなく、二代前の可能性が高い。6代式守伊之助の在位期間は嘉永6年11月から明治13年5月までだが、5代式守伊之助は天保10年3月から嘉永3年12月までである。何代目の式守伊之助が正しいかは必ずしも明確でないが、確かなことは、両横綱の土俵入りを引くために式守伊之助に紫房が許されていることである。雲龍久吉は文久元年9月から元治2年3月まで、それから不知火光右衛門は文久3年11月から明治2年 2月まで、それぞれ、横綱を張っている。重なり合う部分は文久3年11月から元治2年3月までである。その間に、式守伊之助は木村庄之助 (13代目) と同様に、紫房を許可されたことになる。

6代式守伊之助に紫房が許可されていれば、上位の13代木村庄之助にも当然紫房が授与されていたはずだ。13代木村庄之助の襲名期間は嘉永6年11月から明治9年4月までであり、その間、紫房を使用していたことになる。もしそうでなければ、上に掲載した『読売』(M30.2.10) の記述は憶測だけだったことになる。つまり、事実を正しく反映していなかったことになる[29]。雲龍久吉と不知火光右衛門を描いてある錦絵を見ると[30]、木村庄之助も式守伊之助も

29) 式守伊之助にも紫白が許可されていたかどうかは別にして、横綱土俵入りは必ずしも紫白とは関係ない。というのは、横綱土俵入りを引くには草履を履いていればよく、紫白である必要はないからである。当時は朱色が最高色であるし、その色で横綱土俵入りを引いていた。木村庄之助と同様に、式守伊之助にも紫白を授与しようというのは、両横綱の存在というより、他に理由があったかもしれない。それがどういう理由かは、残念ながら、分からない。

30) 錦絵は、もちろん、必ずしも事実を伝えているとは限らない。それは文字資料の場合で

軍配房は「赤」で描かれている。描かれた年月が分からないが、両横綱を描いていることから、文久3年以降である。

(a)『江戸相撲錦絵』(『VANVAN相撲界』新春号、1986, pp.146-7)、国貞画。
「勧進大相撲東西関取鏡」(元治元年) で、木村庄之助は赤、式守伊之助も赤で描かれている。当時は横綱雲龍と不知火だった。

(b)『相撲浮世絵』(『別冊相撲』夏季号、1975, pp.117-9)、国貞画。
「勧進大相撲弓取之図」で、式守伊之助は赤で描かれている。横綱は雲龍と不知火だった。

もしこの錦絵に描かれている軍配房の赤色（つまり朱色）が正しければ、『読売』(M30.2.10) に述べてあることは、単なる噂だったかもしれない。すなわち、式守伊之助はもちろん、木村庄之助も紫房を授与されていなかったかもしれない。少なくとも木村庄之助は紫でなければならないが、やはり「赤」で描かれている。

ところが、別の錦絵があり、それには木村庄之助の軍配房が紫で描かれている。すなわち、軍配房の色が使い分けてある。

・『大相撲』(学研、p.126)、国貞画。

慶応2年3月場所で、独り立ち姿の錦絵。木村庄之助は紫、式守伊之助は赤となっている。

13代木村庄之助は雲龍久吉と不知火光右衛門が横綱であった期間も土俵を裁いている。この独り立ちの錦絵が正しければ、13代木村庄之助は「紫」を授与されていたが、6代式守伊之助は授与されていなかったことになる。当時の「紫」色の服制を考慮すれば、紫が許されていないのに紫で描くようなことはないはずだ。従って、木村庄之助の軍配房は間違いなく紫だったと判断してよい。しかし、式守伊之助の「紫」はどう解釈すればよいだろうか。単に噂だ

も同じだ。軍配房の色は行司にとって非常に重要なので、ミスは少ないと思いたいが、いろいろな要因で正しく描かれていないかもしれない。

けで終わり、実際は「紫房」を授与されなかったのだろうか。それとも絵師が房の色が変わったことに気づかなかったのだろうか。本章では、残念ながら、錦絵が真実を描いているかどうかの判断ができない。ここでは、当時の錦絵の中には木村庄之助の軍配房を紫白と朱で描いたものがあるということを指摘しておきたい[31)]。

13代木村庄之助が紫房を使用していたことを明確に述べている資料がある。たとえば、16代木村庄之助の紫房許可を述べてある記事の中で、それが記されている。

・『報知』(M32.5.18) の「行司の紫房、司家より庄之助らに許可」の項。

「行司紫房の古式　相撲行司の所持する紫房は、古えよりむずかしき式法のあるものにて、これまでこれを許可されしは、13代木村庄之助が肥後の司家吉田追風より許可されしを初めとし、これより後本式の許可を得たる者なかりしに、先頃死去したる15代木村庄之助が、再びその許可を得たり。されどこは単に相撲協会より許されしにて、吉田追風より格式を許されしにあらざりしが、今回大場所に勤むる木村庄之助及び同瀬兵衛の二人は、吉田家及び相撲協会より、古式の紫房を許可せられ、今回の大場所に勤むるにつき、(後略)」

13代木村庄之助が紫房を使用していたことはこの記事でも確認できたが、それがいつ授与されたかは分からない。さらに、15代木村庄之助の紫房も確認できたが、それは協会だけの許可だという。14代木村庄之助の「紫」について述べていないが、吉田司家から正式の免許を受けていなかったからかもしれない。

---

31) 江戸時代であれば「紫」を用いて描いていたなら、間違いなく「紫」か「紫白」だと判断してほとんど間違いないであろう。その色は「意識的に」使っていたはずである。しかし、明治時代になると、いくら初期だとは言え、その色に関する制約はかなり緩んでいたはずだ。

(2) 14代木村庄之助 (M10.1～M18.1)

この14代木村庄之助は明治17年8月に死亡しているので、明治18年1月の番付掲載は「死跡」である。この14代木村庄之助は間接的な資料から紫白房を使用していたことが分かる[32)]。

明治15年7月、吉田司家が出した御請書がある[33)]。この御請書は『相撲道と吉田司家』に詳しく述べてある[34)]。この御請書の中で、吉田追風は当時の木村庄之助（14代目）に「紫白打交」を許している。これは明治15年当時、14代木村庄之助が「紫房」を使用していたことを裏づけるものである。これが正しければ、13代木村庄之助に続いて、14代木村庄之助も紫房を使用していたことになる。

14代木村庄之助の紫房は御請書以外には確認できないが、明治11年4月9日届けの錦絵（私蔵）では確認できる。この錦絵は横綱境川浪右衛門土俵入りを描いたものであるが、木村庄之助の軍配房は紫で描かれている。因みに、太刀持ちは勝浦与右衛門、露払いは勢力八である。四本柱（つまり審判役）は中立、呼出しは藤兵エである。

もし明治15年が正しければ、14代木村庄之助となる。しかし、もし明治11年4月届けの境川浪右衛門横綱土俵入りの錦絵が正しければ、14代木村庄之助は少なくともその当時、すでに紫房を使用している[35)]。14代木村庄之助は、『相撲道と吉田司家』で確認できるように、明治15年にはすでに紫白房を使用

32)『報知』(M32.5.18) の「行司紫房の古式」によると、13代目と15代目の木村庄之助には紫房が許可されているが、14代木村庄之助には許可されていない。

33) 吉田追風は明治10年から15年頃まで「西南の役」の影響で、その間「行司の司家」として全く機能していなかった。御請書は西南の役後、明治15年7月に出されたものである。

34) オリジナルを複写したものでないので、記入ミスがあるかもしれない。書かれている内容には首を傾げたくなるものがある。しかし、木村庄之助の紫白房は間違いないはずだ。

35) いわゆる「獅子王の軍配」は初代式守伊之助が使用していたものである。これに関しては、拙稿「緋房と草履」(2007) でも言及している。初代式守伊之助の軍配が「紫分け

している。

(3) 15代木村庄之助（M18.5～M30.5）

15代木村庄之助は紫房を使用しているが、いつ使用し始めたかになると、必ずしもはっきりしない。異なる年月がいくつかある。

・『読売』(M30.9.24)。

「去る明治16年中15代目庄之助を継続し、縮熨斗目麻裃着用木刀佩用紫紐房携帯を許され（後略）」

これは15代目木村庄之助の死亡記事の中で述べてあるものだが、文中の「16年」は襲名が決まった年を指しているようだ[36]。この行司は明治18年5月に15代木村庄之助を襲名したからである[37]。文面からすると、木村庄之助を襲

の軍配」ならば、房は紫かもしれないが、その色について言及した文献は見たことがない。「朱房」だった可能性が高いのは、『相撲行司家伝』に述べてあるように、5代目か8代目の木村庄之助の免許状で朱房になっているからである。当時、式守伊之助は木村庄之助より下位であった。木村庄之助が朱色なのに、式守伊之助が紫であるはずがない。

36) 14代木村庄之助は明治17年8月に死亡したが、明治18年1月番付（死跡）にも記載されている。15代木村庄之助は明治17年3月の天覧相撲で木村庄三郎の名で出場しているが、錦絵で見る限り、軍配房は「緋」である。天覧相撲の前後に朱房を許されているので、明治16年中に紫を許されたというのは事実に反する。つまり、『読売』(M30.9.24)の記事は、「紫紐」に関するかぎり、間違っている。なお、『読売』(M18.5.12) には「木村庄三郎は庄之助と改名して来る14日より開場する赴きなり」とある。それまでは、庄三郎の名で務めていた。

37)『読売』(M30.9.24) の記述を読む限り、襲名と同時に紫が授与されたとも解釈できるし、襲名後に授与されたとも解釈できる。どちらが正しいかは、はっきりしない。この木村庄之助の紫房を文字資料で確認できるのは、今のところ、『読売』(M23.1.19) である。しかし、明治18年1月付の「つくし絵」には木村庄之助の紫房を確認できることから、番付記載以前から許されていた可能性もある。14代木村庄之助は明治17年8月に亡くなっているので、15代木村庄之助が明治18年1月に紫房を使用していても不思議ではない。

名したとき、紫房も許可されたと解釈できそうだが、必ずしもそれは正しくない。というのは、この木村庄之助は吉田司家の免許を受けず、紫房を長い間使用していた形跡があるし、当時は木村庄之助を襲名するのと同時に紫房を許されるとは限らないからである。

塩入編『相撲秘鑑』(M19) によると、明治19年、当時の木村庄之助（15代）と式守伊之助（8代）は共に真紅である。

・塩入編『相撲秘鑑』(M19)。

> 「団扇に真紅の紐を用いることは甚だ重きこととなし来りたるものにて、昔は木村庄之助、式守伊之助の二人のみなりしが、今より4年ほど前に大関三人（境川、楯山、梅ケ谷）三組となりて田舎へ出し時[38]、大関に対する行司一人に差し支え、その時初めて格別の協議をもって今一人に真紅の紐と草履を許せしが、今では前の如く木村、式守の二人のみなり。」(p.30)

この記述にあるように、明治19年まで木村庄之助と式守伊之助は二人とも紫房を許されていないだろうか[39]。もしかすると、これは事実を反映していない可能性もある。というのは、次のような「相撲づくし絵」があるからである。

明治18年1月届けの「新版相撲づくし」に横綱梅ケ谷土俵入りの錦絵があり、木村庄三郎は紫になっている。太刀持ちは大鳴門、露払いは剣山である。これが真実を反映しているならば、木村庄三郎（後の15代木村庄之助）は明治18年1月には紫を使用していることになる。明治17年の天覧相撲の錦絵では赤房だったので、その後に授与されたことになる。この「相撲づくし」が事実を反映しているかどうかは、他の資料も参照しなければならない。因みに、梅

---

38) 本場所の番付では境川、楯山、梅ケ谷が同時に大関だったことはない。この記述は地方場所のことを述べているかもしれない。地方場所では大関が引退した後でも、特にその直後では、元大関として土俵に上がることがあった。

39) この「新版相撲づくし」の届けは明治18年1月なので、紫房の内定がそのとき出ていたのかもしれない。そうでなければ、紫で描くことはないはずだ。

ケ谷の横綱在位期間は明治17年2月から明治18年5月までで、非常に短期間である。明治18年1月か5月ころ、15代木村庄之助が紫を使用していたことを確認できる資料が見つかれば、「つくし絵」の期日を補強できるのだが、今のところ、私はそのような資料を手にしていない。

明治23年1月になると、15代木村庄之助が紫房を使用していたことは、次の新聞記事で確認することができる。

・『読売』(M23.1.19) の「相撲の古格」の項。

「その免許は第一紫の紐房、第二緋、第三紅白にして当時この紫を用いるは木村庄之助、緋色は式守伊之助、木村庄五郎、同誠道、同庄三郎の四名なり。」

この記述によると、紫房を使用しているのは木村庄之助だけである。他の行司は紫房を使用していない。さらに、明治25年にも紫房を使用していたことは確認できる。

・『読売』(M25.7.15)。

「本年4月下旬東京力士西の海嘉次郎が肥後国熊本に赴き、司家吉田追風氏より横綱及び方屋入りの節持太刀の直免許を受けたるに付き、行司木村庄之助もこれに伴れて司家より相撲故実三巻を授与し、特に横綱を率いる行司の事にしあれば、紫紐をも黙許されたるが(後略)」

この記事によると、15代木村庄之助は吉田司家から正式な許可を受けていない。そうなると、この木村庄之助はそれまで正式な免許を受けずに紫房を使用していたことになる[40]。しかし、当時の相撲協会からは内諾を受けていた

40) 13代木村庄之助の項で引用した『報知』(M32.5.18) の記事によると、15代木村庄之助は吉田司家から紫房使用の正式な免許は受けていない。吉田司家は13代木村庄之助の紫房を許可しているし、14代木村庄之助の紫房を御請書で了承しているのだから、15代木村庄之助の紫房も正式に許可してもよさそうなものである。なぜそうしなかったのかは分からない。

に違いない。行司の最高位である木村庄之助が「紫房」を協会に無断で使用するはずがない。

15代木村庄之助の紫房が協会だけの許しだったことは、次の新聞記事でも確認できる。

・『報知』（M32.5.18）の「行司紫房の古式」の項。

「相撲行司の所持する紫房は、古（いにしえ）よりむずかしき式法のあるものにて、これまでこれを許可されしは、13代木村庄之助が肥後の司家吉田追風より許可されしを初めとし、これより後本式の許可を得たる者なかりしに、先頃死去したる15代木村庄之助が再びその許可を得たり。されどこれは単に相撲協会より許されしにて、吉田追風より格式を許されしにあらざりしが、今回大場所に勤むる木村庄之助（つまり16代木村庄之助：NH）及び同瀬兵衛（つまり木村瀬平：NH）の二人は、吉田家及び相撲協会より、古式の紫房を許可せられ、今回の大場所に勤むるにつき、（後略）」

これにより、15代木村庄之助の紫房は協会独自の許可を受けたものであることが分かる。なぜこの15代木村庄之助が吉田司家から「紫白」の許しを受けなかったのかは分からない[41)]。

15代木村庄之助は早ければ明治18年ころから、遅くても明治23年ころから紫房を使用していたが、いつでも紫房だけを使用していたかとなると、必ずしもそうではないようだ。たとえば、明治28年11月10日印刷の錦絵「靖国神社臨時大祭之図」がある[42)]。この絵は横綱西ノ海嘉治郎の土俵入りを描いたも

41）明治30年春場所7日目の「紫」使用に関する出世披露は、吉田司家の許しを受けたものとばかり思っていたが、この記事で協会だけの許しだったことが判明した。これからも分かるように、吉田司家の許可がない場合でも、土俵上で「紫」の出世披露が行なわれている。

42）明治24年5月印刷の「延遼館小相撲天覧之図」では、明治天皇がご覧になっている前で、横綱西ノ海嘉治郎が土俵入りしている姿を描いている。太刀持ちは鬼ケ谷、露払いは一ノ矢である。木村庄之助の軍配房は「赤」である。この絵は明治24年当時、木村庄之助が紫を使用していなかった証拠にもなるが、そうなると『読売』（M25.7.15）の記事

ので、太刀持ちは鬼ケ谷、露払いは一ノ矢である。木村庄之助の軍配房は「赤」で描かれている。『読売』(M25.7.15) では、横綱西ノ海嘉治郎の土俵入りを引くとき、木村庄之助は紫を黙許されていたと書いてあるが、錦絵では房の色が「赤」になっている。一旦許された紫であれば、その後も継続して使用するのが普通だが、この木村庄之助の「紫房」は臨時に授与されたものかもしれない。明治25年ころにはすでに、木村庄之助は黙認の形で紫房を使用している。もしかすると、ある時点で吉田司家からクレームがあり、紫の使用を控えたかもしれない。

『角力新報 (3)』(M30) によれば、15代木村庄之助が紫房を許されているが、その年月は分からない。はっきりしているのは、この雑誌が発行される明治30年3月以前だというだけである。

・『角力新報 (3)』(M30) の「式守伊之助の紫房」の項。

> 「これまで角力行司にて紫房の紐つきたる軍配を持つことを許され居りしは木村庄之助一人なりしが、今回式守伊之助も積年の勤労に依り紫房を使用するを許され興行7日目よりその軍配を用いたり」(p.50)

このように、この木村庄之助の紫房に関しては、いつからそれを使用したのかが必ずしもはっきりしない。明治18年1月かもしれないし、明治25年ころかもしれない。しかも吉田司家から正式な許しを得ていなかったようだ。本章では、15代木村庄之助が紫をいつ授与されたかは明確に指摘できない。ただ本章の趣旨から言えば、15代木村庄之助の紫が確認できたことである。

(4) まとめ

13代から15代まではどの木村庄之助も紫房を使用していたことが分かる。15代木村庄之助の紫房は当時の活字資料でも確認できるが、13代と14代木村

が正しくないことになる。どれが真実を反映しているかは、他の文字資料で確認する必要がある。

庄之助となると、その確認は必ずしも容易でない。13代木村庄之助の紫白は『時事』(M32.5.18) の記事で確認できたが、式守伊之助の紫白房授与に関する記事からも推測できる。錦絵によっては木村庄之助と式守伊之助が共に「朱」で描かれていることもあるが、木村庄之助は「紫」、式守伊之助は「朱」で描かれていることもある。これから判断すると、13代木村庄之助は紫房を授与された可能性が高い。14代木村庄之助の紫白は主として吉田司家の御請書から判断したものである。

6. 6代目から8代目までの式守伊之助

式守伊之助の6代目から8代目までは資料が少ないため、紫白房がいつ許可されたのかはっきりしない。残念ながら、資料不足である。どこかに資料が埋もれているはずだが、それがどこにあるのか見当がつかない。

(1) 6代式守伊之助（嘉永6.11～M13.5）

6代式守伊之助は紫房を臨時に許されたかもしれないが、それを永続的に使用していたかとなると、はっきりしない[43]。先に引用した『読売』(M30.2.10) の「式守伊之助と紫紐の帯用」の記事で見たように、6代式守伊之助は紫房を使用していた可能性が高い。しかし、今のところ、他の資料ではまだ確認できていない。もし6代式守伊之助に本当に紫房が授与されていたなら、横綱が不知火光右衛門一人だけになっても、その紫房は継続して使用していたはずである。もしそれが正式な許しを得た紫房であったなら、それを剥奪することはないからである。他に文字資料もないので確認できないが、錦絵は参考になるかもしれない。

錦絵がどの程度真実を伝えているかが分からないが、参考までに取り上げておく。たとえば、明治11年1月御届の錦絵があるが、それには横綱境川浪右衛

43) 6代式守伊之助は明治13年9月2日に亡くなっている。

門の土俵入りが描かれている。それは学研『大相撲』(pp.142-3）でも確認できる。その錦絵に式守伊之助が描かれているが、軍配房は赤である[44)]。因みに、太刀持ちは勝浦、露払いは四海波、四本柱（つまり検査役）は伊勢の海である。呼出しは描かれていない。もしその錦絵が事実を反映しているならば、少なくとも明治11年1月当時、6代式守伊之助は赤（つまり朱）だったことになる。もし紫房を使用したのであれば、明治11年以降ということになる。

(2) 7代式守伊之助（M16.1～M16.5)

7代式守伊之助は紫を授与されていないかもしれない[45)]。すなわち、朱房のままだったかもしれない。この行司が紫房を授与されたとする資料はまだ見たことがない。

7代式守伊之助を襲名したのは式守鬼一郎（3代）である[46)]。明治15年6月までに紫白を授与されていないのかどうか、はっきりしない。明治時代は上位2名だけに名誉色の紫が授与されたのではなく、第三席の立行司にも授与されることがあった。しかし、3代式守鬼一郎を名乗っていたとき、おそらく、紫白は授与されていなかったであろう。

明治9年4月届けの錦絵「大相撲引分之図」(学研『大相撲』(p. 142)）は境川と梅ケ谷の取組を描いたものだが、その中に式守鬼一郎が描かれている。素足のように見えるが、足袋を履いているはずだ。足の小指が明確に描かれていな

---

44) 同じ錦絵は石黒著『相撲錦絵発見記』(p.12）にもある。届出の日付が同じ明治11年4月9日の錦絵で木村庄之助は紫、式守伊之助は赤となっているので、明らかに軍配房の違いを認めた描き方になっている。明治11年当時、御請書にもあるように、14代木村庄之助は紫白、6代式守伊之助は赤だったに違いない。

45) 7代式守伊之助は6代式守伊之助の後をすぐ襲名していないが、それは6代式守伊之助の未亡人との間で名義変更が円滑に進まなかったからである。式守伊之助だけでなく木村庄之助の場合も、名義変更に関してはトラブルがときどき生じている。

46) この式守鬼一郎は文久3年7月から明治15年6月まで務めているが、御請書にも言及されていない。軍配房は緋色だったようだ。木村庄之助の紫白は言及されているが、式守鬼一郎のそれは言及されていない。

いことからも分かるように、足袋を履いていたと判断してよい。行司は、基本的に、取組んでいる力士の階級に対応するからである。軍配房は「紅白」のように見える。朱色の房に「白」が少し混じっているからである。少なくとも明治9年当時、式守鬼一郎は紫白房を使用していない。

『相撲道と吉田司家』の「御請書」(pp.126-7) によると、式守伊之助は「紅紐」として記されている。「御請書」は明治15年7月の日付になっているが、当時、7代式守伊之助は式守鬼一郎（3代）を名乗っていた。この7代式守伊之助は明治16年8月15日に亡くなっているので、おそらく紅紐のままで亡くなっている。この推論が正しいかどうかは、御請書に記されていることが真実かどうかによる。

(3) 8代式守伊之助（M17.5～M31.1）

この式守伊之助は明治30年12月21日に死亡しているので、同31年1月番付の記載は死跡である。8代式守伊之助は明治30年1月場所中（7日目）に紫房を授与されている。

・『角力新報 (3)』(M30.1) の「式守伊之助の紫房」の項。

「これまで角力行司にて紫房の紐つきたる軍配を持つことを許され居りしは木村庄之助一人なりしが、今回式守伊之助も積年の勤労に依り紫房を使用するを許され興行7日目よりその軍配を用いたり」(p.50)

・『読売』(M30.5.9) の「獅子王の軍扇」の項。

「式守伊之助は伊勢の海五太夫と旧来の因みあり。かつ多年の勤功にて本年一月軍扇に紫紐を用いることを許されたるを以って旧の如く獅子王の軍扇を携えたしと伊勢の海に請求し、横綱片屋入りを引くときのみ携帯するを許されたりとぞ」

・『萬朝報』(M30.9.24) の「15代目木村庄之助死す」の項。

「本年の春場所に式守伊之助が紫総を許されし時(後略)」

しかし、8代式守伊之助の紫授与年月に関しては、次のように明治30年5月場所とするものや明治29年1月場所とするものがある。

・『都』(M30.9.25) の「木村庄之助死す」の項。

「当代の伊之助(八代目)は本年5月場所に紫房を免許されしに付き(後略)」

・『読売』(M30.12.19) の「式守伊之助の病死」の項。

「(8代式守伊之助は:NH) 昨年1月紫房の免許を得(後略)」

おそらく、この二つの記事は何かの勘違いであろう。すなわち、「5月場所」は「1月場所」のミスであり、「昨年1月」は「本年1月」のミスである[47]。

(4) まとめ

このように見てくると、紫房に関しては次のことが言える。

(a) 6代式守伊之助は幕末に紫房を許されていた可能性が高い。横綱が二人

---

47) 本章の紫房授与の年月は一定の基準に基づいていない。主として文献や番付に記されているものを示してあるだけである。一定の基準を定めてしまうと、それを確認する資料が得られないことがあるからである。明治時代、紫房の授与年月が文献によって時々違うことがあるが、その原因は、主として、協会が許した日付、内示の日付、土俵上のお披露目の日付、免許状に記載してある日付、熊本の吉田司家での免許授与式典の日付、単なる勘違い、などの相違による。特に熊本での式典は巡業中に行われるのが普通だったので、免許状が出てから月日がかなり経っていることもある。どれに基づいているかで年月が異なるのである。明治43年5月以前の紫授与の年月は、正確な日付ではなく、「その頃」とするのが真実に近い。

いたとき、木村庄之助と同様に、式守伊之助にも許されたようである。

(b) 7代式守伊之助は明治16年1月場所と5月場所だけ務めているので、紫房は使用していないかもしれない。紫房を授与されたことを示す資料は、今のところ、まだ確認できていない。

(c) 8代式守伊之助は明治30年1月に紫房免許が授与されている。この行司は明治17年1月に式守伊之助を襲名しているので、明治30年1月まで朱房だったことになる。

7. 16代木村庄之助（M31.1～M45.1）

この16代木村庄之助は明治20年5月場所で式守鬼一郎に改名している[48]。つまり、木村姓から式守姓に変えている。さらに、明治22年5月には式守鬼一郎から木村誠道に姓名を変えている。木村姓を式守姓に変え、その式守姓を木村姓に再び変えた行司は、木村誠道が最初である。

・『読売』(M30.12.19) の「16代目庄之助の履歴」の項。

「行司木村誠道はいよいよ昨日相撲協会において庄之助名跡の辞令を受けた。(中略) 明治18年中一旦式守鬼一郎の名跡を継続し、緋房（軍扇の紐）を許されたが、21年中都合あって誠道の旧名に復し、明治28年5月草履免許を得、今回遂に16代目木村庄之助となった」

16代木村庄之助の紫授与はそれまでと異なり、ものすごく早い。「間髪を入れず」という感じである。というのは、12月に襲名が決まり、その翌月には紫房が許されているからである。明治31年1月（春場所）に紫房が授与されたことは、次の新聞記事でも確認できる。

---

48) 木村誠道は明治20年春場所中（4日目)、式守鬼一郎に改名している（『読売』(M20.1.30)）が、番付では夏場所で改名したことになっている。式守鬼一郎から木村誠道に変えたのは、番付によると明治22年5月場所だが、それ以前に改名していることは確かだ。

・『都』（M43.4.29）。

「（明治：NH）30年9月、15代目庄之助の没後、16代目庄之助を名乗り、翌年（明治31年：NH）1月団扇紐紫白打交熨斗目麻裃を免許され、超えて4月吉田追風より故実門人に推挙され、（後略）」

なぜそんなに素早く紫房を授与したのかに関しては何かそれなりの背景があるはずだが、具体的な理由は分からない[49)]。協会から吉田司家に襲名願書を出したが、吉田司家から12月25日、許可書が協会に届いている。その請願書と許可書の文面は、『読売』（M30.2.26）で確認できる。ただし、正式な免許状の日付は明治31年4月となっている。それは、『日日』（M45.1.15）で確認できる[50)]。16代木村庄之助は明治45年1月まで務めているが、明治43年5月までは「紫白」だったようだ[51)]。というのは、免許状には「紫白打交」となっているからである。この免許状は、先に言及したように、『日日』（M45.1.15）にその写しが掲載されている。

16代木村庄之助は、免許状にあるように、明治43年5月まで「紫白」を使

49）木村庄之助が所属した高砂部屋が他の相撲部屋より優位だったかもしれないし、木村瀬平との確執から木村庄之助本人が素早い行動を起こしたかもしれない。協会幹部が人事の混乱を回避するために素早い行動を起こしたかもしれない。いずれにしろ、何か急ぐ理由があったようだ。実際、当時、紫房は名誉の印だったはずだが、不思議なことに、かなり重要視されるようになっている。たとえば、ライバルの木村瀬平などはこの紫にかなりこだわっていたことが当時の文献から分かる。

50）吉田司家から届いた許可書や免許状の文面は、たとえば、『読売』（M30.1.16）と『日日』（M31.4.11）で見ることができる。内示を事前に出し、後で正式な免許状は授与したらしい。

51）16代木村庄之助が免許状を授与された後、明治43年5月までの間に「紫白房」を「紫房」に変えたという文献は見たことがない。吉田追風は『朝日』（M41.5.19）で木村家と式守家に「紫白房」を授与すると言っているので、16代木村庄之助も「少なくとも明治41年までは紫白」だったはずだ。明治43年5月に行司装束改正が決まってからは紫白房ではなく、紫房を使用した可能性がある。すなわち、『朝日』（M43.2.9）で見るように、正式には5月場所からだが、それ以前にしばらく使用したことを示す資料はある。

用していた。明治43年5月に行司の階級色が決まったので、その時、「紫白」から「総紫」に変えているはずだ。軍配房を紫白から紫に変えたことを述べた文献は見たことがないが、間接的にそれを確認することはできる。

・『都』(M43.4.2)。これは先にも引用したものである。

「現在庄之助・伊之助の格式を論ずれば、団扇の下紐において差異あり。庄之助は紫、伊之助は紫白打交ぜにて、庄三郎と同様なりと」

・『時事』(M44.6.10)。

階級色が詳しく述べてあるが、大関格は「紫白」、横綱格は「紫」というように、紫を二種類に分けてある。

「行司の資格は、その持っている軍配の房の色で区別されている。すなわち、序ノ口から三段目までは一様に黒い房を用い、幕下は青、十両は青白、幕内は緋白と緋、大関格は紫白、横綱格は紫というように分類されている。それから土俵上で草履をはくことを許されるのは三役以上で、現在の行司では緋房の誠道と紫白の進と、紫房の庄之助（16代目：N)、伊之助（10代）の二人である。」

16代木村庄之助は明治45年1月に死亡したので、5月場所から10代式守伊之助が17代木村庄之助を襲名した。

・『日日』(M45.1. 9）の「17代目は伊之助」の項。

「木村庄之助死去に付き、吉田司家にては八日臨時役員会を開き、17代目継承者を式守伊之助と定めたり。」

1月に襲名することが決まったが、番付記載では5月場所からである。この式守伊之助は10代目であるが、それまでは6代木村庄三郎を名乗っていた。明治43年5月以降、木村庄之助の軍配房の色は「紫」と決まっているので、17代木村庄之助は、自動的に紫が授与されている。もちろん、それは総紫である。

8. 16代木村庄之助の紫白

『相撲講本』(S10) には16代木村庄之助の紫白房について、次のように書いてある。

「15代目庄之助が明治31年初めて紫分の団扇を授かったので、初めは無事之唐団扇（紅緒）だったのであることを念の為に記す」(pp.603-4)

この15代木村庄之助は、本書の16代木村庄之助のことである[52)]。「紫分」が「総紫」を指しているかどうかは不明だが、本章の「紫白」と同じだと解釈して問題はない。当時は、「総紫」と「紫白」を明確に区別していなかったからである。

『相撲講本』の別の箇所では、「紫房」は簡単に授与されるものでなく、特別な名誉の印だったとも述べている。

「団扇の紐紫白を吉田家より授くるということは、15代木村庄之助へ明治31年に初めて遣ったことで、思うに徳川時代服制の厳しかった時は、到底なし得る処でなかったのを、その禁もなく、その家も顧られざるに至り、いわゆる「破格」の事と創めたのではあるまいか」(p.655)

これと同じような記述が、『相撲道と吉田司家』にも見られる。

「明治31年15代木村庄之助に団扇の紐紫白色打交を許す。これ団扇の紐紫白を打交のはじめなり」(p.200)

すなわち、明治31年、「紫白」が16代木村庄之助に許されたが、それが「紫白」の始まりだったという。これに関しては、少なくとも二つの点を確認する

---

52) 免許の年月は明治31年4月なので、この年月には問題がない。協会内では、16代木村庄之助の襲名は明治30年9月頃すでに決まっていた。吉田司家から協会に承諾書が届いたのは、明治30年12月である。

必要がある。

(a) 16代木村庄之助に授与した「紫白」は最初だが、それまでは「総紫」が授与されていなかったか。つまり、それまで「総紫」と「紫白」は区別されていたのか。

(b) 16代木村庄之助に授与した「紫白」が最初だというのは、正しいだろうか。つまり、これまで「総紫」や「紫白」の区別はなく、「紫白」が初めて16代木村庄之助に授与されたのだろうか。それは事実だろうか。

『相撲講本』によると、「紫」を授与するのは「破格」の扱いで、16代木村庄之助が初めて「紫」を授与されたという。つまり、それまで木村庄之助は誰も「紫」を授与されていなかった。おそらく、これは式守伊之助にも当てはまるであろう。しかし、『相撲講本』と『相撲道と吉田司家』で述べてあることは、明らかに事実に反している。事実は、本章にこれまで指摘したように、江戸末期の13代木村庄之助を始め、明治時代に入っても15代木村庄之助に「紫白」が授与されている。同様に、8代式守伊之助の「紫」も確認されている。当時の文献から他の木村庄之助と式守伊之助にも「紫白」が許されていたことはほとんど間違いない。

16代木村庄之助の以前、白糸が混じらない「総紫」が授与されたことがないのかとなると、実は分からない。「総紫」と「紫白」の区別がはっきりしないのである。たとえ「総紫」が授与されたとしても、当時は、「総紫」と「紫白」の区別はなかったに違いない[53]。そのために、同じ木村庄之助や式守伊之助が「紫」として記述されたり、「紫白」として記述されたりしているのである。

16代木村庄之助の「紫白」が初めての「紫白」でないことは指摘できたが、実は、まだ解決できないものがある。なぜ、『相撲道と吉田司家』に、16代木

53) もし「総紫」と「紫白」の区別があったとすれば、それは明治41年以降の可能性が高い。追風自身が木村庄之助と式守伊之助は両人に紫白の房を許されるという趣旨の発言をしている（『朝日』(M41.5.19)）。

村庄之助が「紫白」を最初に授与された行司だと書いてあるのだろうか。この『相撲道と吉田司家』は吉田司家の資料に基づいて書いてある。吉田司家には、故実門人や「房の色」を詳しく記述した資料があったはずだ。すでに本章で指摘したように、明治30年までには「紫白」を授与された木村庄之助や式守伊之助は何名かいた。この行司たちの「紫白」は、吉田司家の資料には記されていなかったのだろうか。それとも、私が16代木村庄之助の「紫白」に関し、『相撲道と吉田司家』や『相撲講本』に記述されていることを誤解しているのだろうか。もし私が正しく理解しているのであれば、この両書に書いてあることはやはり事実に反する。

9. 木村瀬平（6代）

この6代木村瀬平は木村庄之助になれなかったが、明治38年まで式守伊之助の上位だった。つまり、第二席だった。瀬平は明治32年3月に紫房を授与されている。次の新聞記事では「紫」となっているが、実際は「紫白」だった。

・『読売』（M32.3.16）。

「東京相撲立行司木村瀬平がかねて志望なる軍扇の紫房はいよいよ一昨14日免許を得て小錦の方屋入を引きたるが（後略）」

『報知』には、次に示すように、木村庄之助と木村瀬平は同時に紫房を許されているような記事になっている。

・『報知』（M32.5.18）。

「今回大場所に勤むる木村庄之助および同瀬兵衛の二人は、吉田家及び相撲協会より、古式の紫房を許可せられ、今回の大場所に勤むるにつき、（後略）」

しかし、木村瀬平は木村庄之助より一年ほど遅れて許可された。

・三木・山田編『相撲大観』(M35)。

「紫房は先代木村庄之助が一代限り行司宗家、肥後熊本なる吉田氏よりして特免されたるものにて、現今の庄之助および瀬平もまたこれを用いるといえども、その内に1、2本の白色を交えおれり」(p.300)

・『毎日』(M36.5.16) の「行司軍配」の項。

「(前略) その上は即ち吉田家の免許に依りて紫白打交紐を執り得る順序にて、現に庄之助・瀬平の両人これを執りつつあり (後略)」

木村瀬平は明治32年3月に紫白房を許されているが、熊本の吉田司家での免許式は2年後の明治34年4月だった。明治36年5月当時、木村庄之助と木村瀬平の軍配房は共に「紫白」だった。それ以前に、木村庄之助の軍配房が「紫色」ということはない。

・『読売』(M34.4.8)。

「大相撲熊本興行中吉田追風は木村瀬平に対し一代限り麻裃熨斗目並びに紫房の免許を与え、式守伊之助には麻裃熨斗目赤房免許を、木村庄三郎、同正太郎には赤房を、(中略)、いづれも免許したり」

明治32年3月、木村瀬平は木村庄之助と同様に紫白だったが、4代式守与太夫は9代式守伊之助を襲名しても、しばらくは赤房のままだった[54]。明治43年5月まで紫白は名誉色だったのである。

---

54) 式守伊之助は朱房の免許を授与されているが、実際はそれ以前に使用が許可されていた可能性がある。似たようなケースは『都』(M39.1.21) にもある。木村進はすでに朱房を許されていたが、上草履と同時に許されたと書いてある。なお、この9代式守伊之助は明治31年1月、草履を許されている (『中央』(M31.1.27))。

10. 9代目と10代目の式守伊之助

明治30年代になると、新聞記事で相撲が取り上げられることも多くなり、また相撲関係の書籍も出版されるようになってきたので、それだけ相撲関係の資料も多くなっている。しかし、9代式守伊之助の軍配房に関する限り、まだ不明な点もある。

(1) 9代式守伊之助 (M31.5〜M44.2)

9代式守伊之助(前名:式守与太夫(4代))は明治31年5月、式守伊之助を襲名している。

・『時事』(M43.6.30)の「行司伊之助死す」の項。

「(前略)錦之助、錦太夫、与太夫等と改名し、31年8代目の後を襲いて9代目式守伊之助を相続したり」

これは次の記事でも確認できる[55]。

・『朝日』(M31.5.9)の「回向院大相撲の番付」の項。

「(前略)式守与大夫に故師匠の名跡を継ぎて伊之助となり(後略)」

9代目式守伊之助を襲名したとき、熨斗目麻上下も許可されている。軍配房は以前から朱房だったので、房の色は変わっていない[56]。その朱房は、次の

---

55)『時事』(M30.12.21)にも同じ内容の記事がある。

56) 式守伊之助を襲名する以前から赤房を許されているに違いないが、赤房を授与された年月はまだ資料で確認していない。草履と熨斗目麻上下も式守伊之助襲名と同時、あるいはそれ以前に許されたに違いない。これは明治34年の記事から推測したものである。

記事で確認できる。

・『読売』(M34.4.8) の「木村瀬平以下行司の名誉」の項。

> 「大相撲熊本興行中吉田追風は木村瀬平に対し一代限り麻裃熨斗目並びに紫房の免許を与え、式守伊之助には麻裃熨斗目赤房免許を、木村庄三郎、同正太郎には赤房を、(中略)、いづれも免許したり」

これは九州巡業中、熊本に立ち寄ったときのお披露目を記述したものである[57]。「赤房」はそれ以前から使用していたので、熊本では、おそらく、「麻裃熨斗目」の免許を授与されたに違いない[58]。熊本の授与式は形式的なもので、実際は、明治31年1月に「草履」の使用は許可されていた(『中央』(M31.1.27))。

番付を見るかぎり、式守伊之助は明治31年5月に二段目の中央に太字で書かれている。それまでは4代式守与太夫で、太字ではないが上段に記載されている。太字の「立行司」は横綱土俵入りを引ける身分なので、当然「草履」を許されている。当時は、房の色が「朱」であっても、「草履」を許されていれば、横綱土俵入りを引くことができた。

9代式守伊之助が草履を許されたのは、明治31年1月である(『中央』(M31.1.27))。したがって、明治34年1月場所後の熊本巡業中、「麻裃熨斗目赤房免許」を授与されたというのは、形式的な授与だったことになる。この9代式守伊之助に紫白房が許されたのは、明治37年5月である。つまり、それまで

木村瀬平は明治32年3月に紫房を許されているが、熊本の披露は2年後の明治34年4月である。番付では明治31年5月、二段目の中央に記載されている。太字になることは横綱土俵入りを引ける資格であることも示している。

57) 式守伊之助は明治31年1月、麻裃熨斗目の装束を許されている(『中央』(M31.1.27))から、免許は随分経過してから授与されている。どういうわけか、明治31年ごろから明治34年ごろまでの間、行司房の免許はかなり遅れて授与されている。そのため、新しい房の色を使い始めた年月を確認することが難しい。

58) 明治30年代では当時、立行司は必ずしも紫白房ではない。朱房でもよかった。横綱土俵入りを引く最低条件は「草履」である。しかし、式守伊之助は事実上「立行司」であり、熨斗目麻上下を着用し、帯刀していたに違いない。

「朱房」だった。

・『都』(M37.5.29) の「紫白の房と上草履」の項。

「行司式守伊之助は昨日より紫白混じり房、同木村庄三郎は土俵の上草履使用、いずれも協会より免されたり」

9代式守伊之助は明治43年5月の行司装束改正の時も、第二席だったから、軍配房は紫白である。9代式守伊之助は明治43年6月に亡くなったが、番付では明治44年1月場所にも掲載されている。つまり、死跡である。そのため、6代木村庄三郎が10代式守伊之助を襲名したのは、明治44年5月場所である[59]。

(2) 10代式守伊之助 (M44.5〜M45.1)

6代目木村庄三郎は明治38年5月、立行司になっている。これは次の新聞記事で確認できる。

・『時事』(M38.5.15)。

「(木村正三郎は：NH) 今度相撲司吉田追風より麻上下を許されてついに立行司とはなりたるなり」

---

59)『相撲の史跡 (3)』(p.160) に吉田追風書の (17代) 木村庄之助の石碑文が掲載されている。その中で木村庄三郎は明治42年、国技館竣工と同時に式守伊之助を襲名したと書いてある。これは事実に反しているが、それは勘違いによるものではないかもしれない。吉田司家にはその襲名を記した文書があり、それに基づいて石碑文を書いた可能性をまったく否定できない。つまり、その年、木村庄三郎は式守伊之助を襲名することが内定していたが、結果的に、実現しなかったかもしれないのである。というのは、『相撲道と吉田司家』(p.201) にも明治42年、式守伊之助が故実門人になったと書いてある。その式守伊之助が木村庄三郎を指しているのであれば、そのような文書が吉田司家に保存されていたはずだ。年号の記入でミスがなかったとすれば、故実門人になった式守伊之助は誰だろうか。当時の9代式守伊之助が明治42年に故実門人に加えられただろうか。石碑は昭和19年に建設されているから、木村庄三郎が式守伊之助を襲名したのは明治

・『やまと』(M38.5.19)。

「今回（5月場所：NH）立行司に昇進した友綱部屋の木村庄三郎にその悦(よろこ)びとして土俵開きの式を行わせる事となったのは先ずめでたい事だ」

この記事には房の色は書いてないが、「紫白」を許されているに違いない。というのは、9代式守伊之助も明治37年に紫白を許されているし、当時、立行司は紫白を許されているからである。さらに、土俵祭を祭主として務めている。これは立行司が務めるのが普通である。木村庄三郎は明治45年5月に10代式守伊之助を襲名しているが、それ以前から立行司として紫白を許されていたことになる。すなわち、式守伊之助を襲名しても、房の色は同じである。

明治38年5月5日印刷の錦絵「横綱梅ケ谷藤太郎土俵入之図」があるが、これにも木村庄三郎は紫房で描かれている。太刀持ちは谷ノ音、露払いは鬼ケ谷である。錦絵では紫になっているが、おそらく、実際は「紫白」であろう。この錦絵が正しければ、木村庄三郎の紫白は場所前にすでに決まっていたようだ。

ところで、木村庄三郎が10代式守伊之助を襲名する前、木村庄之助を襲名する話が持ち上がっている[60)]。すなわち、10代式守伊之助を襲名せず、直接17代木村庄之助を襲名するのである。たとえば、次のような新聞記事がある。この中で興味を引くのは、木村庄之助を襲名すれば、「紫房」を授与されることである。この「紫」は間違いなく「総紫」である。

44年2月であることは十分知っていたに違いない。事実に反する年号を碑文になぜあえて記したのだろうか。

60) 木村姓を式守姓に変えたのは木村誠道が最初だが、木村姓が立行司の式守伊之助を最初に名乗ったのは木村庄三郎である。また、式守伊之助が木村庄之助を襲名したのも、この木村庄三郎（つまり10代式守伊之助）が最初である。9代式守伊之助が辞退しなかったならば、この10代式守伊之助が17代木村庄之助を襲名するはずだった。9代式守伊之助が辞退する以前に、名義の交換に関する話し合いがすでに決まっていたからである。

・『読売』（M43.5.21）の「庄三郎の改名」の項。

「庄之助引退後は本来ならば新規約により式守伊之助が襲名すべき筈なれど、同人の希望にて木村庄三郎が司家より紫房を許され、次場所より庄之助を襲名するよし」

本来であれば、9代式守伊之助が17代木村庄之助を襲名するはずだったが、この式守伊之助はそれを辞退した。それで、次席の木村庄三郎が17代木村庄之助を襲名する話になった。しかし、当時、これは、結果的に、実現しなかった。というのは、木村庄三郎はまず10代式守伊之助を襲名し、その後で17代木村庄之助になっているからである。

この新聞記事では、木村庄之助は「紫白」ではなく、「紫房」となっている。つまり、木村庄之助を襲名すれば、「総紫」の房を許される。木村庄三郎は当時、すでに「紫白」だったので、式守伊之助を飛び越して木村庄之助を襲名すれば、その「紫白」が「総紫」に変わることになる。明治43年5月以降、木村庄之助は「総紫」、それ以外の立行司は「紫白」となった。この新聞記事は、それを確認する資料となる。

11. おわりに

本章で述べてきたことを整理すると、大体、次のようになる。

(a) 明治43年5月までの「紫房」は、実は、「紫白」であった。文献ではほとんど房の色を「紫」として記述しているが、それは「総紫」という意味の「紫」ではない。それは紫の中に白糸がわずかばかり混じった「紫白」である。

(b) 明治43年5月当時の新聞では、多くの場合、立行司は「紫」とし、「総紫」と「紫白」を区別していないが、それ以降は立行司の中で色の区別があった。つまり、木村庄之助は「総紫」、それ以外の立行司は「紫白」である[61)]。

(c) 木村庄之助に「名誉色」としての「紫房」が最初に授与されたのは、文献によって15代目であったり、16代目であったりするが、そのいずれも正しくない。明治15年7月、相撲協会と吉田司家との間で取り交わされた資料「御請書」によれば、14代木村庄之助が紫白房を使用している。

(d) 13代木村庄之助も紫白だった可能性がある。『読売』(M30.2.10) の記事や錦絵でそれを確認できる。

(e) 式守伊之助の場合は、9代目の紫白房が最初であるような記述があるが、実は8代目が最初である。8代目は明治30年1月に紫白房を許されたが、同年12月に死亡している。

(f) 9代式守伊之助は明治31年に襲名したが、明治37年に紫白を許されている。つまり、これは式守伊之助を襲名しても、同時に紫白にならないことを示している。同様なことは、木村庄之助の場合にも当てはまる。したがって、番付の記載を見ても、いつ紫白になったかは分からない。

(g) 明治43年5月以前は、木村庄之助と式守伊之助以外にも「紫房」を授与された行司がいる。その一人が木村瀬平である。この行司は明治32年3月に紫白房を許されている。明治43年5月以降でも、木村庄之助と式守伊之助以外に紫白房を授与された行司は何名かいる[62)]。

(h) 木村庄之助と式守伊之助の席順は必ずしも決まっていなかった。普通、木村庄之助が主席、式守伊之助が第二席だが、その順序が逆転したこともある。たとえば、明治10年1月場所から明治13年5月場所までと明治

---

61) 式守伊之助の階級色は紫白として決まっていたかとなると、必ずしも確かでない。というのは、11代式守伊之助は大正2年に「紫」を許可されているからである。12代式守伊之助も最初は「紫白房」だったが、「総紫房」を許されている(『夏場所相撲号』(T10.5, p.105))。

62) 明治43年5月以降の紫白房行司については、拙稿「明治43年5月以降の紫と紫白」(2008) でも扱っている。木村庄之助に紫、式守伊之助に紫白というのが規定で明確に決まったのは、昭和35年1月である。

31年1月場所では、それぞれ、式守伊之助が主席、木村庄之助が第二席になっている。また、木村庄之助と式守伊之助が共にいた場合でも、式守伊之助が第三席になり、他の行司が第二席になることもあった。もちろん、式守伊之助を名乗る行司がいないときは、他の行司が第二席を務める。たとえば、明治14年1月場所から明治16年5月までは式守鬼一郎が第二席である[63]。

(i) 6代木村庄三郎は明治44年5月に10代式守伊之助を襲名しているが、明治38年5月にすでに立行司として「紫白房」を授与されている。番付では、明治39年1月に木村庄之助と共に最上段の中央に太字で記載されているが、実際は明治38年5月に第三席の立行司（つまり紫白房）に昇格している。明治40年1月以降は、二段目に記載されている[64]。

(j) 文献ではすべて、吉田追風の軍配房は「紫」になっている。明治43年5月まで、房の色が疑いの余地もないほど「総紫」だったのかについて、再吟味する必要がある。というのは、江戸時代には「総紫」の使用には厳格な制約があったが、武士の出自である吉田追風の先祖に「総紫」が授与されなかった可能性もある。その辺が必ずしもはっきりしない。また、吉田追風は明治時代、配下の木村庄之助に「総紫」ではなく、「紫白」を授与している。なぜ「紫白」を授与したのだろうか。家元は「総紫」だったが、差別化して「紫白」を授与したのだろうか。家元がもともと「紫白」だったので、その色しか授与できなかったのではないだろうか。本章ではいずれが正しいかを指摘できなかったが、何の疑いもないほど「総紫」だったかとなると、それを証明する資料がない。確かに文献では「紫」となっているが、それは「総紫」を必ずしも意味しない。木村庄之助の「紫白」も明治時代の文献ではほとんど「紫」として

---

63) 当時、式守伊之助を名乗る行司はいなかった。式守伊之助が空位になれば、式守家のトップが式守伊之助を襲名するのが普通だが、そのようなことをしていない。なぜそうなったかについては、残念ながら、深く調べていない。

64) なぜ最初は最上段に記載され、その後二段目に記載されたかは明らかでないが、第三席の「立行司」だったからかもしれない。

記述されている。明治43年5月以前は、「総紫」であろうと、「紫白」であろうと、その区別をすることなく「紫」としてもよいが、真実はどうだっただろうか、やはり興味ある問題である。明治43年5月まで木村庄之助と式守伊之助は同じ「紫白」だったが、それ以降「総紫」と「紫白」を区別しているからである。

第5章　幕下格以下行司の階級色

1. はじめに

明治43年5月、行司装束を裃袴から鎧直垂・烏帽子に変えたとき、装束の菊綴や括り紐などの色は軍配房の色と一致することになった。そのとき、幕下格以下の行司は黒となっていた。つまり、幕下格以下の行司の階級色は黒であった[1)]。

現在の幕下格以下の行司の階級色は、相撲協会寄附行為施行細則の「審判規則」（行司）の第20条によると、黒か青である。つまり、明治43年5月にはなかった青が使用されている。明治43年5月、行司の階級色を決めたとき、その色は協会の規定に反映されず、新聞で公表している[2)]。協会の内規として文書化されたものがあるかもしれないが、階級色が公的になったのは新聞である。

それでは、現在の規定のように、行司の色を規定に明記したのはいつ頃なのか。実は、昭和3年の規定に初めて明記されているが、その色は幕内格以上のもので、十枚目格と幕下格以下の色については何も言及されていない。昭和3年の規定では足袋格、つまり十枚目格が力士の十枚目に対等することが明記されているだけである。十枚目格と幕下格以下の階級色について規定で明記したのは、昭和30年になってからである。その規定が、基本的には、現在まで続いていると言って差し支えない。

1） 黒色が原則だったが、それ以外に青色も認められていた可能性がある。青色に関しては、後で触れる。

2） 行司の階級色は現在とほとんど変わりないが、どの色がどの階級色かを明文化したものがないというだけである。これは、慣習として受け継がれてきたものである。少なくとも明治30年頃までは地位としての最高色は紅（つまり朱）であり、紫は名誉色である。たとえば、木村庄之助を襲名したからといって、直ちに紫房を使用できたわけでない。

ところが、幕下格以下の色は黒か青でなく、幕下格から三段目格までは青、序二段格以下は黒だとする文献がたくさんある。つまり、幕下格以下の行司の中で、黒と青が使い分けされているのである。実際に、このような色の使い分けがあったのか、あったとすればいつ頃始まったのか、興味のあるところである。

本章の目的は、幕下格以下の階級色である黒と青に焦点を絞り、それについてどのようなことが言われてきたかを文献で確認することである。特に関心を持って調べるのは、主として、次のようなことである。

(a) 明治43年5月に、幕下格以下の行司は黒と決まったが、その黒とともに青が使用されるようになったのはいつ頃か。
(b) 幕下格以下の行司の色はいつ頃、協会の規定に明記されるようになったか。
(c) 幕下格以下の行司を二つに細分化し、幕下格から三段目格までを青、序二段格以下を黒とする記述が多く見られる。そのような記述はいつ頃から始まり、いつまで続いているか。
(d) 明治43年5月以降、幕下格以下の行司は一貫して黒か青だったのに、なぜ幕下格から三段目格までを青、序二段格以下を黒として記述しているのか。
(e) 幕下格以下の行司を二分化するか否かに関わらず、その階級色は黒と青だが、そうではないという文献もある。すなわち、十両格以上の色を留色とし、それ以外の色なら、どんな色でもよいというのである。それは事実を反映しているか。
(f) 明治43年5月ごろは、幕下格以下の行司は黒だったのに、いつ頃から青が多く使用されるようになったのか。それはどうしてか。
(g) 現在（平成18年5月）、幕下格以下の行司はすべてと言っていいくらい、青を使用している。いつ頃からそのように変わったか。

これから、どの文献でどんなことが書いてあるかを具体的に見ていくことにする。

2. 明治時代

明治43年5月の新聞によると、ほとんどの場合、幕下格以下の行司は黒である。その黒は、おそらく、それ以前も同じだったに違いない。明治30年頃には、行司の階級色はすでに決まっていたが、やはり幕下格以下は黒だったのである[3)]。それは、山田編『相撲大全』(M35) の記述でも確認できる。

「行司役の等級は力士同様なるが、これを区別するにその使用する団扇の総をもって分ける。最初の前、中、序ノ口、序二段、三段目、幕下までは黒糸の総を使用し、(後略)」(p.34)

幕下格以下の行司が黒であることは、その後、一貫して変わらず、現在でも受け継がれている。相撲関係の文献では、時代を問わず、その黒は不変である。ところが、『都』(M43.5.31) に次のような記述がある。

「行司足袋以下は黒、青の二種である」

「足袋以下」とは「はだし行司」のことで、幕下格以下の行司である。幕下格以下の行司が黒と青だったことを述べてある文献としては、明治43年当時、『都』以外にない。それだけ、この新聞の記事は貴重である。これを書いた記者は青がもう一つの選択肢であることを相撲関係者から聞いていたに違いない。

それにしても、なぜ明治43年当時、『都』以外にこの青について言及していないのか、不思議である。推測の域を出ないが、当時、幕下格以下の行司は青の房を使用していなかったかもしれない。それで、青のことがあまり気にならなかったかもしれない。ところが、『時事』(M43.6.10) に次のような記述がある。

---

3) 明治時代の軍配房の階級色については、拙稿「軍配房の色」(2005) に詳しく扱っている。しかし、明治43年まで青の出現を裏付ける資料はまだ見つかっていない。

「行司の資格はその持っている軍配の総の色で区別されている。すなわち、序ノ口から三段目までは一様に黒い総を用い、幕下は青、十両は青白、(後略)」

青の房が使用されているが、その青は幕下格行司の階級色となり、黒は三段目格以下の階級色となっている。つまり、幕下格以下の行司の中で、色の使い分けをしている。いずれにしても、当時、青も使われていた可能性が高い。ただその数は少なかったようだ[4)]。

3. 大正時代

『野球界』(T5.5) の「行司と呼出し」(角道隠士) も、次の記述にあるように、『時事』(M43.6.10) と同じである[5)]。

「序の口から三段目迄が黒の房、幕下格が青、十両格が青と白の染め分け、(後略)」(p.54)

『武侠世界』(T10.5) の「行司の階級」(p.98) にも同様の記述が見られる。すなわち、序ノ口格から三段目格までは黒房、幕下格は青房である[6)]。

明治43年の『都』にしても、大正5年の『野球界』にしても、また大正10

---

4) 『時事』(M44.6.10) では幕下格行司が青、三段目以下行司が黒と書いてあるが、それが真実を反映しているかどうかは分からない。幕下格以下で青が上位の色として確立していたなら、他の多くの文献でもそのような記述が見られるはずである。しかし、明治から大正にいたる新聞や書籍ではほとんどの場合、幕下格以下行司の色は黒としている。

5) これと同じ記述は『野球界』(T9.1, p.48) にも見られる。幕下格が青房、三段目格以下が黒房だという記述はかなり少ない。幕下格以下で色を区別している場合は、三段目格と幕下格は青房、序二段格以下は黒房としているのが圧倒的である。

6) 十両格以上の色は現在と同じだが、幕内を朱または紅白、三役格を紫白としている。名称については吟味する必要があるが、確かに幕下格を青房、三段目格以下を黒房として二分している。

年の『武侠世界』にしても、幕下格以下の行司を二つに細分化し、上位の幕下格を青、三段目以下を黒としている。しかし、そのような取り決めが実際にあったかどうかは疑わしい。少なくともそれを裏づける資料はまだ確認できていない。たとえば、綾川著『一味清風』(T3) には、幕下格以下の行司の階級色について、次のように述べている。

「**黒絲格式**：これは行司の第一年生で力士の前相撲、本中、序の口、序二段、三段目、幕下（番付の第二段目中十両を除きたるもの）に相当する行司の階級で黒糸の総を団扇につけているものである。」(p.194)

この『一味清風』(T3) は『野球界』(T5) より2年ほど前に出版されているが、幕下格も黒だと述べている。青について何も言及されていないのは確かに不思議だが、これは当時の文献では普通のことである。昭和初期までの文献ではほとんどすべてと言っていいくらい、幕下格以下は黒となっている。田中著『相撲講話』(T8) にも綾川著『一味清風』と同様の記述がある[7)]。

「**黒糸格**：これが一番初歩最下級の格で、軍扇はすべて黒糸の総がついている。ここにても本中、序の口、序の二段、三段目、幕下に相当する割当てはできているが、それは内輪の定めで、見たところはいずれも素足で黒総だから、そこまでの区別は見ただけでは判らない。」(p.226)

この記述によると、幕下格以下はすべて黒である。やはり青についての言及はない。なぜ青についての言及がないか不思議だが、それは、黒がはるかに多く使われていたからかもしれない。記述の中に「見たところ」という表現があるように、著者は実際に行司の房の色を確認している節がある。

この田中著『相撲講話』の記述が正しければ、大正8年当時、黒が青より多く使われていたことになる。そうなると、青が黒より多く使われるようになったのは、少なくとも大正8年以降である。

幕下格以下を二つに細分化することは同じだが、その分け方で違うものがあ

---

7)『武侠世界』(T13.1) の「行司の資格」(p.35) にも幕下格以下は黒のみである。そこでは青についての言及はない。立行司も紫のみで、紫白についての言及はない。

る。つまり、幕下格から三段目格を青、序二段格以下を黒とするものである。たとえば、『夏場所相撲号』(T10.5) の「行司さん物語—紫総を許される迄」(式守與太夫・他) に、次のような記述がある。

「その幕下までが緑総なのです。」(p.104)

この「緑総」は「青房」と同じである。幕下格は青とはっきり述べてあるが、三段目格以下については必ずしも明確でない。しかし、この記述は「三段目に出世する」という小見出しの中で述べているので、文脈から推測して青は幕下格と三段目格の色だと判断してよい。そうなると、序二段格以下は間違いなく黒である。

幕下格以下の階級色について明治43年から大正末期までの文献を見ると、黒に加えて青も使われていたことが分かる。ただどの程度青が使われていたかとなると、はっきりしたことは言えない。文献の記述から判断する限り、黒が青より圧倒的に使用されていた可能性がある。しかし、どの程度圧倒的なのかとなると分からない。黒と青の割合は、残念ながら、文献ではまだ確認できないのである。

4. 相撲規定の行司階級色

行司の階級色を相撲規定に明記したのは、昭和3年の寄附行為施行細則、第3章の「年寄、力士及び行司」(第25条) である。それには、次のように明記されている。

(a) 総紫は横綱に
(b) 紫白総は大関に
(c) 紅白及び緋総は幕内より関脇までの力士
(d) 足袋格は十両格の力士

(『近世日本相撲史 (1)』(p.76))

不思議なことに、「はだし行司」の幕下格以下の色については、何も言及されていない。同様に、十枚目格の色についても言及されていない[8]。なぜ十枚目格以下の階級色を規定に明記していないのか、その理由が知りたいのだが、それを述べてある文献は見たことがない。

相撲規定で幕下格以下の行司の階級色について最初に述べたのは、昭和30年5月である。その規定によると、次のようになっている。

(1) 行司の階級と房の色（S30）

- 立行司
  - (a) 庄之助：総紫
  - (b) 伊之助：紫白
- 副立行司
  - (a) 玉之助：紫白
  - (b) 正直：　紫白
- 三役格行司：朱
- 幕内行司：　紅白
- 十枚目行司：青白
- 幕下二段目以下：黒又は青

（『近世日本相撲史（4）』(p.33)）

昭和26年には新たに副立行司が設けられたが、その色は式守伊之助と同様に紫白だった[9]。しかし、規定には記されていないが、同じ紫白でも色の割合が式守伊之助と副立行司では異なる。つまり、副立行司は紫と白がほぼ半々の割合だが、式守伊之助は紫の中に白が少し混じる程度であった。

昭和30年の規定で初めて、幕下格以下は黒か青として明文化された。それまでは、青は内規として存在していたか、慣習的に使用していたか、そのいずれかであろう。明治43年5月で階級色は決まっているが、それは「規定」とし

---

8) 幕下格以下行司の房の色を規定に記したのは、昭和30年改定の規定である。昭和3年と昭和11年の規定では、十両格以上の房の色だけが記されている。しかし、規定に記されていなくても、もちろん、房の色には制限があった。

9) 『近世日本相撲史（3）』(p.19）によると、昭和26年春場所後、番付編成会議で副立行司の階級色として紫白が許されている。その会議で紫と白の割合まで決められたかどうかは分からない。春場所後に、木村庄三郎が副立行司になっている。

ては明記されていない。新聞で公表されたものが「規定」だと言えば、その通りかもしれないが、昭和30年まで明確に階級色を記した規定はないのである。

昭和34年11月、行司の定年制実施に伴い、副立行司が廃止されたため、それに伴って副立行司の階級色もなくなった。昭和35年に改定された寄附行為施行細則、審判規定、「行司」の第24条は、次のようになっている。

(1) 行司の階級と房の色（S35）
- 立行司
  - (a) 庄之助：総紫
  - (b) 伊之助：紫白
- 三役格行司：朱
- 幕内行司：　紅白
- 十枚目行司：青白
- 幕下二段目以下：黒又は青

（『近世日本相撲史（4）』（p.33））

この階級色がそのまま、現在でも生きている。幕下格以下は黒または青として昭和30年5月の規定に初めて記されたが、それ以前からこの二つの色は幕下格以下では使用されていた。しかし、幕下格以下の行司の階級色を見る限り、規定はすべてではない。規定には記されていなかったが、黒とともに青も使用されていたからである。

5. 幕下格以下行司の二分化

『時事』（M44.6.10）と『野球界』（T5.5）で、幕下格を青、三段目格以下を黒として区別しているが、実は、これと異なる二分化をしている文献が数多く見られる。つまり、幕下格から三段目格までを青、序二段格以下を黒とするものである。その一つは『夏場所相撲号』（T10.5）である。昭和時代になると、このような分け方をしている文献はたくさん見られる。そのいくつかをここでは示そう。

(1)『春場所相撲号』(S4.1) の「行司の資格」。

「**青白の房**：序の口及び序二段目格に相当し最下位のもの。
青房：三段目及び幕下格（但し十両を除く俗に二段目と言う）に相当する」(p.97)

序ノ口と序二段を「青白」としているのは、明らかに間違いである。それは「黒」とするのが正しい。どういうわけか、この記事では十枚目格を「紅白」、幕内格を「緋」としている。これも間違いである。分け方と色の規定には間違いがあるが、幕下格以下の行司は二つの色で区別されている。大ノ里著『相撲の話』(S5) には、幕下格以下は黒だと次のように述べてある。

「これは所謂行司の一年生であって、力士の前角力、本中、序ノ口、序二段、三段目、十両を除いた幕下に相当するもので、黒糸の総を軍配につけている。」(p.54)

青については何も言及されていないが、もし幕下格以下で青と黒の階級色が明確に区別されていたなら、何らかの形で青についても言及されていたに違いない。

(2) 加藤著『相撲』(S17)。

「… 青が幕下と三段目、黒が一番下で序二段以下前相撲までに相当している。」(p.173)

昭和17年当時は、前相撲もあったので、前相撲格の行司も黒を使用している。幕下格以下の行司をこのように二つに細分化し、幕下格と三段目格を青、序二段以下を黒としているが、このような分け方は、実際は、存在していなかった。たとえば、『国技勧進相撲』(S17) には次のような記述がある。

「序ノ口、序二段、三段目、幕下の行司は土俵上素足で、青と黒の房を使用致します。」(p.54)

つまり、幕下格以下は青か黒である。幕下格以下を二つに細分化して、青と黒で区別していない。この『国技勧進相撲』は20代木村庄之助が書いたものであり、信用して間違いない文献である[10)]。

(3) 彦山著『相撲読本』(S27)。

「『黒』は前相撲から序二段までにあたり、『青』は三段目から幕下までに相当する。」(p.170)

これは、明らかに彦山氏の間違いである。というのは、昭和30年には行司の階級色が青か黒として明確に規定されていないが、その頃までは黒か青であった。

(4) 木村・前原著『行司と呼出し』(S32)。

「行司の階級は、軍配の房の色で識別していただくのが、もっとも明瞭である。幕下までは土俵上素足で序ノ口、序二段は黒房、三段目、幕下は青房で区別されるが、現在は黒房はほとんど使われていない。」(p.66)

この『行司と呼出し』の著者の一人は木村庄之助（22代）だが、幕下格から三段目格までを青、序二段格以下を黒として記述している。これは明らかに相撲規定に反する。昭和30年には行司の階級色は幕下格まで規定で記されている。行司が規定に反した階級色を使うということはありえない話だ。木村庄之助（22代）の勘違いか、この部分だけゴーストライターが説明を加えたかである[11)]。いずれにしろ、昭和30年以降、幕下格以下を二分し、青と赤で区別し

---

10)『国技勧進相撲』は、実際は、死後3年後、20代木村庄之助のメモに基づいてまとめられている。軍配は身の回りの携帯品であるので、その房の色に関しては間違いないであろう。

11) 木村庄之助（22代）は本人自ら下位の頃、漢字の知識が豊富でなかったことを雑誌の対談記事等でときどき告白している。『行司と呼出し』も前原氏との共著になっているが、口述筆記である。おそらく、その「あとがき」で記してあるように、小島氏が文をまとめたに違いない。

ている文献はすべて、間違いであると断言してよい。

この記述の中でもう一つ興味を引くのは、昭和32年当時、黒房がほとんど使われていないということである。いつ頃から黒房に代わって青房が多く使われるようになったか、はっきりしないが、少なくとも昭和14年頃は黒房が多かったに違いない。というのは、『野球界』(S14.1) に「行司の見分け法」という小見出しがあり、その中に次のような記述があるからである。

> 「**黒糸格式**：これは行司の1年生で、力士の幕下以下に相当するものです。土俵で足袋をはくことは許されてありません。黒糸総を軍配につけています」(p.171)

もし幕下以下の行司が青房を多く使っていたならば、青についても言及しているはずである。青房が黒房より多く使われるようになったのは、おそらく、戦後であろう。もしかすると、20年代後半あたりかもしれない。生活が豊かになり、色の鮮やかさを意識するようになったのは、おそらく、20年代後半であろう。しかし、これを確認する資料を見たことがないので、確実なことは言えない。

黒房より青房が多く用いられるようになったのは、カラー写真やテレビ映りと大いに関係があるかもしれないが、どうもそれより生活の安定が先のような気がする。なぜなら、カラー写真やカラーテレビが一般に普及したのは昭和30年代に入ってからだからである。

6. 青や黒以外の色

幕下格以下を黒か青としようが、幕下格から三段目までを青、序二段格以下を黒としようが、黒と青の二色は決められた色である。それ以外の色は使用されないはずである。しかし、黒と青はたまたまそういう色を用いているだけで、別の色を用いてもかまわないという文献がある。それは、藤島著『近代力士生活物語』(S16) である。それに、次のような記述がある。

「幕下以下は何色を使用してもいいが、前述した房の色は留色と言って使用することを禁止されている。」(p.87)

「前述した房の色」というのは、十枚目格以上の階級色である。この色を留色と呼び、幕下格以下はその留色以外の色であれば、どの色を使ってもかまわないというのである。『近代力士生活物語』は元横綱・常の花で、これを出版した頃は理事でもあったので、この記述はそれだけ重みがある。

幕下格以下は、実際に、留色以外の色を使ってもよいということがあっただろうか。幕下格以下は階級色として定まった色はないという思い込みによるものではないだろうか。留色以外の色を使ってよいというのは、著者の間違った思い込みによるものかもしれない。それは、少なくとも次の四つの理由による。

(a) 一つ目は、もしそれが真実だったなら、黒や青以外の色が実際に使われていても不思議ではないが、そのような事実がないことである。
(b) 二つ目は、黒や青以外の色の使用を裏付ける資料は、『近代力士生活物語』の他にないことである。
(c) 三つ目は、昭和16年ごろに出版された加藤著『相撲』(S17, p.173) や20代木村庄之助著『国技勧進相撲』(S17, p.54) では、黒や青を使うというのが記述されていることである。
(d) 四つ目は、黒は最も低い階級色として明治43年5月に行司装束を変えたときに定まっていたことである。青もそのときもう一つの選択肢として決められた可能性がある。

「留色」以外の色ならどの色を使用してもよいという『近代力士生活物語』の記述は、最初、半信半疑だったので、他にそれと同じことを述べている文献がないか調べてみた。一つだけ見つけることができた。それは、『大相撲』(S31.9, pp.28-9) である[12]。その記述が正しいかどうかは、吟味する必要がある。

---

12)『大相撲』(S31.9, pp.28-9) では、「とめ色」以外なら、どの色を使用してもよいが、実際は、幕下格と三段目格は「青房」、序二段格以下は「黒房」を使用しているのだとい

7. 青と黒

幕下格以下は黒か青なのに、幕下格以下を二分し、上位を青、下位を黒としている文献がたくさんあることはこれまで見てきた。二分化には二つある。一つは幕下格を青、三段目格以下を黒とするものである。もう一つは、幕下格から三段目格までを青、序二段格以下を黒とするものである。大正10年後は、後者が圧倒的に多い[13)]。

分け方は別にして、上位を青、下位を黒とするのは、どちらにも共通している。それでは、なぜ上位を青、下位を黒としているのだろうか。なぜその反対はないのだろうか。それについて、少しばかり考えてみよう。

明治43年に行司の階級色を決めたときは、上のほうから紫、赤（緋）、緑、青、黒という順序であった。この色の順序は、黒を除いて、風見著『相撲、国技となる』(pp.127-32) にも述べてあるように、「平安時代に制定された臣下の階級を示す色」(p.128) である。行司の階級色では、紫と赤は純粋色を上位、「白」を混ぜたものを下位としている。緑と青は一つに統一し、青白を十枚目格とした。本来なら、青を上位にし、青白を下位にすれば、色の一貫性は維持できる。しかし、理由は定かでないが、青白を十枚目格にしている。黒は「相当する臣下の階級がない」(p.129) ので、幕下格以下をそれに当てている。

明治43年当時、幕下格以下が黒だったのは色の順序から当然だった。しかし、時が経つうちに、青も使用されるようになった。すなわち、黒と青が共存したのである。そのとき、色の順序では、青が黒より上にあるため、間違って幕下格以下の上位を青、下位を黒で表すようになったのであろう。これは協会

う。この記事は「とめ色」という表現をしていることから、藤島著『力士時代の思い出』(S16, p.87) を参照したかもしれない。

13) 幕下格以下行司の階級によって青房と黒房を区別している文献については、拙稿「幕下格以下行司の階級色」(2007) の末尾にその例をたくさん掲げている。もちろん、二つの区分はなく、どの階級でも青房か黒房のうちのいずれでも用いるとする文献もたくさんある。

の定めとは違うが、誰かがその順序を公表し、それを他の人が真似たに違いない。協会の定めた色を吟味すれば、上位を青、下位を黒とするのは間違いであることに気づくはずだが、そういう吟味をせず、孫引きしたり[14]、思い込みで勝手に判断したりしたのだろう。それが、結果的に、平成5年まで続いたことになる[15]。

明治43年に行司の階級色が決まったが、その色は突然、そのときに決まったわけではない。江戸時代から日本人の中には色の順序が伝統的に決まっていた節がある。というのは、『相撲家伝鈔』（正徳4年）にあるように、上位の行司は紫、その下位の行司は「紅」（朱）だったからである。明治初期にも紫、紫白、紅、紅白というように、順序が決まっていた。それに、青白も加わるようになっている。明治30年前半にはすでに、青を除いて、色の順序は決まっていた。このように見てくると、明治43年に定めた行司の階級色は、それまでの色を追認しただけである。

実際に、青が明治43年以前から使われていたのかどうか、分からない。青白があったのだから、青があっても自然である。純粋色が先にあって、それに白を混ぜるのが後だからである。しかし、これまでのところ、明治43年以前に青を階級色として確認できる資料はまだ見つかっていない。色の順序からすれば、見つかっても不思議ではないが、それがどうしても見つからないのである。青が階級色の一つとして最初に確認できるのは、明治43年5月31日の『都』である。

幕下格の上位で青を使用したくなるのは、色の順序を維持したいという心理が働いているかもしれない。十枚目格の階級色は青白として定まっているために、それを変更することはできない。それで、幕下格以下で使用されている黒

14）孫引きしていると判断したのは、昭和30年以降も依然として幕下格以下を二分した文献があるからである。昭和30年には幕下格以下の階級色は規定で明記されている。階級色に関する限り、規定以外の色も使ってよいという内規や慣習はない。

15）たとえば、古河著『江戸時代大相撲』（S43, p.320）、半藤著『大相撲こてんごてん』（H3, p.57）、窪寺著『日本相撲大鑑』（H4, p. 98）、川端著『物語相撲史』（H5, p.36）、桜井著『東京江戸案内（巻の4）——相撲と銅像篇』（H6, p. 116）、新田著『相撲の歴史』（H6, p.231）などがある。

と青の中で、青を上位の色、黒を下位の色とすれば色の順序が維持できる。その分け方は事実に反するが、思い込みで勝手にそういう色の分け方をしたかもしれない。青が上位の色、黒が下位の色という伝統的な色の順序には合致しているが、そういう二つの階級色は、実際は、なかったはずだ。

幕下格以下で上位を青、下位を黒とした理由は、実は、もっと他にあるかもしれない。それについて述べた文献をくまなく探してみたが、今までのところ、そのような文献はまだ見ていない。また、見つかったとしても、それは一つの推論に過ぎない可能性がある。これは、結局、本当のことが分からない問題かもしれない。

8. おわりに

幕内格以下の行司の階級色である黒と青を巡って、どのようなことが文献に書いてあるかを見てきた。冒頭の「はじめに」で箇条書きに示した7項目にポイントを絞り、できるだけ具体的な資料を文献で調べてきたが、その7項目に関することを最後に簡単にまとめておきたい。

(a) 青の使用は明治43年から認められている。それは明治43年5月31日の『都』で確認できる。

(b) 幕下格以下の行司の色を規定で明記したのは、昭和30年である。そのとき、十枚目格行司の階級色も明文化された。

(c) 『時事』(M43.6.10) に幕下格を青とし、三段目格以下を黒として区別する記述が見られる。同様な記述は、『野球界』(T5.5) や『武侠世界』(T10.5) でも見られる。しかし、『野球界』(T10) を始めとし、その後は幕下格以下の行司を幕下格から三段目格までを青、序二段格以下を黒としている。そのような記述は多くの文献で見られるが、それは平成5年の文献でも見られる。このような幕下格以下の二分化は明治43年以降続いているが、そのような文献はすべて誤りである。実際は、明治43年以降、幕下格以下の階級色は、一貫して青か黒であった。階級色としての黒は、それ以前からあった可能性が高い。

(d) なぜ幕下格から三段目格までを青、序二段格以下を黒と誤って区別したのか、その理由は分からない。またその理由を明記した文献もない。青は黒より上位色として見られていたので、そのような分け方をしたかもしれない。日本には平安時代から色の順序として紫、赤、緑、青があり、その伝統に基づいて青を黒より上位に置くようになったかもしれない。黒は、服装の色としては青よりも下位である。

(e) 幕下格以下の行司は留色以外なら、どんな色を使用してもよいというのは、たとえば、藤島著『現代力士生活物語』や『大相撲』(S31.9, pp.28-9)に見られるが、それは、たぶん、真実ではないであろう。この「留色」とは、十枚目格以上で使用される色を指している。

青は明治43年以降使用されているが、大正8年出版の田中著『相撲講話』(T8)、『武侠世界』(T13.1)、『野球界』(S14.1)などで見るように、大正時代と昭和10年代は黒が青より多く使われている。木村・前原著『行司と呼出し』(p.66)によると、昭和32年には青が圧倒的に多くなっている。

このことから、青が圧倒的に多く使用されるようになったのは、おそらく、昭和20年代後半であろうと推測する[16)]。日本が経済的に豊かになり、青の繊維を豊富に生産できるようになり、青に対する伝統的な美意識を反映したに違いない。青と黒は同じ階級色なので、経済的に豊かになるにつれて、見栄えの鮮やかな青が徐々に増えていったのであろう。昭和20年代後半から30年代前

16)『角界時報』(S14)をたまたま読んでいると、その中に「幕下までがすべて緑総をもってその格式の表現としている」(p.7)というのがあった。これが正しければ、昭和14年までに幕下格以下行司は「青房」が一般的だったことになる。残念ながら、それを補強する別の資料を持ち合わせていない。いずれにしても、「黒房」より「青房」が圧倒的に多く使われ出したのは、昭和20年以降ではなく、昭和14年以前かもしれない。もしこれが真実だとすれば、『大相撲』(S31.9, pp.28-9)で序二段格以下の行司が「黒房」だと述べていることは事実と一致していないことになる。青房が黒房より多くなった時期は調べてみれば、意外と簡単に解明できるかもしれない。昭和以降なら、資料は豊富だからである。

半のことなので、はっきりした理由が見つかりそうだが、私はその理由をまだ文献で確認していない。たとえ文献で理由が述べてあったとしても、それが真の理由なのかどうかは吟味する必要がある。

このように、当初、調べて見たい項目の中では、ある程度解決できたものもあるが、まったく解決できないものもある。解決したと思っているものでも、実際は、真実とかけ離れているかもしれない。文献の記述を中心に調べてきたが、文献では事実を記述してあるだけで、その背景にまったく触れていないのが普通である。たとえば、幕下格以下の行司を二分し、上位を青、下位を黒と記述してあっても、なぜ青が上位なのかという説明はないのである。

もう一つ例を出せば、なぜ幕下格だけではなく、幕下格と三段目格を一つのグループに分けて青とするのか、その理由を明確に述べた文献はない。実際、幕下格だけを青とし、三段目以下を黒とする文献も明治43年と大正5年にはあった。それが、大正10年以降は幕下格と三段目格を青、序二段格以下を黒とするようになっている。この分け方が幕下格以下をほぼ均等に二等分できることは確かだが、実際に、その理由で分けたのかどうかははっきりしない。分け方の理由までは、どの文献でも説明していないのである。

最後に、「青白房」に関する記述があるので、「青房」との関係があることから、簡単に触れておく。16代木村庄之助の死亡記事の中で、幕下格（現在の十枚目格）に昇格したとき（『日日』(M45.1.15)）、「青白房にて足袋を許された」という記述があることである（『日日』(M45.1.7)）。もしその房の色が事実を正しく反映しているならば、「青白房」は少なくとも明治6年頃にはすでに存在していたことになる。したがって、「青白房」が当時存在していたなら、下位の「青房」もすでに存在したかもしれない。しかし、記事の中の「青白房」は過去を振り返り、明治45年の行司の位階と房の色を当てはめた可能性もある。したがって、どれが真実かを知るには、少なくとも二つのことを確認しなければならない。一つは、青白房が明治初期にもあったかを確認することである。もう一つは、青白房があれば、それに伴って「青房」もあったかを確認することである。この確認は今後の研究に俟つことにしたい。いずれにしても、ここでは、明治初期に「青白房」があったという記述が新聞記事（『日日』(M45.1.7)）の中で見られることを指摘しておきたい。

第6章　行司の帯刀

1. はじめに

現在、立行司は帯刀しているが、その帯刀には歴史がある[1)]。本章では、帯刀にどのような歴史があったかを調べるが、主な関心事は次の5点である[2)]。

(a) 行司はいつ頃から帯刀するようになったか。
(b) 寛政3年の上覧相撲の取組で行司は帯刀していたか。
(c) 明治9年の廃刀令は行司の帯刀にどのような影響を与えたか。
(d) 明治43年まで帯刀が許された行司はどの位階だったか。
(e) 明治43年以降、帯刀が許された行司はどの位階だったか。

現在、取組を裁くとき、帯刀できるのは、原則として、立行司だけである。横綱土俵入りのときも、もちろん、帯刀できる。それ以外の行司は、原則として、帯刀できない。しかし、立行司に支障があり、三役格が代理として横綱土俵入りを引くときは、帯刀が許されている。三役格は取組を裁くとき、横綱の

---

1) 行司が携帯する刀は時代と共に変化し、真剣、本剣、木剣、木刀、脇差、小刀、短刀などのように表現も様々だが、本章では細かい区別に拘泥せず、まとめて「帯刀」としている。本剣や木剣のうち、どれを着用するかに関しても一定の決まりがあったらしいが、その決まりについても本章では触れていない。

2) 行司の帯刀の意味づけについては本章では扱わない。帯刀は「切腹の覚悟」を表すとよく言われているが、それは現代の意味づけであっても、最初からそのような意味づけがあったわけではない。帯刀はもともと士分としての処遇を表すものであり、「切腹の覚悟」を表すものではなかった。それが時代の変遷とともに「切腹の覚悟」として意味づけされるようになった。

取組であっても、帯刀できない[3)]。

行司の帯刀に関しては、相撲規則に何の規定もない。相撲規則では軍配、装束、烏帽子、軍配の房色については明記されているが、その他の着用具である草履、足袋、印籠、短刀については明記されていない。従って、規則を読んでもどの行司が帯刀でき、どの行司が帯刀できないか、分からない。規定に明記されていない行司の着用具は、多くの場合、一種の慣行である。どの位階から短刀が携帯できるかを知るには、極端に言えば、行司に直接確認するしかない[4)]。

2. 元禄以前の絵図

元禄以前の絵画では行司が帯刀しているのが普通だが、ときには帯刀していないのもある。辻相撲と勧進相撲の区別が難しいものもあるが、相撲の形態にかかわりなく、帯刀は許されたらしい。絵図はすべて帯刀しているのでなく、ときには帯刀していないものもある。帯刀する行司がいたり、そうでない行司がいたりするが、それが何に基づいているかは分からない。行司の身分が関係しているのか、それとも他の理由があるのか、確認ができないのである[5)]。いずれにしても、元禄以前、行司が帯刀していたことは絵図で確認できる。

---

3) これは2007年2月17日付けの手紙で、29代木村庄之助にご教示いただいた。横綱土俵入りをひくとき、三役格が帯刀できることは分かっていたが、立行司に代わって結びの一番を裁くとき、短刀を携帯できないことは知らなかった。三役格が帯刀できるのは、横綱土俵入りを務めるときだけである。

4) どの位階から短刀を携帯できるかが相撲規定に明記されていないため、帯刀ができる行司の位階に関しては混乱した記述がある。たとえば、昭和2年春場所以降でも、朱房の三役格は草履を履き、短刀を携帯できるという記述が圧倒的に多いが、これはおそらく、間違った記述に違いない。

5) 元禄以前の辻相撲の絵図では行司の身分を判断できないが、おそらく、武士でない身分の人も行司を務めているはずだ。その行司が帯刀しているのであれば、行司の身分は関係ないことになる。相撲の形態に関係なく、行司を務める人は帯刀を許されたはずだと判断しているが、絵図から身分を確認することはなかなか難しい。

元禄以前の絵画や挿絵を、参考までに、次に示す。中には、年代が必ずしも確定できないものもある。

(a)「相撲遊楽図屏風」(堺市博物館編『相撲の歴史』(p.15))。

慶長10年の作らしいが、行司は帯刀している。これは辻相撲らしい。行司の身分は明らかでない。

(b)「祇園社・四条河原図屏風」(堺市博物館編『相撲の歴史』(p.17))。

寛永年中の作らしいが、行司は帯刀している。この図には幔幕、太鼓、毛槍などがあるので、おそらく、許可を受けた相撲場であろう。

(c)「京都鴨川糾ノ森相撲興行之図」(堺市博物館編『相撲の歴史』(p.19))。

17世紀初頭の作らしい。行司は帯刀している。この図にも幔幕、太鼓、毛槍などがあるので、おそらく、許可を受けた相撲場であろう。

(d)『古今役者物語』(延宝6年）の挿絵。

菱川師宣画と言われている。行司は帯刀している。この絵図は『江戸時代文芸資料4巻』(1964）の「すまいの言いたて」や『悠久』(H11.9）の「相撲史概観」(p.22）で見ることができる。

(e) 井原西鶴著『本朝二十不孝』(貞享4年）の挿絵。

行司は帯刀している。この挿絵は『諸国落首咄』の挿絵とよく似ているので、ときどき混同されることがある[6)]。

(f)「相撲之図（土俵之図)」(堺市博物館編『相撲の歴史』(p.22)／池田著『相撲ものしり帖』(p.39))。

---

6) これらの挿絵については、たとえば池田著『相撲ものしり帖』(1990）や拙稿「土俵の構築」(2006）でも言及してある。

『相撲の歴史』によると、17世紀後半の作となっている[7]。日本相撲協会監修『相撲』(p.83) では、延宝年間となっている。

3. 元禄時代の絵図

元禄の頃になると、相撲を描いた絵も多い。一般的に、行司は帯刀していることから、行司は帯刀するのが当然のこととして受け入れられていたようだ。この当時の絵図をいくつか次に示すが、行司はほとんどの場合、帯刀している。

(a)『諸国落首咄』(第2の巻)」(元禄11年)。

行司は帯刀している。この図は井原西鶴著『本朝二十不孝』の挿絵と構図がよく似ているが、注意してみれば、細部で異なることが分かる。たとえば、相撲取りや見物人の数が違うし、土俵周辺の景色も異なっている。

(b)「華洛細見図」の一コマ (朝日新聞京都支局編『京都むかしむかし』)。

この「華洛細見図」は元禄17年に刊行されている。

(c)「四十八手絵巻」の一コマ (堺市博物館編『相撲の歴史』(p.24))。

行司は帯刀し、草履も履いている。

元禄以降になると、行司の帯刀は当たり前になっている。しかし、なぜそうなったかは、分からない。力士は帯刀を許されていたので、それに倣って行司

7)「17世紀後半」が元禄以前なのか、それ以後なのかは、はっきりしない。円形土俵なので、もしかすると、元禄年間に描かれたものかもしれない。勧進相撲初期の絵図だが、その勧進相撲がいつ始まったのかが必ずしもはっきりしない。

も帯刀を許されたかもしれない。辻相撲の「元禄相撲絵巻」（日本相撲協会監修『相撲』（pp.80-8)）では、行司が帯刀している。行司は勧進相撲が隆盛になる以前から、帯刀する慣わしが確立していたらしい[8)]。つまり、相撲の形態に関係なく、行司の帯刀は自然なことだったと判断して差し支えないようだ。

4.『相撲行司家伝』（文政10年）

9代目木村庄之助が町奉行筒井伊賀守様御番所から相撲行司、力士、年寄の身分について尋ねられたとき、それに答申した文書が『相撲行司家伝』（文政10年11月）である[9)]。ここでは、常陸山著『相撲大鑑』（p.380）に掲載されているものを示す。なお、字句を少し変えてある。

「1. 行司苗字名乗、帯刀致候儀、並職業之儀に付、願出候節之事
この段私儀は、浪人者にて、古来より木村と苗字相名乗来り、帯刀致し、当時の相撲年寄仲間加入致罷在、行司職業之儀は、私並式守伊之助、両人共、先祖より細川越中守御家来吉田追風より免許貰請候儀にて、伊之助先祖も、その砌より式守と苗字相名乗り、帯刀致し、是亦浪人者にて、その他の行司供は、一切帯刀仕儀無御座候、尤も身分之儀に付、御願之儀有之節は、御奉行所様へ御願申上候儀に御座候」

この文書によると、木村庄之助と式守伊之助だけが帯刀でき、他の行司は帯刀できない。しかし、これまで見てきたように、木村庄之助や式守伊之助でなくても、行司は帯刀している。木村庄之助や式守伊之助が歴史上登場するのは、意外と浅い。木村庄之助の先祖書によると、木村庄之助が登場するのは寛

8)　この絵が元禄時代だとすれば、辻相撲である。勧進相撲を表す武具、槍、太鼓などが描かれていないからである。

9)　この文書は「木村家先祖書」とも呼ばれ、相撲の本ではよく言及されている。たとえば、『古事類苑』の「武技部」（p.1191）／『日本相撲史（上）』（p.96 ）／『江戸時代の大相撲』（pp.322-8）／『相撲大観』（『相撲』増刊、S30.7, p.77）などでも見ることができる。

永年間だし、式守伊之助は明和4年である[10)]。ところが、行司は元禄以前から帯刀している。従って、この文書は事実を反映していないことになる。なぜこのような記述をしているのかは分からない。

行司がなぜ帯刀するようになったかも、実は、はっきりしない。力士なら、士分の待遇を受けることもあったので、帯刀を許された。それは、たとえば、次のような文献でも確認できる。

(a)『今古実録相撲大全』(明治17年)／『古今相撲大全』(宝暦13年)の「相撲人名目」の項。

「角力の起りは武道の体術より出たるものなり。然れば玄恵法印の庭訓往来にも武芸相撲の族と書き続けられたり。(中略)今に於いて江戸にては頭取はいうに及ばず、角力人悉く皆々帯刀なすなり。」

この『庭訓往来』は南北朝末期から室町前期に成立したと推定されている。室町時代に相撲人が帯刀していたかどうかははっきりしないが、少なくとも『古今相撲大全』(宝暦13年)が世に出た頃には帯刀は当然のことだった。

(b)『明治時代の大相撲』(加藤著)。

「明治初年までは力士は士分として帯刀を許されておった。これは、古く遡れば、相撲節会奉仕の相撲人はいわば兵士であったから剣を佩したことは当然であろう。勧進相撲になって、力士が帯刀したのは諸侯を保護者と仰ぐお抱えの格式を持してのことであって、「相撲行司家伝」の相撲取身分之儀並帯刀致候事の條に、(後略)」(p.3)

大名のお抱え力士は士分として処遇されたが、その地位は「旗持侍」だった。士分としては、かなり低い。お抱えでない力士は本剣でなく、木刀の脇差だけを差していたらしいが、いずれにしても、帯刀していることは確かなよう

---

10) 木村庄之助の初代から3代までは「伝承の人物」である。木村庄之助の起こりについては、『相撲行司家伝』はもちろんのこと、『相撲大鑑』(M42)などでも見られる。

だ。お抱え力士の待遇に関しては、次のような記述もある。

> 「抱え力士は時々抱え屋敷へ伺候するが、大抵は力士支配の役人に会って帰ってくるくらいで、主公にはめったに会わない。ただし時には主公の居間の縁側などで酒を賜ったり、または来客などの時にも書院の縁先などで大盃に酒を受けてその興を助けるなどということもあったそうな」(『時事』(M44.5.21))

これは抱え力士の一面を記述しているにすぎないが、大名の庇護を受けた力士は武士として処遇され、帯刀を許されていることは確かだ。それでは、行司の場合も力士同様に、士分の待遇を受けていたのだろうか。その辺が必ずしもはっきりしない。

武士でない力士と行司のうち、どちらが先に帯刀するようになったかに関しても、明確なことは分からない。行司は必ずしも武士でなかったはずだが、昔の絵などでは行司はすでに帯刀している。元禄以前の絵図で見ても、相撲を裁く行司はすでに帯刀している。この行司たちが元々武士の身分だったかどうかははっきりしないが、相撲の形態から判断して、行司がすべて武士の身分ではなさそうである。行司は元禄以前から武士でなくても帯刀していた可能性が高い。行司が帯刀しているのは事実だったとしても、なぜ帯刀するようになったかは、依然として分からない[11)]。

行司は相撲の判定をするので、それだけ権威があることは確かだ。元禄以前でも身分の差別はかなり厳しかった。武士でない身分の行司に帯刀を許すには、特別な理由があったはずだ。しかし、それが何であるかがはっきりしないのである。

『相撲家伝鈔』(正徳4年) に小刀の図があり、「小刀も好み次第に致すべし」

---

11) 元禄以前の文献で行司が帯刀している理由を述べたものがあるかもしれない。そういう資料があれば、それが書かれた当時の理由として大いに参考になる。しかし、行司が帯刀を許された時点が明確にならなければ、後から加えた説明の可能性もある。実は、何らかの明確な理由があって、帯刀が許されたのかどうかも分からない。行司の帯刀を確認できる資料が見つかっても、その理由を確認するのは無理かもしれない。

とある。当時、長い脇差の携帯は当然だったが、小刀の携帯は自由だったかもしれない。なお、吉田追風の帯刀は文治年中に天皇から許されている。これは「吉田家由緒申立」に述べられている。これは寛政元年、幕府の命によって提出したものである[12]。

「後鳥羽院文治年中、再相撲之節会可被行処、志賀家断絶之上者、御行司可相勤もの無之、普く御他尋御座候処、拙者元祖吉田豊後守家次と申者、越前に罷在、志賀家の故実、伝来仕候旨達叡智聞、被任五位、追風之名を賜、朝廷御相撲之司、行司之家と可被定旨蒙勅命、此時召合せに用候、木剣、獅子王之御団扇を賜り、代々相続、節会之御式相勤候之処、又候承久之兵乱発り、節会も中絶仕候。」(酒井著『日本相撲史（上)』(p.95))

この先祖書によれば、吉田追風は文治年中に帯刀していることになる[13]。吉田追風の先祖書に関してはその真実が疑われており、追風が実際に文治年中、後鳥羽院から木刀を賜ったかどうかも分からない。したがって、吉田追風が行司として帯刀を始めたのが、文治年中だったかどうかも分からない。

5. 上覧相撲の帯刀

寛政3年の上覧相撲で、行司が場所入りと土俵祭（あるいは方屋開き）で行司が帯刀していたことに関しては、まったく問題ない。これは上覧相撲を記述している写本等で確認できる[14]。

---

12) この「由緒申立」は、たとえば、『本朝相撲之司吉田家』(T3)や『ちから草』(pp.10-1／119-52) などでも見られる。万治元年以前の吉田家の系譜に関しては、まだ不確かな点が多い。

13)『相撲道と吉田司家』の「吉田家年表」(p.191) によれば、文治2年6月に追風の名を賜っている。そして、7月に相撲節会を再興し、追風はその式を司る行司を務めている。このとき、木剣と獅子王の団扇を勅賜されている。

14) 上覧相撲の模様を記述した写本はいくつかあり、相撲の歴史を扱った文献ではその全文

(a)『相撲大鑑』の「上覧の一式始末書」[15]。

「六月十一日暁六ツ時竹橋御門外御春屋にて惣年寄行司相撲人等残らず染帷子麻上下着用帯刀にて相揃い、御場所休息所溜りへ入り差控へ罷在候」(p.171)

(b)『日本相撲史（上）』[16]。

「それより年寄は麻上下、行司は素袍、士烏帽子、木剣を帯して、それぞれ所定の位置についた」(p.174)

行司の装束に関しても、侍烏帽子と素袍を着用したことが明確に述べてある。この装束で取組も裁いている。

(a)『吹上御庭相撲上覧記』。

「惣行司烏帽子素袍着股立取之」

(b)『角力新報（6）』。

「行司等14人は皆、侍烏帽子素袍の肩を絞りて勤む。」(p.21)

(c)『相撲穏雲解』(『相撲界』に掲載されているもの)。

「もっとも行司は代わる代わる残らず侍烏帽子、素袍を着用す。合わせ行司は素袍の肩を絞り出る。」(p.106)

場所入りする場合は力士だけでなく、行司も帯刀するのが習わしだったよう

または一部が掲載されている。オリジナルに近い写本のコピーも意外と入手しやすい。

15) 古河著『江戸時代の大相撲』(p.227) や酒井著『日本相撲史（上）』(p.174) にも同じような文面が見られる。

16) 酒井著『日本相撲史（上）』(p.174) は上覧相撲の模様を記した写本『相撲一代記』を参照している。

だ。明治時代になってからであるが、次のような記述もある[17]。

「幕府時代には力士でも行司でも場所入りには下のほうは木刀、上のほうは一本差して行かなければならぬ規則であったそうだが、抱えとなって扶持米ももらうようになると、改めて帯刀を許され両刀を佩びたという」(『時事』(M44.5.21))

寛政3年の頃はすでに力士や行司が場所入りする場合は、帯刀するのが普通だった。上覧相撲でもそのような出で立ちで場所入りをしている。もちろん、力士は相撲を取るとき、帯刀することはない。行司14名は取組を裁いたとき、土俵上でも帯刀していたのだろうか。これに関しては、上覧相撲の模様を記述してある写本では必ずしも明確でない[18]。上覧相撲の「式法」を述べている文献等を注意して読むと、行司は帯刀していたことが分かる[19]。というのは、たとえば、「合せ行司帯剣」とか「素袍烏帽子帯剣にて相勤」といった表現などが記されているのである。そのような表現がある資料をいくつか、次に示す。

(a)『武家将軍上覧式』(『ちから草』(p.13))[20]。

「1. 司行司　　方屋祭烏帽子素袍持セ太刀　合セ服唐衣四幅袴帯剣[21]

---

17) 力士や行司の地位によって帯刀する剣の種類が違っていた可能性があるが、どのような地位かどのような刀を携帯できたかはまだ確認できていない。また、そのような規則があり、その規則が大名の間で一定だったのかどうかも分からない。力士は場所入りの際、帯刀することが許されていたことを指摘するだけにとどめたい。行司でもどの地位から帯刀が許されていたのかは分からない。上覧相撲を務めた14名の行司はすべて、場所入りの際、帯刀していたことは当時の写本で確認できる。

18) これらの写本としては、たとえば、『相撲私記』、『相撲上覧記』、『すまゐの記』、『吹上御庭相撲上覧記』、『相撲穏雲解』などがあるが、これらを現代仮名遣いで表したものは多くの文献で見ることができる。

19) 本章では、上覧相撲の式法を記した文献に基づき、寛政3年の上覧相撲の取組でも行司は「帯刀していた」と判断している。しかし、その「式法」に反して、実際には帯刀していなかったという判断もできないわけではない。というのは、「式法」を記した文献以外には、帯刀に関する記述が必ずしも明確でないからである。

太刀ハ行司素袍着ニテ持　沓ハ仕丁之ヲ取ル
1. 脇行司四人　　烏帽子素袍袴合セノ節ハ帯剣
1. 合行司無数　　烏帽子素袍帯剣」

(b)『吹上御庭相撲上覧記』(寛政3年6月、古河著『江戸時代の大相撲』(pp. 237-8)／『ちから草』(p.43))。

「1. 御方屋祭之事、附御方屋開之事、素袍烏帽子着
1. 関相撲一番、唐衣四幅袴着　　　　　吉田追風
組関脇小結二番被仰付候者相勤候　　　行司14人
右素袍烏帽子帯剣にて相勤申候」

(c)『上覧之一式始末書』の「上覧行司の式」の項（古河著『江戸時代の大相撲』(p.229))[22]。

「年寄36人染帷子麻裃着用にて土俵上へ代わる代わる相つめ、行司14人素袍にて侍烏帽子木剣を帯し、追風を始めとし土俵入の節、柿色の素袍、侍烏帽子着用にて、土俵の上にむしろを敷き、その上にて相撲の故実を言上す。然して後、谷風、小野川取組の節、古例に依って往古追風禁裡より賜りたる、紫の打紐をつけたる獅子王の団扇を持ち、風折烏帽子、狩衣、四幅の袴を着用し、土俵の上草履御免にて相勤めたり。」

上覧相撲では、現在と同じように、行司たちは土俵の周囲で土俵祭を見守るということはしなかったかもしれない。土俵祭を描いてある絵図では、限られた行司しか土俵の周囲にはいないし、着席するための席も用意されていないからである。土俵祭のとき、土俵の両側の莚に帯刀した和服姿の男性が5名ずつ

---

20)『武家将軍上覧式』の刊行年月ははっきりしないが、「横綱土俵入」の模様を表現していることから寛政元年以降であろう。『相撲道と吉田司家』(p.48) によると、『公方家相撲上覧式』は寛政3年となっているので、これもその頃、筆記されているかもしれない。

21) 写本では「行事」だが、「行司」で置き換えた。『ちから草』では「同行司」とあるが、「司行司」の誤植らしい。土俵祭の祭主について述べているからである。

22) この「上覧行司の式」は『相撲穏雲解』(寛政5）や『相撲大鑑』(p.17) などにもある。

正座しているが、その人たちは「御徒」である[23]。土俵へ向かう東西の通路（つまり手摺通り）に向かい合って正座しているのが「年寄」である。

このように、寛政3年の上覧相撲では、行司は帯刀して取組を裁いていたことが資料で確認できたことになる[24]。相撲場の模様を記した写本で帯刀に関する記述が少ないのは、おそらく、帯刀が当然のことだったからかもしれない。

帯刀に関する二次的な資料としての錦絵は非常に少ない。寛政3年の上覧相撲の場合、追風の帯刀を確認できるものはあるが、他の行司の帯刀を確認できるものはない。寛政6年の上覧相撲の場合は、木村庄之助の帯刀を確認できる錦絵もある。寛政3年と6年の上覧相撲を描いた絵図を次に示す[25]。

(a) 酒井著『日本相撲史（上）』(p.173)／『江戸時代大相撲』(p.160)。

雷電と陣幕の取組。木村庄之助が描かれているが、帯刀しているかどうかははっきりしない。

(b) 堺市博物館編『相撲の歴史』(pp.39-40)／『日本相撲史（上）』(pp.174-5)。

「徳川家斉公上覧相撲絵巻」。寛政3年。これは錦絵というよりカラー絵巻物

---

23) 上覧相撲の土俵とその周辺の場景は、たとえば、酒井著『日本相撲史（上）』(p.174)や『風俗画報』(M26.1, p.13) などで知ることができる。

24)『相撲と芝居』(M33) の「相撲」(p.80) によると、取組の際、帯刀していたのは吉田追風のみであると解している。すなわち、他の行司は帯刀せずに、取組を裁いている。これは、もちろん、写本に従った記述である。ところで、『相撲と芝居』の「相撲」の部は上司子介氏（すなわち三木愛花氏）が執筆している。

25) 肉筆画なら、狩野養川筆のものがある（学研『大相撲』(pp.67-8))。この肉筆画では土俵近くに控えている行司（勝負の見張り役）が帯剣している。しかし、取組を裁いている行司が帯剣しているかどうかは確認できない。また、『相撲隠雲解』や『四角い土俵とチカラビト』などのスケッチを見ると、取組を裁いている行司は帯剣していない。狩野筆の肉筆画とスケッチではどれが真実を描いているのだろうか。本書では、上覧相撲の方式を記述してある写本などに行司は帯剣していることから、取組を裁いている行司も帯剣していたと判断している。

である。土俵祭の祭主である追風は帯刀している。取組を裁いている追風の帯刀ははっきりしないが、帯刀しているに違いない。勝ち力士（おそらく谷風）に弓を渡している追風は草履を履き、明らかに帯刀しているからである。この絵巻物の土俵祭りでは、追風は莚に座っている。

(c) 堺市博物館編『相撲の歴史』(p.39／p.101)。

「大名御覧相撲取組の図」。雷電と陣幕が取り組んでいる。この絵の解説によると、これは寛政6年の上覧相撲を題材にしているという。行司は帯刀している。剣の先が脇から出ていることで確認できる。

寛政3年の上覧相撲で、追風以外の行司が帯刀しているのを描いた錦絵はないが、寛政6年の上覧相撲で木村庄之助が帯刀している錦絵があることから、寛政3年でも帯刀していた可能性が高い。3年の間で帯刀が許されたとするよりも、上覧相撲の一式に記してあるように、行司は帯刀するのが自然である。

寛政6年の上覧相撲で木村庄之助が帯刀している錦絵があるが、これは真実を正しく描いている。それは次の資料でも確認できる。

・『寛政六年甲寅六月、於浜御庭相撲上覧記』(『ちから草』(p.83))。

「1. 司之行司　吉田追風
但細立烏帽子狩衣着帯剣　行司之節唐衣四幅袴着帯剣
1. 筆頭行司脇行司　素袍烏帽子着帯剣
1. 木村庄之助以下行司都而素袍烏帽子着帯剣」

ところで、これまで見た上覧相撲の一式によれば、行司は取組のときも帯刀している。上覧相撲であれば、常に帯刀していたのかというと、必ずしもそうではないらしい。というのは、文政6年の上覧相撲では、行司は帯刀していなかったからである。理由は、横綱がいなかったからであるという。

・綾川著『一味清風』[26]。

「文政6年の上覧相撲には横綱というものがなかったから、行司は麻裃にて無剣で勤めたが、天保年間（14年：NH）の上覧相撲には横綱が二人までいたから、寛政の上覧相撲の例に倣い、追風は風折烏帽子、狩衣、他の行司もすべて素袍、帯剣にて出場したことが記載されている。（中略）行司の服装は時代によって変化したばかりでなく、横綱の有無により、また上覧相撲と勧進相撲というように、相撲の性質によって異変があったことが想像される。」(pp.215-6)

なぜ横綱がいると帯刀し、不在だと帯刀しなかったのかは分からない。行司の帯刀は元禄以前から続いていたからである。横綱は寛政元年に初めて登場したが、それ以前にも上覧相撲は行われていた。文政6年の上覧相撲で、横綱がいなかったために行司が帯刀しなくなったとすれば、そのような取り決めは、おそらく、寛政3年以降、新しく作られたに違いない。

寛政3年の上覧相撲で行司を務めた式守伊之助が『相撲穏雲解』（寛政5年）を著わしているが、その中に横綱土俵入り、取組、土俵祭の模様を描いた絵図がある。どの行司も帯刀していない。それが真実を描いているなら、上覧相撲の取組で行司が帯刀していたとする本章の主張は間違っていることになる。絵師は式守伊之助の指示を受けて描き、式守伊之助はその絵図を直に見ているはずだ[27]。行司であれば、帯刀にも当然注意を払うはずである。行司が著者であれば、その中の行司の絵も忠実に描かれていると思うのは、当然である。しかし、この絵図は帯刀に関する限り、真実を描いていないと判断している。上覧相撲に関する諸規定を見る限り、行司は取組に際し、帯刀しているからであ

26) これは『相撲上覧一件』（天保14年9月28日の記）を参考にし、現代風に書いたものである。『相撲上覧一件』の一部は、たとえば、『相撲講本』(p.635) で見ることができる。
27) この絵についてはやはり真実味が欠けているという指摘がある。たとえば、樋渡氏は、『ちから草』の中で、「惜しむらくは挿絵が当時の町絵師三代堤閑琳の筆であるために、余りにも誇張が過ぎて真を取り得ない感じがします」(p.107) と書いている。

る[28]。

それでは、この初代式守伊之助は真実を描いていないことを承知の上で、帯刀していない絵図を著書の中で掲載したのだろうか。どういう理由か知らないが、式守伊之助は承知の上で掲載したと判断するしかない。『相撲穏雲解』（寛政5年）の行司の絵図は、少なくとも次のような理由で正しくない。

(a) 土俵祭のとき、行司は全員帯刀していたことが文献で明確に述べてある。
(b) 吉田追風は土俵祭で帯刀していたが、それが絵図では確認できない。
(c) 吉田追風は土俵場までは「沓」を履き、土俵上へ登場したときは土俵下でそれを脱いでいるはずだ[29]。土俵上では足袋を履いていたはずだが、絵図では他の行司と同じように「素足」である。
(d) 土俵祭では土俵上で莚が敷かれていたが、それが絵図では描かれていない。
(e) 上覧相撲の一式を記してある文献では、行司は取組のときも帯刀することになっている。しかし、絵図では行司の帯刀を確認することができない。

これらを考慮すると、『相撲穏雲解』（寛政5年）の絵図は行司の帯刀を正しく描いていないと判断してよい。寛政3年の上覧相撲では木村庄之助の草履も気になる。つまり、木村庄之助は草履を履いていただろうか。吉田追風の草履に関してはかなり詳しい記述があるが、木村庄之助の草履については何も触れ

---

28) 上覧相撲の一式には明記されているが、それには従わなかったという可能性もある。しかし、そのような可能性は低い。一式は吉田司家が作成し、それを吉田司家は遵守しているからである。

29) 最近まで土俵祭の祭主は土俵に向かうとき、「沓（くつ）」（俗にぽっくり〈木履（ぼくり）〉）を履いていた。その沓を土俵下で脱ぎ、土俵上に上がっていた。上がるときは、上草履を履く。しかし、最近は「沓」の代わりに「草履」を履くことが多い。行司部屋で35代木村庄之助と38代式守伊之助から聞いた話によると（H22.5.16)、沓（ぽっくり）を履くようになったのは26代木村庄之助の頃からだが、28代か29代木村庄之助になった頃に草履に戻ったという。神主と同じ沓を履くことにしたが、行司の足に合う沓のサイズをそろえるのが難しいことや館内に大きな音が反響したため、沓は止めることにしたらしい。

ていないのである[30]。しかし、行司の中では、木村庄之助一人だけ、草履を履いていたに違いない[31]。というのは、寛政元年11月場所の6日目に横綱伝授式があり、その翌日（7日目）に一人横綱土俵入りがあったが、そのとき提出した一札に草履免許のことが記されているからである[32]。

「差上申一礼之事
今般吉田善左衛門追風殿より東西之谷風・小野川へ横綱伝授被致度、先年木村庄之助、場所上草履相用候儀、先日吉田善左衛門殿より免許有之、その節場所にて披露仕候例も御座候に付き、この度も同様披露仕度旨、牧野備前守様へも御願申上候所、苦しかる間敷仰せ渡され、難有畏り奉り候。尤も横綱伝授の義は吉田善左衛門殿宅に於て免許致され候儀に御座候。この段牧野備前守様へも御届申上候。これによって一札申上候。以上。
寛政元酉年十一月二十六日

勧進元　浦風林右衛門
差添　伊勢海村右衛門
行司　木村庄之助煩に付代
音羽山峯右衛門

寺社御奉行所様
」
（『日本相撲史（上）』（p.166）／『角力新報（7）』（p.23））

木村庄之助は天明8年に吉田司家より草履免許を受けていたので、寛政3年の上覧相撲でも草履を履いていたに違いない[33]。上覧相撲だからと言って、

30) 寛政3年6月の上覧相撲では、草履を履けた可能性のある行司は木村庄之助だけである。木村庄之助は天明8年の頃、すでに草履を許されていたからである。4月の勧進相撲でも木村庄之助が草履を履いていたことを示す錦絵がある。もし上覧相撲で草履を履かなかったとすれば、やはり特別な御前相撲のために遠慮したということになる。すなわち、草履の問題は帯刀の問題と同じである。

31) 式守伊之助に草履が初めて許されたのは、文政11年である。寛政年間、木村庄之助以外に草履が許されたとする文献は見たことがない。

32) この寛政元年の横綱伝授式は、寛政3年6月の上覧相撲とはまったく関係ない。すなわち、上覧相撲を予期して、事前に横綱伝授式を行なったわけではない。吉田追風が最初から上覧相撲の指揮を執るように伝えられたのは、寛政3年6月になってからである。

33) 木村庄之助が草履を許されたのは、寛延2年ではなく、おそらく天明8年頃であろう。

草履を履かなかったということはないはずだ。吉田追風は行司の家元だが、帯刀し、草履も履いている。吉田追風から許されていた草履を履かない理由はない。寛政3年当時は木村庄之助だけに草履は許されていたので、他の行司は足袋か素足だったに違いない。寛政3年の上覧相撲の行司は「足袋以上の者」だったという指摘もあるが（『都』（M31.5.14）の「行司木村瀬平（二）」の項)、その真偽は定かでない。それを裏付ける資料を見たことがないからである。そもそも、当時、勧進相撲でさえどの位階から足袋が許されていたか、また、いつそれが許されたのか、まだ確認できていない。

付け加えておくと、寛政3年の上覧相撲で木村庄之助が草履を履いていたかどうかは必ずしも明確ではない[34)]。というのは、それを裏付ける記述が上覧相撲を描いている写本にないからである。木村庄之助が寛政3年以前、草履を許されていた事実に基づいて判断しているだけである。その他の行司たちがどのような履物を履いていたかもわからない。全員が足袋だったのか、素足だったのか、それとも地位によって足袋と素足の区別があったのか分からない。当時、どの地位から足袋が許されていたのかも分からない[35)]。

因みに、天明2年2月、谷風・小野川の取組と天明3年3月、筆ノ海・宮城野の取組では両方とも、木村庄之助は草履を履いていない（酒井著『日本相撲史（上)』(p.147／p.160))。しかし、天明8年4月春場所の土俵入りを描いた錦絵や寛政元年11月場所中6日目の横綱伝授を描いた錦絵では、木村庄之助は草履を履いている（『日本相撲史（上)』(p.167）／『相撲百年の歴史』(p.10／p.51))。

34)『日本相撲史（上)』(p.173）に描かれている木村庄之助は草履を履いているようにも見えるし、そうでないようにも見える。『日本相撲史（上)』(p.168）の「横綱伝授」を描いた図と比較すれば、履いていると判断したくなる。しかし、『相撲隠雲解』の土俵入りを引く絵図の行司（おそらく木村庄之助）は「素足」である。上覧相撲を描いている写本に関する限り、木村庄之助の草履は確認できない。

35) 上覧相撲を描いたスケッチでは行司はすべて素足である（『相撲隠雲解』／堺市博物館編『相撲の歴史』／『四角い土俵とチカラビト』)。寛政3年だけでなく、江戸末期まで、行司の地位と着用具の関係はあまり分からない。たとえば、どのような房の色があったのか、足袋はどの地位から履けたのか、草履はどのような基準で許されたのか、など、これからの研究を俟たなければならない。

6. 太刀持ちの帯剣

行司とは直接関係ないが、この上覧相撲で横綱土俵入りのとき、太刀持ちが「太刀」を持っていたかどうかもはっきりしない。横綱の前後に露払いと太刀持ちに相当する力士がいたことは写本等でも確認できるが、後ろの力士が太刀を持っていたかどうかは分からないのである。三木・山田編『相撲大観』(M35, pp. 354-5) にも「太刀」を持っていたかどうかは確認できないと書いてある。上覧相撲を記述してある写本では、「太刀」を携帯していたかどうかは分からない[36)]。ところが、「太刀」を持っていたとする文献が少なくとも三つある[37)]。参考までに、それを次に示す。

(a)『相撲道と吉田司家』(p.50)。

「まわしの上に横綱というものをかけた東の大関小野川が剣持ちと露払いを前後にしたがえて堂々と姿を現す」

この「剣持ち」は文字どおり「太刀を持っている」ことである。それが真実なのかどうか、まだ当時の資料では確認できていない。

(b) 酒井著『日本相撲史（上）』(p.174)。

『相撲一代記』を参照しながら、横綱は「太刀持ち」と「露払い」を従えて

---

36) 行司の場合でも、将軍がご覧になる相撲なので、取組を裁く際には帯刀していなかったかもしれないと思っていた。追風が取組の際も帯刀していたことは写本で確認できる。しかし、他の行司はどうだったのだろうか。上覧相撲の「式法」や歴史的経過などを考慮すれば、行司は土俵祭と同様に取組の際にもやはり帯刀していたに違いない。

37) 何に基づいてそのような記述をしているのかは分からない。出典が記されていない。なお、古河著『江戸時代大相撲』でも「太刀持ち、露払いを従えて（後略）」(p.158) とあり、現代の横綱土俵入りと同じ様式で土俵入りしたように記述している。

土俵入りをしたと書いてある。『相撲一代記』にこのような言葉遣いがあったかどうかは、まだ確認していない。もし「太刀持ち」や「露払い」という表現があったなら、横綱の後ろにいた力士は帯刀していたはずだ。

(c)『古今相撲大要』。

「横綱土俵入の節は露払いと称する者一人（横綱の：NH）前に立ち、太刀持一人後ろに従い出づ。寛政3年将軍家上覧の節、谷風の横綱土俵入には達ケ関、秀ノ山（前頭、この両名と谷風はいずれも伊勢ノ海弟子）がその二役を勤む」(p.7)

『相撲隠雲解』の絵図では、横綱の後ろにいた力士は帯剣していない[38)]。土俵入りのとき、横綱一人が土俵にいて、二人の力士は土俵下で控えている。現代風に考えれば、帯剣しているのが自然だが、寛政3年の上覧相撲でもそれが自然だったかどうかは分からない。三木・山田編『相撲大観』(M35, pp. 354-5)にあるように、将軍がご覧になる相撲なので、「太刀」を遠慮したかもしれない。いずれにしても、寛政3年の上覧相撲の土俵入りの際、太刀持ちが「太刀」を携帯していたかどうかは、まだはっきりしない。なお、上覧相撲の横綱土俵入りに関しては、次のような記述がある。

「東の大関小野川、とうさぎの上に横綱といえるものをかけたり[39)]。これはあるが中にも、優れたる者の許さるることとぞ。弟子の角力二人、前後にひきつれて練り出づ。先ず埒の元にて拝し、土俵の内に入りたるさま、(中略)土俵入終わりて退く。立ち変り西の大関谷風といえるが、これも横綱をか

38) 錦絵で横綱谷風が帯刀して土俵している姿が描かれていることがあるが、少なくとも寛政3年の上覧相撲ではそのような帯刀はしていない。『相撲隠雲解』の横綱土俵入りでは横綱は帯刀していないし、写本等でも横綱が帯刀して土俵入りをしたという記述はない。寛政3年の上覧相撲を描いている錦絵や絵図には真実でないものもあるので、写本等とも比較してその妥当性を検討しなければならない。

39)「とうさぎ」は「廻し」のことである（『すまい御覧の記』）。もちろん、「とうさぎ」は節会相撲の頃の「取り廻し」のようなものである。寛政3年当時は、「とうさぎ」ではなく、「廻し」と言っていたはずだ。

け、達ケ関、秀の山といえる、大いにたくましき者どもを二人随え出て、同じこと振る舞うさま、(後略)」　　　　(『すまい御覧の記』/『相撲私記』)

この記述では横綱の前後に力士がいることは確認できるが、その二人が横綱と共に土俵に上がったかどうかは分からない。おそらく、その二人は横綱が土俵入りを済ますまで土俵下で待っていたようだ。というのは、次のような記述があるからである。

「東の大関小野川、褌の上に追風より赦されたる七五三を張りて出、一人立ちの土俵入有之、東の方へ引取り、また西の大関谷風、右小野川と同じ形にて一人立ちの土俵入有之去る。この両関には角力両人ずつ前後に随い、土俵入之内青竹手摺左右に控え、両関土俵入済みて引取り、また前後に従い引き、(後略)」　　　　(『吹上御庭相撲上覧記』(p.40))

露払いと太刀持ちは土俵下までは現在と同様に横綱の前後を共に進んできたが、横綱だけが土俵上で一人土俵入りをしている。寛政3年の上覧相撲の横綱土俵入りで横綱の後ろにいた力士が当時の勧進相撲と同様の方式で太刀を携えていたかどうかは分からない。当時の写本等では、太刀に関し明確な記述がないし、錦絵やスケッチなどを見る限り、太刀を確認できないのである。

7. 江戸末期から明治初期の帯刀

文政10年11月の文書『相撲行司家伝』を見る限り、帯刀できる行司は木村庄之助と式守伊之助だけである。他の行司は帯刀できない。しかし、この文書は事実を反映していない。というのは、錦絵を見る限り、庄之助と伊之助以外でも帯刀しているからである[40)]。なぜこのような記述になっているかは、分

---

40) 出羽海著『私の相撲自伝』に「昔は、行司も力士同様三段目になると帯刀を許され、士分の待遇をうけ、石高何人扶持というものを大名からもらったものである」(p.81) とあるが、江戸のいつ頃を指しているのかが分からない。「三段目以上の行司」というの

からない。木村庄之助と式守伊之助以外の行司が帯刀している錦絵には、たとえば、次のようなものがある[41]。

木村庄之助と式守伊之助以外にも行司が帯刀している錦絵は非常に多い。そのいくつかを示す。

(a) 天保13年、小柳と高嶺山の取組、木村竜五郎が帯刀している。(『江戸相撲錦絵』(pp.142-3))。行司は足袋[42]。
(b) 弘化4年春場所、武蔵野と天津風の仕切り。木村庄太郎が帯刀している。(『江戸相撲錦絵』(p.100))。行司は足袋。
(c) 嘉永年間、常山と御用木の取組、木村庄九郎が帯刀している。(『相撲浮世絵』(pp.52-53))。行司は足袋。
(d) 文久2年11月、出釈迦山と千年川の取組。式守勘太夫が帯刀している。(『江戸相撲錦絵』(pp.144-5))。行司は足袋。
(e) 安政6年。大鳴門と荒鹿改真鶴の仕切り。年寄は秀ノ山。行司は式守要人。行司は草履なしで帯刀。(大谷・三浦編『相撲浮世絵』(pp.65-6))。

これらの錦絵を見る限り、木村庄之助と式守伊之助以外でも帯刀するのが普通だったことが分かる。

8. 明治初期の行司の帯刀

明治4年8月に「散髪脱刀令」が発令された。行司は散髪したが、帯刀は依

も確証が取れていないので、この記述は参考までに示しておく。その真偽は、今後吟味する必要があるかも知れない。

41) 私が所蔵している文化・文政の頃の錦絵には下位の行司を描いたものがない。しかし、下位の行司が描かれているのがあれば、帯刀しているに違いない。そのような錦絵が見つかる可能性は大いにある。

42) 江戸時代は草履を履いていなくても帯刀している。草履を許された行司だけが帯刀できるようになったのは、明治以降であろう。明治9年の廃刀令までは、足袋だけの行司と素足の行司も帯刀していた可能性がある。帯刀が許されるのがどの位階の行司であり、

然として続いていた。この散髪脱刀令の後も帯刀していた証拠をいくつか、次に示す。

(a) 国見山と玉の戸の取組。年寄は伊勢ノ海。錦絵。行司は式守錦太夫（初代）。
草履なしで帯刀。明治元年から明治3年11月の錦絵。国見山は慶応4年5月入幕で、明治5年4月が最終場所。
(b) 明治2年の写真では、不知火光右衛門横綱土俵入で、行司が小刀を差している。(『大相撲昔話』(p.53))。
(c) 明治5年春場所の絵番付では、庄之助と伊之助は帯刀している。(『相撲浮世絵』の口絵)。
(d) 明治6年の錦絵。境川—小柳。式守伊之助は刀を携帯。

この散髪脱刀令では、一般の人は帯刀を許さないが、士族は許されていた。行司はそれまで力士と同様の扱いを受けていたので、帯刀が許されたのかもしれない。明治9年3月の廃刀令まで、行司は従来どおり帯刀しているからである[43]。

9. 明治9年の廃刀令

明治9年3月には、次の「廃刀令」が出されている。

「官令第38号　自今大礼服着用並びに軍人および警察官吏等制規ある服着用の節を除くの外、帯刀禁じられ候条、この旨布告候事。ただし違反の者はその刀取上ぐべき事。
明治9年3月28日

それがいつ決まったかは、残念ながら、分からない。

43) 行司の帯刀が公的に許されていたのか、それとも行司が勝手に帯刀していたのか、必ずしもはっきりしない。散髪はしているが、廃刀はしていないので、世間からは許されていたに違いない。はっきりしていることは、散髪脱刀令の後も行司が帯刀していたこと

太政大臣　三条実実
」
（『朝野』の「帯刀禁止令、違反者は取上げ」の項）

この「廃刀令」に関し、行司は土俵上だけでも従来どおり木刀を許してくれるようにお伺いを出したが、拒否されている。お伺いの文面とそれに対する回答は、『東京曙』（M10.3.6）の「相撲の行司木刀も佩用できず」の項に掲載されている。

「大阪府より内務省へ伺い　相撲興行の節、行司と唱うるもの従来脇差帯用候処、帯刀禁止の御規則に付き、登場の節のみ木刀相用いたき旨申し出候。右は畢竟遊芸の一部分にして、劇場に帯刀致し候とも格別異ならざる儀に付き、聞き届けしかるべきや相伺い候也。

指令（9年12月19日）。書面、木刀といえども佩刀の儀は相成らず候事。」

いかなる種類の帯刀も禁止だったはずだが、絵図や文献を見る限り、行司は短い小刀を差している。この小刀の使用に関し、特別の許可があったかどうかは分からない。この小刀の中身は、もちろん、「本剣」ではなく、「竹光」である。しかし、ある時期から「真剣」に変わった可能性がある。というのは、戦後（昭和21年11月）、「横綱土俵入りの太刀も竹光に代えた」（『大相撲』（H7.11, p.128）という記述があるからである。つまり、戦前には太刀は「真剣」だったことになる。いつ「竹光」が「真剣」になったかは分からない。

明治9年3月の廃刀令が出た後、すぐ小刀が差せたかどうかは、必ずしもはっきりしない。しばらくは、混乱があり、小刀の代わりに、扇子を差したかもしれない[44]。錦絵の中には一見、扇子のようなものもある。明治9年頃の写

である。

44）廃刀令の後、立行司がどの時点で帯刀を許されたかを示す資料は確認できていない。混乱のうちに、いつの間にか帯刀するようになったのか、正式な許可があったのか、その辺の経緯を示す資料はまだ見ていない。錦絵で確認する限り、立行司は明治11年、帯刀していない。しかし、明治13年夏場所あたりからは帯刀している。ということは、明治12年から13年にかけて、帯刀が許された可能性がある。明治12年に描かれた錦絵があれば、その時期がかなり明確になるはずだ。

真や錦絵をいくつか、次に示す。

(a) 明治9年夏場所、「勧進大相撲土俵入図」、『図録「日本相撲史」総覧』(pp.38-9)。行司は小刀を差している。
(b) 明治10年頃の写真では、朝日嶽横綱土俵入で、行司が小刀を差している。(『大相撲昔話』(p.61))。
(c) 明治10年〜14年（年月は不明)。境川横綱土俵入。(『日本相撲史（中)』(p.38) ／学研『大相撲』(pp.142-3))。式守伊之助は扇子を差している。境川は明治9年12月から明治14年1月まで横綱だった。
(d) 明治11年4月9日御届。境川横綱土俵入。(『相撲百年の歴史』(p.96))。木村庄之助は扇子を差している。

明治9年以降は、帯刀する場合、間違いなく小刀である。以前の長い脇差と違った短めの小刀である。この小刀は明治43年5月まで続いているが、その後は、現在の短刀に変わっている。和歌森著『相撲今むかし』(S38) に次のような記述がある。

> 「明治10年に従来相撲の行司が脇差を携えていたのを、一般に廃刀令が出ているのであるからとて禁じ、土俵に上がるときのみ木刀を用いさせたらよろしかろうという意見が出たりした。これに対して内務省では、たとえ木刀といえども、行司が刀を差すことはまかりならんと決めたのであった。今日では (S38：NH) 立行司が脇差を差して登場するが、そのようになるのは、明治の末に国技館が建設されて以後のことである。」(pp.66-7)

これは「木刀」をどう解釈するかによって、意味が異なる。現在のような短刀を使用したのは、明治42年5月の国技館開館時ではなく、行司装束を改正した明治43年5月である。確かに、行司は明治9年3月以降、江戸時代から続いていた長い木刀は使用できなくなった。しかし、長い木刀に代わって、立行司は小刀を携帯できた。実際、立行司は明治10年から明治43年5月の行司装束改正までも短い小刀を土俵上で携帯している。従って、短い小刀なら明治9年3月以降もずっと使用していたのである。和歌森氏の記述を読むときは、その「木刀」が長い木刀を指しているのか、短い小刀を指しているのか、それとも明治43年5月まで短い小刀も使用できなかったという意味なのか、注意しなければならない。小刀そのものを携帯できなかったという意味なら、それは明らかに間違いである。明治9年3月の廃刀令を境にして長い木刀から短い小刀に変わったが、その小刀も明治43年5月を境に短刀に変わった。すなわち、行司装束の改正と共に、短刀を差すようになったのである。

10. 行司の位階と帯刀

(1) 明治43年5月まで

明治末期の文献で見る限り、明治時代には立行司だけが帯刀を許されている。

(a)『読売』(M30.2.15) の「木村瀬平の土俵上麻裃及び木刀帯用の事」の項。

「拙者義は昨29年の夏場所土俵上福草履を用いることを既に協会より許されたれば、これに伴って麻裃縮熨斗目着用、木刀帯用するは当然のことにして旧来のしきたりなり。」

(b)『読売』(M43.5.31) の「直垂姿の行司—裃は全廃さる」の項。

「以前は立行司だけが小刀を帯したが、今度は、足袋以上は鎧通しを左前半に帯することになる」

明治43年5月までは、軍配房の紫白や紫は名誉色であり、その色であれば立行司として帯刀も許されていた。また、軍配房の色が「朱」であっても、草履を許される位階であれば、帯刀も許されていたかもしれない。木村瀬平によれば、草履を許されると、帯刀も同時に許されたらしい。これが正しいかどうかはもう少し吟味しなければならないが、帯刀が許されたのは、限られた上位行司だけである[45)]。

---

45) 草履を許された朱房行司は「三役格」だが、同時に「熨斗目麻上下」と「短刀」を許さ

(2) 明治43年5月以降

明治43年5月以降は、行司装束改正と同時に、帯刀は十両格以上の行司に許されている。

(a)『読売』(M43.5.31)。

「以前は立行司だけが小刀を帯したが、今度は足袋以上は鎧通しを左前半に帯することになる」

(b)『時事』(M44.6.10)。

「脇差であるが、これはもと紫白房以上でなければ許されなかったものであるが、最近その服装を鎧下の直垂に改めてからは足袋以上に佩かせることとなった。」

明治43年5月には十両格以上に短刀が許されたが、実際には、これはあまり実施されていなかったようだ。しかし、いつの時点から短刀が立行司や準立行司の特権になったのかははっきりしない。一旦決まったことを変更するにはどこかでそれを決めたはずだが、それがいつなのかが分からないのである。大正5、6年頃の文献で十両格以上は短刀を携帯できることが記されているので、その頃まではそのようなことがあったかもしれない[46]。

れたかどうかはっきりしない。原則として、「熨斗目麻上下」と「短刀」は立行司にだけ許されたものだと私は解釈しているが、それが正しいのかどうかも吟味しなければならない。これに関しては、稿を改めて論じたい。

46) 明治43年5月の行司装束改正のとき、十両格以上は短刀がさせることになっていたので、それをそのまま記した可能性もある。実は、大正5、6年までに短刀に関する変更があったかもしれない。その辺のことが他の資料で、まだ確認できていない。

(a)『野球界』(T5.5)。

「脇差は足袋すなわち十両以上でなければ佩用を許されない」(p.54)

(b) 小泉著『お相撲さん物語』(T6)。

「脇差は足袋すなわち十両以上でなければ佩用を許されない」(p.227)

資料の出典は異なるが、文面はまったく同じである。もし大正5、6年頃まで十両格以上の行司はまだ帯刀することが慣行としてあったなら、帯刀が特定の上位行司に許されるようになったのはそれ以降ということになる。しかし、大正5、6年まで、実際に、十両格以上が帯刀していたかどうかははっきりしない。というのは、それを裏付ける資料がまだ他に見つかっていないからである。

『夏場所相撲号』(T10.5) の「行司さん物語―紫房を許される迄」によると、次に見るように、帯刀は草履を履いた行司には許されるが、それ以下の行司には許されていない。

「現在ではこの小結の位置（草履を履かない朱房格：NH）にいるのが、庄三郎、瀬平、左門の三名であります。それから関脇格になりますと、いよいよ土俵で草履が許され、軍扇には朱房を用いますが、格式は一段上がってきまして、本来ならば土俵で帯刀するのが正当なのでありますが、いろいろの都合上略しております。現在ではこの位置におりますのが、不肖等三名（与太夫、勘太夫、錦太夫）と大蔵でありますが、この位置に上がりまして、草履を穿いた初土俵というものは、やはり年を取っておりましても嬉しいものの一つになっております。」(p.105)

これによると、基本的には、草履を履いた三役格行司は短刀を許されている。しかし、実際には、その行司は「いろいろな都合で」帯刀していないという。実際に帯刀していたのは、おそらく、紫白房と紫房の立行司だけであろう。

いつの時点で、このような「式法」になったのだろうか。少なくとも大正

10年5月頃には、帯刀が許される行司はかなり上位の行司だけである。明治43年5月から大正10年5月の間で、そのような変化があったことになる。もし大正5、6年まで十両格行司も帯刀が許されていたなら、その「式法」が変化したのはそれ以降ということになる。しかし、実際は、明治43年5月以降、早い段階で帯刀は立行司だけに許された可能性がある。草履格の朱房が帯刀を許されるのは、上位行司に支障があったときに限られたかもしれない。いずれにしても、いつの時点で帯刀が紫白房と紫房の行司だけに限定されるようになったかは、残念ながら、今のところ確定できない[47]。

(3) 昭和時代

帯刀ができたのは、原則として、立行司だけである。つまり、紫白房と紫房の行司だけが帯刀できる。朱房の三役格は草履も履けないし、帯刀もできない。多くの文献で、三役格は草履を履き、帯刀もできると書いてあるが、そのような事実はないはずだ。そのように記したある文献をいくつか、参考のため、次に示す[48]。

(a)『最新相撲宝典』(野球界第2別冊付録、S13.5)。

「(朱房は：NH) 力士の三役に相当する格式であって、土俵上では上草履をはき、腰には木刀を差すことが許される。」(p.23)

(b) 彦山著『相撲道綜鑑』(S15)。

「緋総は、三役格であって、上草履をうがち、木刀をさげる。」(p.505)

---

47) 帯刀がいつ、十両格以上の行司から特定の上位行司だけに限定されるようになったかはまだ確認できていないが、それは適切な資料をたまたま見ていないからである。そういう資料はきっとどこかに埋もれているはずだ。

48) これに関しては、たとえば拙稿「行司と草履」(2007) にもっと詳しく扱っている。

(c) 加藤著『相撲』(S17)。

「最高の木村庄之助は紫で横綱格、次の式守伊之助、木村玉之助の二人は紫の中に白が交じっていて大関格、次が赤で三役格で、以上は木刀を差し、上草履を用いることを許されている。」(p.173)

これに対し、三役格は朱房だが、帯刀を許されないとする文献もある。

(a) 寺尾編『角界時報』(S14.6)。

「行司も数年の幕内時代を経過すると、三役並として小結の格式がつき、軍配の総も朱総を許される。それから関脇格になるとやはり朱総を用いるが、格式は一段上で土俵では草履を許され、本来なれば帯刀するのが正当であるが、現今ではこれを略している。」(p.7)[49)]

(b)『大相撲夏場所展望号』(S15.5)。

「**紫・紫白総**：力士の横綱格に相当する。すなわち庄之助が紫、伊之助、玉之助が紫白で、草履、足袋を穿き、小刀を帯している。
緋総：三役に相当、足袋で土俵に上ることを許される」(p.3)

(c) 松翁20代木村庄之助著『国技勧進相撲』(S17)。

「三役格の行司になると、緋色の軍配房を用います。大関に対する行司は紫と白の染め分けの軍配房を使用し、これより福草履、帯刀を許されるのであります。横綱格即ち最高格の行司は純紫色の軍配房となっております。」(pp.55-6)

昭和17年当時、紫白房と紫総は草履を履き、帯刀できたが、三役格は草履

49) この記事によると、草履を許された朱房の三役格がいる。大正時代にはそのような三役格もいたが、昭和14年当時、草履を履いた朱房の三役格がいたかどうか疑問である。

も帯刀も許されていないはずだ。三役格で草履が許された行司は、昭和22年6月、木村庄三郎と木村正直である。この二人は「格草履」と呼ばれている。「格草履」に昇格したが、帯刀は許されていない。他にも三役格はいたが、草履を許されていない。帯刀が許されているのは、紫白房と紫房の立行司だけである。三役格が全員、草履が履けるようになったのは、昭和35年1月である[50)]。しかし、帯刀ができるのは、立行司の代理として横綱土俵入りを引くときである。立行司の代理として結びの一番を裁くときでも、帯刀は許されない。

11. おわりに

行司の帯刀に関し、本章の関心事をいくつか「はじめに」に提示したが、その中には解決できたものもあるし、そうでないものもある。結論としてまとめれば、大体、次のようになる。

(a) 行司の帯刀は元禄以前から行われていたが、なぜ帯刀したのかは分からない。文政10年の「相撲行司家伝」にもその理由は述べていない。帯刀は昔からの式法だったと述べているだけである。
(b) 寛政3年の上覧相撲では場所入りだけでなく、取組でも帯刀している。これは「上覧相撲の式」などで確認できる。式守伊之助の著した『相撲穏雲解』の横綱土俵入りでは行司の帯刀を描いていないが、それは真実を描いていない。なぜ式守伊之助がそのような絵図を認めたかは分からない。
(c) 明治9年3月の廃刀令までは江戸時代と同様に長い木刀（脇差）を着用していたが、その後は短めの小刀に変わった。「本剣」のように見える場合でも、その中身は「竹光」だった。この短い小刀は明治43年5月ま

50) 昭和時代の三役格の草履や房の色に関しては、拙稿「緋房と草履」（2007）に詳しく扱っている。

で続いた。

(d) 明治43年5月まで帯刀は原則として立行司だけに許された。立行司の房色は朱と紫白だが、草履を許されていることが特色である。当時の「紫白」は名誉色であって、最高位の色は「朱」である。

(e) 明治43年5月に行司装束が改正されたとき、帯刀が十両格以上の行司に許された。しかし、その制度は間もなくして変更された可能性がある。というのは、帯刀が上位行司だけの特権になっている節があるからである。大正5、6年までの文献では帯刀が十両格以上の行司にも許されているが、それがその当時まで続いていたかどうかははっきりしない。『夏場所相撲号』(T10.5) の記事によると、当時、すでに帯刀は原則として「紫白房」と「紫房」の行司に限定されている。大正10年5月以前に帯刀が上位の行司に限定されていることから、それまでには帯刀に関する「式法」が変わっている。しかし、その時点がいつなのかを確認する資料はまだ見ていない。

(f) 昭和2年春場所以降、帯刀が立行司だけでなく、三役格行司にも許されたとする文献が非常に多い。これが事実を反映しているかどうかはまだ検討すべきだが、私の知る限り、これは事実を反映していない。昭和22年6月、三役格の木村庄三郎と木村正直は特別に草履を許され、「格草履」となった。しかし、他の三役格行司と同様に、おそらく、帯刀は許されていない。

(g) 三役格行司は現在でも、横綱土俵入りを引くときだけ帯刀を許されている。立行司に支障があり、三役格行司が結びの取組を裁くときでも帯刀を許されていない。それだけ、帯刀には草履よりかなり制限がある。

行司の帯刀にはまだ分からない点がいくつかあるが、他の資料を丹念に調べていけば、解決できるかもしれない。この研究は、帯刀に関する疑問を投げかけたと言ってもよい。特に寛政3年の上覧相撲の取組で、行司が帯刀していたかどうかに関しては、本章の立場を支持する文献や資料が他に見つかるかもしれないし、また、逆に支持しないものが見つかるかもしれない。

第7章　帯刀は切腹覚悟のシンボルではない

1. はじめに

帯刀はなにげない着用具だが、それには長い歴史がある。本章は、主として、次の5点についてその帯刀に関することを調べる。

(a) 帯刀は切腹の覚悟を表すシンボルか。
(b) 帯刀と切腹覚悟が結びつくようになったのはいつ頃か。
(c) 進退伺いを出すようになったのはいつ頃か。
(d) 帯刀と進退伺いとは関係あるか。
(e) 進退伺いの受理は人権問題にならないか。

現在、立行司は帯刀する。他の行司は原則として帯刀しない[1]。進退伺いを出すのも立行司だけである[2]。他の行司は出さない。三役格行司が短刀を差すのは、横綱土俵入りを引く場合だけである。横綱土俵入りは普通立行司が引く

1) 明治43年5月以降は十両格以上の行司にも帯刀が許されたらしいが、その帯刀がいつから許されなくなったかは必ずしもはっきりしない。『夏場所相撲号』(T10.5, p.105) には、三役格行司は帯刀を自主的に遠慮しているという記事もある。つまり、大正10年5月には三役格は実質的に帯刀していない。同様な趣旨の記述は『相撲道』(S9.5, p.16) にもある。しかし、昭和30年代になっても三役格行司は草履を履き、帯刀することができるという記事がたくさんある。三役格行司の帯刀を巡っては、たとえば拙稿「行司と草履」(2007) や「緋房と草履」(2007) などでも詳しく扱っている。

2) 式守伊之助は、規定によると、襲名後二年間は差違えをしても進退伺いを提出しないはずだが、実際には提出しているそうだ。ところで、式守伊之助がある一定期間、進退伺いを出さなくてもよいと決まったのはいつだろうか。進退伺いをいつから提出するようになり、その提出にも何らかの制限があったのかなどは、今後の解明を俟つほかない。

が、立行司の一人に支障があったり、横綱が三人以上だったりすると、三役格行司も引く[3]。取組む力士の位階に関係なく、三役格行司は帯刀しない[4]。なお、土俵祭と顔触れ言上では、立行司でも短刀は差さない。

2. 現状の帯刀

行司の帯刀に関する説明は、大体、次の三つに分けることができる。

(1) 切腹の覚悟を表す。勝負の判定で間違ったとき、切腹する覚悟があることを表すというものである。
(2) 判定者としての威厳を表す。勝負の判定は厳正なものであり、行司は公正な判定をすることを表すというものである。
(3) 判定者としての威厳と切腹の覚悟を同時に表す。詳しく述べる場合は上記の二つをまとめてある。これが現状の説明としては妥当である。

---

3) 横綱が3名以上いる場合でも横綱土俵入りを引くのは立行司である。原則として、伊之助と庄之助が交互に引くのである。横綱が2名であれば、立行司に支障がない限り、三役格行司は横綱土俵入りを引かない。立行司の一人に支障があり、三役格行司が2日以上連続して横綱土俵入りを引く場合、三役格行司は原則として日毎に交代する。すなわち、三役格行司の筆頭だけが毎日務めるわけではない。取組の場合には、三役格行司は日毎に変わるのではなく、席次の通り筆頭が常に二番裁くことになる。

4) 拙稿「帯刀は切腹覚悟を表わすシンボルではない」(2009) の中で、三役格は横綱の取組みを裁くとき、帯刀すると記述したが、それは間違いであることが分かった。私が勘違いをしていたことによるミスである。式守錦太夫に確認したところ (2009.12.25)、やはり三役格は横綱土俵入りの場合しか帯刀しない。三役格が立行司の代わりに取組を裁くとき、帯刀しないことは教わっていたが、いつの間にか取組む力士の階級によっては帯刀することもあるとうっかり勘違いしてしまった。拙稿「行司の帯刀」(2009) では正しく記述してあるが、本章のオリジナルである拙稿「帯刀は切腹覚悟を表わすシンボルではない」(2009) では間違った記述をしてある。後者の拙稿を読むことがあったら、このミスに注意するようお願いしたい。

それでは、その具体的な説明をいくつか見てみよう。

(a) 19代式守伊之助自伝『軍配六十年』(S36)。

「帯刀、草履だけは立行司だけにしか許されません。この帯刀は、昔、勝敗に不正があった場合は、土俵上で腹をかっ切るという責任感の表現ですが、それだけ行司は真剣であり、公平無私に軍配をとるのだということの裏書きでもあります。」(p.116)

(b) 古河著『江戸時代大相撲』(S43)。

「当時（享保年間より以前：NH）の行司は、一種の権威を有し、力士、頭取（今の年寄）といえども、その勝負の検証については、やたらと口を入れることは許されなかった。行司が脇差を前半に手挟むのは、威厳を示すのと同時に、力士が必死の覚悟の取組に立合うのであるから、万一にも勝負の判決を誤ったなら、死をもって謝すという責任観念の表示と見るべきである。」(p.290)

(c)『国技相撲の歴史』(別冊相撲秋季号、S52.10)。

「立行司が短刀をさしているのは大関、横綱の相撲を審判する重大な役目であるから、軍配の差し違いをしたときは切腹するだけの覚悟をしているという、江戸勧進相撲の享保時代からのしきたりである。現在でも立行司が差し違いをすると協会に『間違いをしましたから、責任をとります』という、進退伺いを出すことになっているのは、こうしたところからきている。」(p.152)

上で引用した二つの文献『江戸時代大相撲』(S43) と『国技相撲の歴史』(S52.10) では、「享保時代」が出てくる[5]。これに関し、はっきりしない点が

5) 窪寺著『日本相撲大鑑』(p.99) にも享保年間から立行司が帯刀するようになったと書いてある。これは真実を反映していない。というのは、それ以前にも行司は帯刀していたからである。

一つある。つまり、帯刀が享保時代から始まったのか、それとも切腹覚悟のしきたりが享保時代から始まったのか、そのいずれであるかがはっきりしない。少なくとも慶長年代には帯刀していたことが絵図で確認できる。もし享保年間に行司が帯刀し始めたことを意味しているのであれば、もちろん、正しくない。また、帯刀が切腹覚悟を表すという意味であれば、それにも問題がある。相撲のしきたりを述べてある文献を見る限り、帯刀は切腹と直接結びついていない。行司の帯刀が切腹と結び付いて語られるのは明治30年代で、そのような話が幕末にあったらしい。その話があったことを行司の木村瀬平（6代）が語っている[6)]。

行司の帯刀に関し、33代木村庄之助著『力士の世界』(2007) では別の見方を述べている。

> 「立行司は短刀を腰に差していますが、仮に差違えがあったら責任を取って切腹する覚悟を表したものと言われています。もっとも私が大先輩から聞いた説は少し違います。
>
> 織田信長は相撲が大層好きで、あちこちから強い人を集めて相撲を取らせたそうです。強い人を手勢の一人としてスカウトするのが目的でしょう。その時、武士が行司を努めた。武士はどんな時にも刀を差しているからその名残りだろうと言っていました。どれが正しいのか分かりませんが、実際に切腹した行司はいない、これは事実です。
>
> 力士は真剣勝負しているから行司も真剣でなければならない、その覚悟を表しているのだと私は考えています。」(p.93)

これが帯刀に関する妥当な見方である。というのは、帯刀が切腹ではなく、職責の重大さを表すものだとしているからである。

---

6) 行司木村瀬平が『都』(M31.5.18) の記事で語っているが、幕末に行司の帯刀は切腹のためであろうと語った人がいる。瀬平がどの出典に基づいているかは分からない。もしかすると、そのような噂話を聞いたということかもしれない。幕末の文献は確認できなかったが、この新聞記事で幕末に帯刀と切腹が何らかの形で結びついていたことが分かる。

このように、帯刀に関しては異なる見方が少なくとも二つある。一つは切腹覚悟を表すシンボルであり、もう一つは職責の重大さを表すものである。本章の立場は、どちらかと言えば、後者に近い。しかし、後者とも異なる見方をしている。帯刀を歴史的に見れば、どちらの見方も正しくないからである。

帯刀は軍配や草履と同じように、行司の着用具の一つだったにすぎない。明治9年3月の廃刀令以前は、行司は立行司だけでなく、原則として、上位の行司はすべて帯刀していた[7)]。しかし、その廃刀令以降、帯刀は立行司にだけ許されるようになった[8)]。帯刀は進退伺いとも直接的には関係がない。廃刀令以前、帯刀していた行司がすべて、進退伺いを出していたのではない。廃刀令後、ある時期から立行司だけが進退伺いを出すようになった。つまり、帯刀しているから、進退伺いを出したのではなく、進退伺いを出すのが立行司だけになり、その立行司がたまたま帯刀していたのである。

3. 帯刀の歴史

拙稿「行司の帯刀」(2009) では、行司がいつ頃から帯刀し、なぜ帯刀するようになったかを調べたが、次の2点は解明できなかった。

(a) 行司がいつから帯刀したかは分からない。少なくも慶長 (1605) 以前から帯刀しているが、それ以前のことがはっきり分からない。

(b) なぜ行司が帯刀したのかも分からない。力士が士分扱いで帯刀していたので、行司もそれに倣って帯刀した可能性があるが、それを裏付ける資

7) 廃刀令以前、どの位階までの行司が帯刀を許されていたのかは必ずしもはっきりしない。「上位行司」の定義も明確でないが、帯刀を許された行司としておく。足袋格以上の行司は帯刀を許されていたらしい。

8) 廃刀令は明治9年3月に出ているが、すぐ小刀に切り替えたのではない。帯刀しなかった時期もあったらしい。錦絵では扇子だけを差しているものもある。明治9年12月19日、廃刀令に関する「指令」が出た後 (『曙』(M10.3.6))、1、2年くらいは立行司も帯刀していなかったはずだ。

料がない。

行司は力士と違い、抱え行司になることも少ない。大名屋敷で御前相撲があったにしても、そういう機会は少なく、士分扱いで帯刀するほどではない。慶長年代の相撲の絵図では、行司は、一般的に、軍配と共に帯刀している。軍配は行司の必須用具だが、それに加えて帯刀も権威づけの用具だったかもしれない[9)]。相撲を裁くには、権威がなくてはならない。それを示すための着用具が帯剣である。その帯剣がいつの間にか慣例化した可能性がある。その推測が正しければ、行司は士分扱いだから帯剣したのではなく、行司だから帯剣したことになる。最初の頃は、行司は必ずしも帯刀しなかったかもしれない。それが後には行司の着用具の一つになった。参考までに、帯刀している元禄以前の挿絵や図を次に示す[10)]。描かれた年代は文献によって多少のズレがあり、必ずしも一致しているわけではない。

(a)「相撲遊楽図屛風」、堺市博物館編『相撲の歴史』(p.15)。
慶長10年の作らしいが、行司は帯刀している。
(b)「祇園社・四条河原図屛風」、堺市博物館編『相撲の歴史』(p.17)。
寛永年間の作らしいが、行司は帯刀している。
(c)「京都鴨川糺ノ森相撲興行之図」、堺市博物館編『相撲の歴史』(p.19)。
17世紀初頭の作らしい。行司は帯刀している。
(d)『古今役者物語』(延宝6年)の挿絵。
菱川師宣画と言われている。行司は帯刀している。

『相撲行司家伝』(文政10年11月)でも、9代目木村庄之助は行司の帯刀につ

---

9) 身分の厳しい時代では、武士の身分でない人は真剣でなく、木剣を差した可能性がある。特に辻相撲では武士でない身分の人は木剣を差した可能性がある。勧進相撲が盛んになり、帯剣が許された行司でも、実情は木剣が多かったかもしれない。真剣と木剣の区別は歴然としていたはずである。

10) 絵図や錦絵の詳細については、たとえば拙稿「行司の帯刀」(2009)にも詳しく述べてある。相撲を描いた錦絵は相撲の歴史を扱った書籍でいくらでも見ることができる。

いて昔からの慣例であるとだけ記している。この文書は町奉行筒井伊賀守様御番所から相撲行司、力士、年寄の身分について尋ねられたとき、9代目木村庄之助が答えたものである[11]。

> 「　　　行司苗字名乗、帯刀致候儀、並職業之儀に付、願出候節之事
> 　この段私儀は、浪人者にて、古来より木村と苗字相名乗り、帯刀致し、当時の相撲年寄仲間加入致罷在、行司職之儀は、私並式守伊之助、両人共、先祖より細川越中守様御家来吉田追風より免許貰請候儀にて、伊之助先祖も、その砌より式守と苗字相名乗り、帯刀致し、是亦浪人者にて、その他の行司共は、一切帯刀仕儀無御座候、尤も身分之儀に付、御願之儀有之節は、御奉行所様へ御願申上候儀に御座候」

この文書では木村庄之助と式守伊之助の帯刀について述べているだけで、他の行司の帯刀については何も言及していない。実際は、トップの二人以外の上位行司も帯刀していた。この『相撲行司家伝』にあるように、なぜ行司が帯刀するようになったのかは依然として分からない。行司の木村瀬平（6代）は明治30年代の初期、『都』（M31.5.14）で次のようなことを述べている。

> 「徳川時分には、力士は国々のお抱えで以って[12]、勧進相撲の節は諸大名方へお抱え力士拝借の願書を出して、10日の間勤めて貰ったもので、これを『天下の力士』と称えて、帯刀御免、道中先き継立（つぎたて）人馬帳を道中奉行から差し許され、勧進相撲は寺社奉行のお掛りで以って、毎年晴天10日ずつ両度の興行を御免と相成ったもので、力士は素肌、行司は足袋以上の者に限り、将軍家の御覧相撲に侍烏帽子をつけ、木剣を挿み、大紋を着服いたしました。」

行司は足袋以上に限り、御前相撲で力士と同様に帯刀を許されている。行司

11）これは常陸山著『相撲大鑑』（p.380）に掲載されているものである。字句を少し変えてある。この文書は相撲の歴史を扱っている文献ではたくさん見られる。

12）古河著『江戸時代の大相撲』（p.42）によると、お抱え力士にも扶持米を賜る者とそうでない者があったようだ。前者が士分扱いを受けたという。江戸相撲の行司にも、力士

は御前相撲だけでなく、勧進相撲でも帯刀していた。帯刀が足袋以上の力士だけに限定されていたかどうかは定かでないが、ある一定の地位にある行司に許されたのは確かであろう[13)]。行司が御前相撲の場合だけ帯刀していたのであれば、士分扱いとして処遇されていたと解釈できるが、行司は勧進相撲の場合も帯刀していたのである。御前相撲では、逆に、帯刀しないのが礼儀に叶うはずなのに、帯刀を許すということは何を意味するのだろうか。行司の帯刀はやはり行司職の一つだったために、どの種類の相撲でも許されていたとするのが妥当である。『時事』(M44.5.21)にも次のような記述がある。

> 「幕府時代には力士でも行司でも場所入りには下のほうは木刀、上のほうは一本差して行かなければならぬ規則であったそうだが、抱えとなって扶持米ももらうようになると、改めて帯刀を許され両刀を佩びたという」

これは場所入りするときの帯刀について記述しているが、地位によって刀の中身が違う。行司も力士と同様に、帯刀が許されていた。この記述によると、行司が土俵上で勝負を裁くときでも、帯刀していたかどうか定かでないが、土俵上でも帯刀していたに違いない。場所入りまでの帯刀だけなら、士分扱いとして解釈できないこともないが、土俵上でも帯刀するのであれば、やはり士分扱いと異なる[14)]。行司はいったん土俵へ上がれば、帯刀するのが当たり前だったはずだ。軍配だけでなく帯刀も行司の着用具の一つとして見なされていたに

と同様に、お抱え行司とそうでない行司がいたかどうかははっきりしない。

13) 江戸時代の行司にそのような地位の区別があり、地位によってどのような着用具の区別があったのかははっきりしない。錦絵が大いに参考になりそうだが、錦絵に描かれている行司はほとんどすべて、地位の高い行司である。勧進相撲が盛んになる元禄以前から行司は帯刀しているが、それ以前、行司に明確な地位の区別があったのかどうか、まったく分からない。元禄以降であっても、地位に関する詳細はほとんど分からない。番付が得られるようになってからは、行司の席順は一目瞭然だが、行司の地位、房の色、草履、帯剣の有無などに関する情報などは分からない。

14) 江戸時代の勧進相撲の行司の身分は、ほとんどの場合、武士の出自でないはずだ。さらに、力士と違い、大名の抱え行司になることもなかったはずだ。あったとしても、例外であろう。そのような行司が帯刀を許されているのだから、士分としての処遇以外に理由があるに違いない。

違いない。

このように見てくると、少なくとも江戸時代、行司の帯刀は切腹とはまったく関係ない。上位行司だけが帯刀していたかどうかはまだ分からないが、帯刀は差違えをしたとき、切腹の覚悟を表すためではなかった[15)]。行司職であれば、帯刀することが当たり前だったのである。これは明治9年3月の廃刀令までも続いている。

4．廃刀令と帯刀

江戸時代、帯刀は行司職のシンボルだったが、江戸時代と同様に、明治時代でも明治9年3月の廃刀令までは、帯刀している。まず、江戸時代では立行司以外の行司が帯刀している例を示す。次に、明治時代では廃刀令まで立行司が帯刀している例を示す。廃刀令までは依然として帯刀が続いていたことが分かる。

(1) 江戸時代で上位行司が帯剣している錦絵

(a) 小柳と四賀峯の取組、春亭画、文政6年、『江戸相撲錦絵』(pp.29-31)。
行司・木村太郎、帯剣、草履は履いていない。

(b) 武蔵野と天津風の立合い、豊国画、弘化4年春場所、『江戸相撲錦絵』(p.100)。
行司・木村庄太郎（竜五郎改め)、帯剣、草履は履いていない。

(c) 常山と御用木の取組、三代豊国画、嘉永年間、『相撲浮世絵』(pp.52-3)。
行司・木村庄九郎、帯剣、草履は履いていない。

(d) 一力と雲早山の取組、豊国画、嘉永年間、『江戸相撲錦絵』(p.75)。
行司・木村多司馬、帯剣、草履は履いていない。

---

15) 江戸時代、帯刀が足袋以上の行司だけに許されていたのかどうかははっきりしない。錦絵では素足でも帯刀しているように見える。錦絵では木村庄之助や式守伊之助以外の行司も帯刀して勝負を裁いている姿がたくさん見られる。

(e) 鏡岩と小柳の取組、芳宗画、嘉永4年、『図録「日本相撲史」総覧』(pp.30-1)。
行司・式守鬼一郎、帯剣、草履は履いていない。
(f) 両国と武蔵川の立合い、国貞画、文久3年、『江戸相撲錦絵』(p.101)。

(2) 廃刀令以前の明治時代で帯剣していた錦絵や写真[16)]

(a) 明治2年、不知火(光)と鬼面山の二人横綱の記念写真、酒井著『日本相撲史(中)』(p.6)。
行司は式守伊之助で、帯剣している。
(b) 明治2年～3年、「鬼面山横綱土俵入之図」、国輝画、『江戸相撲錦絵』(p.65)。
露払い・五月山、太刀持ち・小柳、行司は庄之助で、脇差。
(c) 明治4年、境川と象ケ鼻の取組、国輝画、田原町博物館編『相撲錦絵展』(p.8)。
行司は式守伊之助で、脇差を差している。
(d) 明治6年の錦絵、境川・小柳の取組、国輝筆、田原町博物館編『相撲錦絵展』(pp.22-3)。
行司は式守伊之助で、脇差を差している。
(e) 明治8年4月御届、上ケ汐と鞆の平の取組、国明筆、(私蔵錦絵)。
行司は木村庄五郎で、脇差を差している。草履を履かず足袋だけ。紅白房。
(f) 明治9年4月17日御届、「大相撲引分之図」、国明筆、学研『大相撲』(p.142)。
梅ケ谷と玉垣の取組。行司は式守鬼一郎で、草履を履かず、足袋だけ。脇差を差している。紅白房。木刀でも差してはならないという通達があったのは、明治9年12月19日である(『曙』(M10.3.6))。それまでは、行司の帯刀は厳しい規制をされていない[17)]。

---

16) 明治初期には錦絵は勿論、写真も出てくる。しかし、非常に少ない。写真は錦絵よりリアルである。
17) 錦絵で行司の帯刀の有無を調べるとなれば、明治10年3月以降が無難である。『曙』

これらの錦絵や写真から分かるように、江戸時代から明治時代の廃刀令まで上位行司はすべて帯刀するのが普通だった。上位行司が帯刀していることから、それは行司職の着用具の一つだったことも分かる。廃刀令後は、帯刀は立行司だけに許される特権になった節がある。廃刀令直後は帯刀せず、扇子だけを差すこともあった[18)]。

(1) 廃刀令後、帯刀していない錦絵

扇子だけの錦絵もあるし、扇子さえ差していない錦絵もある。扇子は差しているが、描かれていないのかもしれない。実際に、扇子を差さないことがあったのかどうか、はっきりしない。

(a) 境川浪右エ門の土俵入り。明治11年1月の日付がある錦絵。学研『大相撲』(pp.142-3)。
露払い・四海波、太刀持ち・勝浦。式守伊之助（6代）は扇子。帯刀していない。

(b)「境川横綱土俵入」、御届明治11年4月9日、『相撲百年の歴史』(p.96)。
露払い・勢、太刀持ち・勝浦。庄之助は扇子である。短刀は差していない。

(c) 境川横綱土俵入の錦絵、御届明治11年4月9日。
この錦絵の構図は上の「境川横綱土俵入」とまったく同じ。しかし、露払い・四海波、太刀持ち・手柄山である。庄之助は扇子である。短刀は

(M10.3.6) に行司でも木刀を佩刀できないという記事が掲載されている。

18) 明治9年3月の廃刀令直後、扇子を差している錦絵がいくつかある。その扇子を拙稿「行司の帯刀」(2009, pp. 299-300) では「扇子のように見えるが小刀かもしれない」と記述したが、それは間違いである。それは扇子そのものであり、小刀ではない。小刀の代わりに扇子を差しているわけでもない。行司はそれまでも帯剣と共に扇子も着用していたが、廃刀令のため一時的に帯刀しなかったようだ。廃刀令後でも勧進相撲では帯刀している錦絵や写真があるが、帯刀がいつ許されたかははっきりしない。なお、廃刀令の後では、立行司だけに帯刀は許されたようだ。

差していない。

(d)「勧進大相撲取組之図」、国明筆、(私蔵)。
境川と梅ケ谷の取組、力士一覧から明治11年夏場所（6月）を描いたものである。木村庄之助は帯刀していない。扇子も差していない。

(2) 廃刀令後、帯刀している錦絵と写真

(a)「大相撲引分之図」、御届明治9年4月17日、学研『大相撲』(p.142)。
行司・式守鬼一郎。帯剣。草履は履いていない[19]。
(b)「勧進大相撲土俵入図」、明治9年夏場所、『図録「日本相撲史」総覧』(pp.38-9)。
(c) 山形県での朝日嶽横綱土俵入りの写真、明治11年、酒井著『日本相撲史（中）』(p.48)。

このように、帯刀している場合もあるし、そうでない場合もある。しかし、間もなく帯刀することが当たり前になっている。それでは、いつ頃、行司の帯刀が不問になっただろうか。それは、遅くとも明治13年頃までに決まっていた節がある[20]。それは次のような資料で確認できる。

(a)『相撲道と吉田司家』の「御請書」(M15.7, pp.126-8)[21]。

この御請書によると、草履を履くには吉田司家の許可がなければならない。

---

19) この錦絵は廃刀令後の日付になっているが、3月までには描き終わっていたようだ。草履を履いていないことから分かるように、廃刀令までは上位行司が帯剣していた。廃刀令が4月から厳格に施行されていなかったために、行司の帯刀姿にある期間混乱があったかもしれない。
20) 相撲に関する活字資料ではその期間中に帯刀が許されたことを、残念ながら、確認できない。明治12年から13年の間に描かれた錦絵がいくつか見つかり、帯刀の有無が判別できれば、帯刀が許された時期もある程度確認できるはずだ。幸いなことに、当時の錦絵には御届の日付が記されている。
21) 吉田追風は明治10年3月頃から明治14年7月頃まで西南の役に参加していたので、その

帯刀に関しては何の言及もないが、草履の免許だけでなく、帯刀の許可も別々に出していたはずだ。明治15年当時、草履免許を授与されたのは、木村庄之助、式守伊之助、木村庄三郎、式守与太夫、木村庄五郎、木村誠道、木村庄次郎である。

(b)『読売』(M30.9.24)。

「(庄三郎は：NH) 明治16年中、15代目庄之助を継続し、縮熨斗目麻上下着用木刀佩用紫紐房携帯を許され (後略)」

『読売』(M30.9.24) の記事では、木村庄三郎が15代木村庄之助を襲名していた明治16年中で木刀が許されたことを扱っている。襲名時期に、実際に、木刀を許されたかどうかは問題になるが、装束に関することが真実であることから、帯刀のことも真実を記してあるに違いない。つまり、15代木村庄之助は明治16年中、確かに木刀の許可も受けていたはずだ。「熨斗目麻上下」の装束を許され、立行司になっていたからである[22)]。

明治30年頃には、草履を許された「三役格」も立行司と同じように、「慣例」として帯刀が許されたかもしれない[23)]。瀬平は明治30年当時、草履を許されたら、帯刀も許されると述べている、それは、次の記事で確認できる。

間、相撲とかかわっていない。しかし、明治14年7月には東京相撲を視察している (『相撲道と吉田司家』(pp.117-8))。明治15年には、相撲協会と吉田司家の間で力士や行司は従来のように吉田司家の免許を受ける協定を結んでいる。その免許の中には草履が含まれているが、帯刀については何も言及されていない。後で触れるように、熨斗目麻上下と草履を許されれば、帯刀も許されるという暗黙の了解があったかもしれない。

22) 立行司は熨斗目麻上下を着用し、草履を履き、帯刀している。房の色は必ず紫白である必要はない。15代木村庄之助も明治16年はおそらく「朱房」だったはずだ。9代伊之助も明治34年に吉田司家から熨斗目麻上下を許されたときは「朱房」だった。9代伊之助が紫白を許されたのは明治37年5月である。紫白房を許されれば当然、熨斗目麻上下も許されている。

23) 草履を許された「三役格」が同時に帯刀も許されたかどうかは必ずしも定かではない。瀬平は「しきたり」として許されたと主張している。立行司の代理を務めるとき、「帯刀」することができることは確かだが、「常」に帯刀できたかどうか、もっと詳しく調

「行司木村瀬平は今春大場所より突然土俵上木刀を帯用し始めたるをもって取締雷権太夫始め検査役等大いにこれを怪しみ、古来木刀を帯用することは庄之助・伊之助と雖も肥後の司家吉田追風の允許を経るにあらざれば、みだりに帯用すること能わざる例規なるに、瀬平の振舞いこそ心得ねと協議の上、彼にその故を詰問したりしに、さらに恐るる気色もなく、拙者儀は昨29年の夏場所、土俵上福草履を用いることを既に協会より許されたれば、これに伴って麻上下縮熨斗目着用、木刀帯用するは当然のことにして旧来のしきたりなり。尤も木村誠道が麻上下、木刀等を帯用せざるは本人の都合なるべし。もし拙者が木刀帯用の一事について司家より故障あるときは、瀬平一身に引受けて如何様にも申し開きいたすべければ心配ご無用たるべしとの答えに協会においても瀬平の言をもっともなりと思いしにや、そのまま黙許することになりしという。」(『読売』(M30.2.15))

この記事で注目すべきことは、草履と帯刀が一体となっていることである。それで、瀬平は草履を着用し、帯刀もしている。しかし、草履を許されていたのに、帯刀していない行司もいた[24)]。たとえば、木村誠道は草履を履いてい

べる必要がある。瀬平は草履を許されると、「熨斗目麻上下着用、木刀帯用」も許されると主張しているが、これは勘違いの可能性もある。「木刀」と草履の許可は別々だった可能性も否定できないからである。瀬平は明治32年3月に紫房を許されているので、その時、熨斗目麻上下着用と帯刀を許されたはずだ。吉田司家は明治34年4月に瀬平の熨斗目麻上下着用の免許を授与している。それは正式な免許授与で、実際には、明治32年3月には紫房を許されている。したがって、その5月場所では熨斗目麻上下を着用し、帯刀も許されている。問題は、明治30年1月から明治32年1月までの期間、瀬平が新聞記事で述べているように、熨斗目麻上下を着用していたかどうかである。本章では、瀬平は草履を許された明治29年5月から明治31年1月までは「三役格」だったという解釈をしている。誠道が明治31年1月に紫白房を許されて「立行司」になっているのに、瀬平がそれより以前に「立行司」だったはずはないからである。

24) 廃刀令後しばらくは、草履を履いていても帯刀していない錦絵がある。立行司に帯刀が許されてからも、帯刀するかどうかはしばらく、個人の選択に任されていたかもしれないし、ある時期から常に帯刀するようになったかもしれない。立行司の帯刀がいつ正式に許されたかは分からない。錦絵などで調べる限り、立行司の帯刀は明治12、3年後である。明治11年は、立行司も他の行司と同様に、帯刀していないはずだ。

たが、帯刀していなかった[25]。瀬平はそれを「本人の都合」によるものだと語っている。熨斗目麻上下は立行司なので、帯刀も許される[26]。草履を許されると、帯刀も同時に許されるのかどうか、必ずしもはっきりしない。立行司は「常に」帯刀するが、三役格は立行司の代理を務める場合にだけ許されたのではないだろうか[27]。すなわち、三役格の帯刀は条件つきだったはずだ。

なお、廃刀令までは草履を履かない行司も帯刀が許されていたが、それ以降

---

25) 誠道は明治29年5月場所、草履を許されている。明治31年1月、立行司になって初めて帯刀している。誠道は明治31年1月、16代庄之助となり、それからは帯刀している。誠道が三役時代、帯刀しなかったのは、帯刀は立行司だけに許されたものと思っていたからに違いない。三役格は立行司の代理を務めるときだけ、帯刀すると思っていたはずだ。誠道は明治29年5月、草履を許されているが、明治31年1月まで「熨斗目麻上下」の装束を着ていない。草履と熨斗目麻上下が不可分のものであるならば、誠道は熨斗目麻上下を着ても当然なのに、それを着ていない。草履と熨斗目麻上下の許可は別々だったはずだ。さらに、熨斗目麻上下は立行司だけに許された装束である（『読売』(M30.2.10））。したがって、瀬平の言っているのが正しいかどうかは、瀬平が明治30年当時、熨斗目麻上下を許されていたかどうかである。本章では、明治30年当時、瀬平には熨斗目麻上下の許可は下りていなかったという解釈をしている。

26)『木村瀬平』(M31）によると、瀬平は「同年（M29：NH）相撲司より麻上下熨斗目織の衣服、木剣、上草履等の免許を得たり」(p.5）とあり、草履の免許だけでなく服装もまったく立行司と同じものを許されている。これが真実なら、瀬平の言い分が正しい。しかし、瀬平が明治29年夏場所、実際に「熨斗目麻上下」の免許を授与されていたかどうかは、疑わしい。というのは、実際は、明治32年3月に紫白と熨斗目麻上下を許されたからである。免許は熊本の巡業中、明治34年4月に授与された（『読売』(M34.4.8））。瀬平は明治32年3月まで「熨斗目麻上下」を許されていない。もし三役格が立行司と同様に、「常に」帯刀できたのであれば、三役格の誠道も帯刀していたはずだ。行司は着用具に敏感であり、それを「個人の都合」だけで帯刀しなかったはずはないからである。瀬平は誠道よりも12歳ほど年上で経験も豊富だったので、協会も瀬平の剣幕に圧倒されかも知れない。協会は瀬平の言い分を聞く前は、帯刀を疑っていたのである。このことは、当時でも三役格は「常に」帯刀しないものだと認識していたことを示している。

27) 本章では、立行司は無条件に帯刀し、三役格は「一定の条件下」で帯刀できたと解釈しているが、それが事実に即していたかどうかは必ずしも定かでない。瀬平が主張しているように、草履を履いた三役格は立行司と同様に、常に帯刀していたかもしれない。しかし、明治40年代の新聞記事によれば、帯刀は立行司だけに許されている。三役格の帯刀に関しては、ほとんど言及されていない。しかし、明治以降の文献ではほとんどす

は立行司のみに許されている[28)]。実際、廃刀令後、錦絵でも立行司を除いて、帯刀している姿は描かれていない。なぜ立行司のみに帯刀が許されるようになっただろうか。それは、おそらく、帯刀の伝統を維持したかったからであろう。廃刀令が出た後、行司の帯刀は「遊芸の一部分」であるから許してほしいという旨のお伺いを出している。『東京曙』(M10.3.6) の「相撲の行司木刀も佩用できず」の項に次のような記事がある。

「大阪府より内務省へ伺い　相撲興行の節、行司と唱うるもの従来脇差帯用候処、帯刀禁止の御規則に付き、登場の節のみ木刀相用いたき旨申し出候。右は畢竟遊芸の一部分にして、劇場に帯刀致し候とも格別異ならざる儀に付き、聞き届けしかるべきや相伺い候也。

指令（9年12月19日）。書面、木刀といえども佩刀の儀は相成らず候事。」

協会は帯刀を「遊芸の一部分」だと認めている。しかし、内務省からは木刀でも駄目だという答えが返ってきた。それで、協会は脇差を避けるのは仕方ないが、その代り短い木刀あるいは中身が竹光の短刀ではどうかと打診したかもしれない。内務省もそれなら帯刀してもよいと返事したかもしれない。協会と内務省の間で短刀を巡る話し合いがあったに違いないが、その辺の事情を示す資料は何一つ見つかっていない。実際、明治11年頃は扇子だけを差した錦絵もあるし、短刀を差した錦絵もある。その頃は、話し合いの進行中で少し混乱があったかもしれない[29)]。しかし、明治13年頃には、立行司には脇差ではな

べてと言っていいくらい、三役格は草履を履き、帯刀できると記述されている。昭和2年春場所から昭和34年11月場所まで、三役格は草履を履けなかったし、従って帯刀もできなかった。唯一の例外は、庄三郎と正直が昭和22年6月、草履を許されているだけだ。この二人以外の三役格はやはり草履を履いていない。

28) 江戸時代、草履を履かない行司でも帯刀しているが、錦絵では足袋と素足の区別がつかない。足袋以上の行司が草履を履いているのは確かだが、素足行司も帯刀できたのかどうかとなると、はっきりしない。文献でも上位の足袋行司は帯刀を許されたとあるが、素足行司の帯刀に関してははっきりしないのである。行司は着用具の一つなので、地位に関係なく帯刀できるはずである。しかし、時を経るにつれ、帯刀にも地位の区別ができた可能性がある。その辺のことは、今後調べる必要がある。

29) 明治12年に描かれた錦絵があれば、立行司の帯刀がいつ許されたかはかなりの確率で

く、短い木刀か短刀を許すことが決まっている。繰り返すが、短刀の中身は「竹光」であり、真剣は許されない。

なぜ協会は帯刀にこだわったのだろうか。行司が帯刀することに関し、協会がどういう考えを持っていたかはまったく分からない。推測になるが、横綱土俵入りで太刀持ちが太刀を持つことから、その土俵入りを引く立行司にも帯刀してほしかったからではないだろうか。扇子だけでは満足できなかったのかもしれない。協会には帯刀が切腹覚悟のシンボルだという考えなどなかったはずだ。実際、そのシンボルではないからだ。内務省でもそれを切腹覚悟のシンボルだと認識していなかったはずだから、協会がそのシンボルだと言えば、即座に拒絶したかもしれない。協会が帯刀を許してほしいという願書にも述べているように、帯刀は「遊芸の一部」として協会も認識している。今でも、協会はそのように認識しているはずだ。

帯刀と切腹が結びついた考えは幕末にもあったらしい。それを示す記事が『都』(M31.5.18) の「行司木村瀬平（三)」の項にある。

> 「(前略) 明治前のことで、不知火光右衛門が初めて横綱を張ったときでした。確か初日に平戸藩のお抱え玉の戸忠四郎との取組に、例の勝負について苦情が起こって、不知火は細川侯のお抱えでしたが、役人が行司に向かって、そのような目先の利かない団扇の揚げようをするなら、申し訳のため腹を切れ、貴様たちが挿んでいる脇差は何のためだ、大方斯様な場合に切腹するためだろう、と言われたんですからな、勝負のモメができる度ごとに行司が腹を切って堪るもんですか、だが昔はこれくらい難しかったんですな。」

この話は幕末にあったらしいが、その考えは現代に通じるところがある。武士の身分を表す帯刀がその本来の意味を失い、いつの間にか別の意味が付加されたのである。最初は取り立てて特別の意味などなかったものが、時の経過と共にいつの間にか新しい意味を付加されることがある。そして、それが一人歩きし、以前の意味が薄らいでしまう。このようなケースは、周辺でいくらでも見ることができる。帯刀もその類の一つのようだ。

推測できる。明治13年の錦絵では帯刀している姿が描かれているからである。

刀と言えば、思いつくのは「切腹」である。立行司は行司のトップであり、判定に強い権限を持っている。そのような権威ある行司が差違えを犯した場合、どんな責任を取るか。「切腹」するのが最高の身の処し方である。それを果たすには、自ら差している短刀を用いればよい。そのように、短絡的に考える人が出てきてもおかしくない。切腹には日本人の心情に訴える何かがある。帯刀と切腹を結びつけると、何となく納得したくなるのだ。しかし、そのような考えは後の時代に出てきたものであり、帯刀は元々行司の着用具の一つだったにすぎなかった。

5. 明治43年5月の帯刀

明治9年3月に廃刀令が公布され、行司は帯刀を禁じられた。しかし、年月は確定できないが、明治13年までには立行司の帯刀が許されている。その帯刀は明治43年5月の行司装束改正時まで続いた。立行司の帯刀が「切腹」や「進退伺い」と関係ないことは既に触れた。興味深いことに、この明治43年5月からは十両以上の行司でも帯刀が許されている。これは、次の記事で確認できる[30)]。

(a)「以前は立行司だけが小刀を帯したが、今度は足袋以上は鎧通しを左前半に帯することになる」(『読売』(M43.5.31))
(b)「足袋以上は佩刀を免される」(『やまと』(M43.5.31))

廃刀令後は、帯刀は立行司だけの特権になっていたのに、明治43年5月以降は十両以上にも許されるようになった。なぜ十両以上の行司に帯刀が許されたかについて、特別な理由があったのかどうかは分からない。装束の改正があり、十両格以上の行司も帯刀するようになったと新聞記事でも記されているだけである。廃刀令の公布までは上位行司も帯刀していたことから、装束改正を

---

30) 十両格以上の帯刀に関しては、『時事』(M44.6.10)の記事でも確認できる。そこでは、服装を直垂に改めたので、帯刀することになったと書いてある。

きっかけに改めて威厳を加えたかったのかもしれない。十両格以上は一人前なので、帯刀しても不自然ではない。いずれにしても、この帯刀は威厳を表す着用具だったかもしれないが、切腹を表す覚悟のシンボルでないことは確かである。

立行司が判定ミスを犯した場合、進退伺いを提出するのは立行司としての権威を失したからである。帯刀していたからではない。帯刀がたまたま立行司に許されていたにすぎない。これは明治43年5月に十両格以上の行司に帯刀が許されたことからも分かる。もし立行司の帯刀が切腹覚悟のシンボルであり、そのために進退伺いを提出するのであれば、それは十両格以上の行司にもそのまま適用されるはずである。しかし、十両格以上の行司は判定ミスを犯しても、進退伺いを出す必要はなかった。このように、明治43年5月当時、帯刀には切腹覚悟を表すシンボルの意味はなかったし、帯刀は進退伺いとも関係なかった。

十両以上の行司は明治43年5月に帯刀を許されたが、いつの間にか、それが許されなくなっている[31)]。いつの時点で、そうなったのかははっきりしない。大正9年頃には十両以上でも帯刀が許されていたという文献も少しは見られるが、それが事実を正しく反映しているかどうか、吟味する必要がある。明治43年5月に帯刀が許されたが、それは守られなかったかもしれない[32)]。

31）十両格以上の行司の帯刀については、たとえば拙稿「行司の帯刀」（2009）でも触れている。

32）立行司の帯刀に関する文献は多いが、十両格以上の行司の帯刀について触れた文献は非常に少ない。『春場所相撲号』（T9.1）に「十両格から行司も足袋は履けるし、脇差は差せるし（後略）」（p. 48）とある。実際に、大正9年頃、十両格行司が帯刀していたのか、断定するには資料が少ない。

6. 行司が絶対的であった時代

行司が判定に強い権威をもっていた時期がある[33)]。物言いがあった場合でも、その権威を維持することができていた。判定が難しかった場合、「勝負預り」として黒白をつけなかったこともあった。そのような時代でも、帯刀がその権威のシンボルだったのではない。判定に物言いがあった場合、行司がどう対応するかでその真価が問われる。行司の権威を発揮した例としてよく引き合いに出されるものがあるが、ここでもそのいくつかを取り上げ、行司の権威と帯刀に何らかの関係があるか見てみよう。

(1) 安永の頃の木村庄之助

相撲の取組を木村庄之助が裁いたが、土俵下にいた力士たちから苦情が出た。取締りや世話人等も中に入り、なんとか丸く収めようとしたが、庄之助は毅然として自分の裁きを曲げなかった。勝ち力士の名乗りを上げ終わると、団扇を土俵上に放り投げ、着けていた裃を脱ぎ、自宅へ引き上げた。これについて、酒井著『相撲随筆』(1995) では次のように述べている。

> 「権威に屈せず、阿(おもね)らず、どこまでも正しい道を進んで自己の職責を全うしたこの庄之助の意気に実に感ずべきもので、親方の顔色を伺い、一身の安全をはかりがちな社会に美しい話である。」(p.191)

木村庄之助は確かに職責を全うすることに誇りをもっているが、それを帯剣と少しも結びつけてはいない。行司の職責に対する苦情が出たことに怒り、行

33) 安政の頃には判定が難しい場合、行司は軍配を上げなかったり、頭の上で振ったり、袴の中へ隠したりしたらしいが、これが頻繁に行われていたのかどうか確認していない。軍配を東西のいずれかに上げるように決まってから、そのような判定をやらなくなったのかどうかさえ分からない。

司としての装束や着用具を土俵に投げ捨てている。自分の判定に物言いがついたことが我慢ならない。自説を曲げるくらいなら、行司を辞める覚悟である。

この行為の是非はさておき、それが帯刀と何らかの関係があるだろうか。つまり、行司職を投げ捨てる覚悟をしているが、それは帯刀していたからだろうか。実は、この行為と帯刀にはまったく関係がない。行司は当時、帯刀するのがしきたりだったので、たとえ判定ミスを犯したとしても、「命」で償うという観念はなかった。行司として職責を十分に果たせないとき、それが恥であったことは確かである。判定ミスで行司を辞めた例は知らないが、たとえそのような例があったとしても、それは帯刀と関係ないことである。行司が判定ミスをしたら、差している刀で「命を断つ」のだという深刻な意味合いなどはないからである。

(2) 岩井團之助

この岩井團之助は行司の権威を示す例として多くの文献で取り上げられている。『夏場所相撲号』(T10.5) の「名行司物語」では、この行司の取った行為を次のように褒めている[34)]。

> 「旧幕（享保：NH）の頃、大阪に岩井團之助という名行司がいた。ひととせ、南部侯お抱えの土蜘蛛と、大阪の人気力士八角との勝負の時、土蜘蛛が八角をかついで投げたのを團之助は、
> 『ただ今の勝負は、預かりなり』
> と宣告した。土蜘蛛は、南部侯のお抱え力士の事とて、命知らずの南部の武士が肩いからして、この勝負如何にと注視していた。この宣告をきいた南部侍中の血気にはやる者4、5人、刀を抜いて、土俵に飛び上り、團之助に向かって言う様は、

---

34) この話は『相撲今昔物語（巻の二）』(pp.100-3) に基づいているが、行司の権威に言及する雑誌や書籍等ではよく引き合いに出されている。たとえば、酒井著『相撲随筆』の「かくありたい行司の見識」(pp.188-92)、綾川著『一味清風』(pp.191-4)、枡岡・花坂著『相撲講本』(pp.696-700) などでも見られる。

『見事に、土蜘蛛が勝ちたるものを、無勝負と言うは、けしからぬ。土蜘蛛の勝ちとせざれば、汝の命は、貰うぞ』
と、刀のつかに手がかかった。スワヤ一大事と、観客は、鳴りを鎮めている。

團之助、この時少しもさわがず、『暫く待たれよ』とて、武士の暴行を制し、『土蜘蛛が、八角をかつぎし時、踏み切りあり、我は天下の行司なり、依怙贔屓は、天の照覧あり、各々方の口添えは不必要なり』
とて、一歩も譲らなかった。團之助の態度は、行司としていかにも立派である。死を決して土俵に上ればこそ、かかる剛肝を押し通す事が出来たのである。」(p.82)

この場面では、確かに、土俵上で武士と行司が共に剣に手をかけて、命がけで自分たちの主張をしている。團之助はいかなる圧力にも屈しないし、武士は公平に判定すべきだと主張している。行司は命をかけて勝負の判定をし、それにケチをつけられるのは心外だと思っている。武士が剣を抜こうとしているので、それに対抗して行司も差している剣に手をつけている。防御のために剣で対抗しているのである。防御を第一義として行司は帯刀しているわけでないが、相手から攻撃されれば剣を抜くこともある。行司職の権威を守るためならば、剣を抜かなければならない場合もある。当時は、物言いをつけられても、行司に黒星がつくようなことはなかった。このような状況では、行司の判定に間違いなどあるはずがない。酒井氏は『相撲随筆』(1995) の中でこの岩井團之助について、次のように書いている。

「このように行司は一度土俵の上にのぼれば何時でも命を捨てる覚悟であり、またかくまでにしてその見識を立てたものである。」(pp.189-90)

確かに、行司は命がけで判定に臨んでいるが、その覚悟と帯刀は関係ない。当時、帯刀は腹を切るためのシンボルという考えはないからである。帯刀がたとえ権威の誇示のためであったとしても、それは「切腹」と直接的には結びつかない。どんな仕事でも責任ある立場にあれば、責任上、「腹を切る」ことはある。「腹を切る」には必ずしも短刀は必要ない。行司はたまたま帯刀しているので、「腹を切る」と言えば、短刀を連想するのである。

(3)『朝日』(T2.2.19)の「南部相撲故実発見(3)」の記事

この記事の小見出しは「厳格な行司の本義」で、その中で次のように述べている。

> 「(前略)九州方にも立派な行司のあったに拘らず、長瀬(越後：NH)の手腕を試さんため、兼香公の下命で特に三役の勝負は同人のみが行司をした。名誉の程はこの上もないが、失敗すれば君命を辱しめ、自らは切腹の外なしとその心痛は一方ならず、精進潔斎神仏に祈願を籠めて勤めた甲斐あり、首尾よく味方の勝利となった外に、9日目西国と文字摺との立合いに、力士双方は呼吸合って立上がったが『この相撲、未だ行司の団扇を切らざる内に立上りたるものなれば引分くべし』と主張して、遂に引分けて厳格なる行司の本義を果たした。」

要するに、行司は依怙贔屓なく、公平な立場で勝負を判定し、行司職の権威を守っている。このように、行司の権威を守った例は他にもたくさんあるが、これらの話は行司の判定が尊重されていた江戸時代に多く見られる[35]。物言いがあっても、円満な解決策として「勝負預り」とか「無勝負」という判定があったからである。行司も権威を振りかざして、自説を主張することができた。行司は常に正しいとは限らない。物言いをつけたくなる相撲もある。それ

35) 行司が明治初期、判定を巡って自殺を企てた話が『相撲大観』(pp.375-6)にある。これは軍配を払い落されたことに対し、ケチをつけられたことに腹を立てたのが原因であり、帯刀とは関係ないことである。軍配は行司の命であり、聖なるものである。行司は現在でもそう思っている。それを払い落す行為は、行司を侮辱するものである。『一味清風』(p.193)にも木村光五郎という行司が自分の揚げた軍配に苦情があれば、土俵の上で腹を切ると威張りかえったという話が述べてある。この木村光五郎がいつ頃の行司かはっきりしないが、行司の権威が絶対的であった頃の話かもしれない。そうでなければ、自分の判定に間違いなどあり得ないという思い上がりから出た話である。行司は絶対に誤りを犯さないというのは、間違った考えである。その視点から見れば、行司が権威を振りかざし、自説を曲げないというのもおかしな話である。

を是正するために、「中改め」や「審判委員」制度などが導入された。それでもやはり不備は残る。行司の権威が落ちてしまっている状況を嘆き、行司にもっと権限を持たすべきだという主張がしばしば見られる。しかし、行司の権限を抑えたのには、それだけ理由があったことも確かだ。

7. 17代木村庄之助の辞職

判定の誤りがきっかけで、立行司を辞職したのは17代木村庄之助である。これに関しては、当時の新聞や文献だけでなく、その後の文献でもしばしば触れられている[36]。その中からいくつか見てみよう。

(a)『朝日』(T10.5.18)。

「大相撲5日目の中入り前、大錦と鞍ケ嶽を合わせた立行司木村庄之助は、鞍ケ嶽が踏切りのあるに拘らず、大錦を打棄った刹那、庄之助はその踏切りを見落として鞍ケ嶽に団扇を上げ、物言いの結果、大錦の勝ちと決まって団扇の上げ直しをしたが、庄之助はいたく責任観念を感じ、一旦帰宅後、直ちに『老齢その職に堪えず』という意味の辞表を書いて、友綱取締に提出したので、協会では同日打出し後、直ちに役員会議を開き、一旦は引き止めたがさすがは庄之助『立行司としてこの醜態を演じた上は如何にしても再び登場する顔はなく、且つ今後他の行司等への見せしめにもなるから』と断然決心したので、協会でも遂に聞き届け、(後略)」

(b)『国民』(T10.5.19)。

「(前略) 庄之助は改めて大錦に勝ち名乗りを揚げ、そのまま場所より帰宅するや『老年勤務に堪えず』との理由で師匠友綱の手を経て出羽ノ海以下役員

---

36) 当時の新聞や相撲関係の雑誌では17代木村庄之助の辞職について触れている。差違えがきっかけで辞職しているが、差違えだけが辞めた原因ではないとする記事も少しある。

に宛て辞表を差し出した。そこで出羽ノ海は閉場後、役員総会を開き、席上友綱に庄之助に留任勧告を依頼したが、友綱は当人が立行司の職責を重んじ、この際その身は土俵上より消ゆるもその精神は長く活かさせて頂きたいと切望している故、皆さんの好意は厚く感謝するがその意中を汲んで辞表を容れて頂きたいと言うと、出羽ノ海始め一同の役員はなる程その責任を重んずる見上げた決心である、死すべき時に死なざればと言う金言もある。それを止め立てするは却って庄之助の高潔な精神を汚す事になるとて辞職を許容する事となった。(後略)」

17代庄之助は辞職した後すぐ、自分の愛用品を形見として三役格行司に分け与えている。『春場所相撲号』(T11.1) の「武士道を知る木村庄之助一代記」(pp.89-91) の中で、小見出し「切腹と同じなりとて遺品の分配」として次のように述べている。

「庄之助は、今回の辞職は、昔ならば、切腹であると言うので、今まで作ったり貰ったりした品々を、朱房以上の行司に、記念として分配した。悲壮な物語ではないか。」(p.90)

『角力雑誌』(T10.6) の「潔く辞職した立行司庄之助—わが身より行司名が大切」(pp. 9-11) にも、次のように書いてある[37]。

「庄之助は今回辞職したのは切腹したのと同じだという見解を持っているので、今まで作ったり貰ったりした装束その他帯刀・団扇等がたくさんあるのを朱房以上の行司に遺品として分配した。同人は曰く『昔なら切腹という所です。私が角界を去ったのは角界から死んだと同じです。ですからそれまで持っていた60余枚の装束その他の道具を遺品として、同僚諸君に分配しま

つまり、17代庄之助は当時の相撲協会に不満があり、辞めたのはきっかけにすぎなかったというものである。

37) 17代庄之助本人が行司生活を振り返り、詳しく語った記事としては、たとえば『相撲画報』(春場所号、T11.1) の「53ケ年の土俵生活」(pp.29-35) がある。

した。(後略)』」(p.11)

これらの記事から分かるように、17代庄之助は立行司としての職責から辞めている。庄之助はこれを取り返しのつかない失態だとし、深く恥じ辞表を提出したのである。辞職と帯刀とは何も結びついていない。17代庄之助の辞職に関しては、その潔さを称賛する記事がたくさんある。そのいくつかを示す。

(a)『報知』(T10.5.19)。

「立行司木村庄之助が5日目大錦対鞍ケ嶽の相撲に見違えた責を引いて辞職した態度の立派さは人々に非常な感動を与えた。これで同人は行司と年寄との引退となるので、協会では年寄引退の規定に準じ近く所定の功労金を贈るそうだが、同人多年の功労により特に幾分の増額を見るだろうと言う。(後略)」

(b)『報知』(T10.5.20)。

「木村庄之助の引責は非常な好印象をもたらした。同人に代って当然庄之助になるべく期待されいる式守伊之助は人々からその後任たるべく慫慂されているが自らその器でないと称して固く辞退の意を漏らしている。(後略)」

(c)『角力雑誌』(T10.12)。

「庄之助が自己の責任観念の発露として、冠を挂け地位を退いたことは実に賞賛すべきことで、「角力行司」のために万丈の気焔を吐き、審判の神聖を飽くまでも貫徹した。世を挙げて推称するも実に宜なる次第である。」(p.7)

昭和時代でも、酒井氏が『相撲随筆』の中で次のように述べている。

「かくて17世木村庄之助は、この一番の相撲を名残に土俵を去ったのであるが、彼の強い信念と責任感によって取られた行動は実に立派なもので、これによって行司というものの権威が墜とされず、近世の名行司として、その名が後々まで残ったのである。」(p.192)

17代木村庄之助は差違えで引責辞職をしたとき、「本来ならば切腹すべきである」と語っている。それが当時の人々の心に「潔い辞職だ」と訴えかけ、その辞職が誤って「帯刀」と結びついている。興味深いことだが、17代庄之助は帯刀について一言も触れていない。差違えをしたことは立行司の権威を汚すもので、昔なら「切腹ものだ」と語っているにすぎない。

17代庄之助が差違えを理由に突然辞職したため、その後を誰が継承するかで当時の行司会や協会には悩みがあったようだ[38)]。というのは、次席の式守伊之助と木村朝之助がしばしば失策を犯し、評判が芳しくなかったからである。『日日』(T10.5.19) にその辺の事情を述べた記事があるので、参考までに示しておく。

> 「立行司木村庄之助が17日大錦対鞍ケ嶽の勝負を見誤ったため、引責辞職した結果、東京大相撲の行司界に大変革が起こらんとしている。元来庄之助は余程以前から引退の意志があった。それは彼が友綱系統なるがため、協会の現状として彼の周囲は今まで余りにも不自由であったからで、今度の事件は畢竟引退の好機を与えたことになった。そこで問題は後任であるが、最近の慣例では当然次席の式守伊之助が襲名するのが順だけれども、伊之助も夙に辞任の意あり、殊に庄之助が今度のような破目で辞任した関係上、その跡を継ぐは本意ならずとし、『全く私の立つ瀬が無くなりました』と言ってもいるし、協会の某幹部も『伊之助もこれをキッカケに今場所限りで引退しましょう』と断定しているくらいである。(後略)」

結果的には、12代伊之助が場所後 (9月) に辞職し、大正11年1月場所から第三席の朝之助が18代庄之助、第四席の与太夫が13代伊之助をそれぞれ襲名

---

38) 17代木村庄之助は突然辞めた理由として判定ミスを犯し、立行司の名誉を傷つけたからだと語っている。しかもそのミスはたった一回だけである。もっともらしい理由であり、それは称賛するに値するかもしれないが、次に立行司を襲名する行司は大変である。式守伊之助と木村朝之助はそれまで大きな失策を犯し、重い罰を受けている。そのような経験をしていれば、順番だからと言って喜んで引き受けられないし、協会もすんなり認めがたいものがある。当時の新聞にはその辺の事情を記した記事がたくさんある。

している。一般的には、17代庄之助が辞職した原因は差違えで立行司の名を汚したからだとなっているが、それだけが原因ではないという記事もある。参考までに、そういう見方を報じている記事をいくつか示す。

(a)『大阪毎日』(T10.5.19)。

「東京大相撲の立行司木村庄之助の引責辞職から行司界に革命が起ころうとしている。元来庄之助は友綱系なので協会の現状として彼の周囲は余程不自由であったため、以前から引退の意思があったが、たまたま今度の事件が好機となったのだ。而してその後任は当然次席の式守伊之助が襲名するワケだが本人伊之助も夙に辞任の意があり、且つ庄之助辞任の理由からも『私の立つ瀬がなくなりました』と伊之助は18日語った。協会の某幹部も『これを機会に伊之助も今場所限りで引退するでしょう』と断定したくらいだ。従ってお鉢は木村朝之助に回るわけだが朝之助に対する行司一般の定評や協会役員側の意向はあまり芳しくないから行司会が朝之助を推薦しても協会が認めるかどうか頗る怪しい。さらに伊之助の引退が急に実現されればまた一波乱が起こるであろう。」

(b)『日日』(T10.5.19)。

「元来庄之助は余程以前から引退の意志があった。それは、彼が友綱系統なるがため、協会の現状として彼の周囲は今まで余りに不自由であったからで、今度の事件は畢竟引退の好機を与えたことになった。」

相撲界で17代庄之助がどのような冷遇を受けていたか分からないが[39]、辞表を提出したのは差違えをした大正10年5月場所だけではない。それ以前にも「廃業届」を提出したという記事がある。

---

39) 17代庄之助は所属していた部屋の友綱親方に対する相撲協会の不平等な扱い方や相撲界そのものに不満があったらしい。興味のある方は、当時の新聞記事を読むとよい。本章では、行司の帯刀に焦点があるので、庄之助がどのような不満を抱いていたかについては深く立ち入らないことにした。

「30日朝、相撲協会に対し辞職を届け出た取締友綱に続いて年寄東関並びに立行司木村庄之助の両名いづれも廃業届を同時に協会に提出した。（中略）木村庄之助は柳橋で営める芸妓家（げいしゃや）栄家の主人公専門となるという」（『報知』（T8.5.31））

もちろん、17代庄之助が相撲界に不満があったとしても、大正10年5月場所中に辞職したのは「差違え」が主な原因である。その辞職は立行司の名誉を守るためであって、帯刀していたからではない。立行司は軍配と同じように、たまたま着用具として帯刀していただけのことである。差違えによる辞職は「切腹」に相当するかもしれないが、「切腹」する覚悟で帯刀していたわけではないのである。立行司の辞職は「腹を切る」ことだが、この「腹切り」は責任ある立場の人には誰にも起こりうることである。

17代木村庄之助はたまたま立行司として帯刀していたにすぎないが、この潔い辞職は帯刀と深く結びつく結果になった。つまり、帯刀の意義を見直すきっかけになったのである。帯刀はそれまで単なる着用具の一つであり、江戸時代の名残であったが、辞職が衝撃的であったために、新しい意味が付加されたのである。

帯刀が切腹と深く結びつくようになったのは、おそらく、17代木村庄之助の辞職である。先に触れたように、幕末にも帯刀と切腹が直接結びついた表現はあるが、その考えは受け入れられていない。まったく無視されていたらしく、その後の文献でもまったく言及されていない。大正10年5月場所中から帯刀の重みが見直され、それがいつの間にか「切腹」と結びついたのである。実際、大正10年5月頃の新聞記事や雑誌記事などを見ると、この行司の辞職を武士道的な捉え方で称賛している。しかし、当時は帯刀と「切腹」を直接結びつけた表現にはなっていない。立行司が帯刀しているのは、職務上の責任を表すものとして捉えられている。帯刀と切腹がはっきり結びつくようになったのは、昭和時代に入ってからかもしれない。その時期を確定することはできないが、はっきりしている資料としてはヒゲの伊之助の自伝『軍配六十年』（S36）がある。再確認のため、前に引用したものをもう一度、次に示す。

「帯刀、草履だけは立行司だけにしか許されません。この帯刀は、昔、勝敗に不正があった場合は、土俵上で腹をかっ切るという責任感の表現ですが、それだけ行司は真剣であり、公平無私に軍配をとるのだということの裏書でもあります。」(p.116)

17代木村庄之助は帯刀には触れていないが、「切腹」という表現を使い、実際に辞職している。これがその後、立行司の帯刀を語るとき、見本となっている。現在の帯刀に関しても、それがそのまま生きていると言ってよい。帯刀は基本的には武士の身分を表すシンボルだったが、行司の帯刀も武士の帯刀と結びつくようになった。武士はもういないが、行司は現在も帯刀している。帯刀の意味を江戸時代に遡り、その残滓としてその意義を探せば、「切腹」は格好の意義づけとなる。武士は切腹のために帯刀していたわけでないのに、江戸時代がはるかかなたに過ぎ去ってから、「切腹」という新しい意義づけが加わったのである。

8. 明治の進退伺い

差違えがあったとき、立行司は進退伺いを協会に提出する[40)]。『相撲大事典』(p.121) によると、それが定例化したのは昭和33年であるという。副立行司が廃止されて、立行司のみになったときかららしい。定例化したのは昭和33年かもしれないが、進退伺いを文書で提出するようになったのは、少なくとも明治30年代初期にさかのぼる。たとえば、三木・山田編『相撲大観』(M35) には、木村瀬平が梅ケ谷と源氏山の取組で見誤りをし、辞表を協会に提出したこ

40) 最初から「進退伺い」と言っていたわけでなく、「遠慮」とか「辞表」といった別の呼び方をしていたようだ。いつ頃から「進退伺い」という表現を使いだしたかには関心があるが、まだ確認していない。ここでは、行司の失策で責任を取り、土俵上に上るべきかどうかを協会に打診する意思表示を「進退伺い」として捉えている。

とが書いてある[41)]。

> 「瀬平は協会へ辞表を出し（右に及ばずとの意にて却下はされたれど）」(p. 375)

瀬平の進退伺いは却下されている。『日日』(M34.5.21) の「木村瀬平の出場」の項には次のように記している。

> 「辞表提出一件で昨日の場所には瀬平はもちろん、梅ケ谷も出なかろうというもっぱら取沙汰があったが事なく治って瀬平、梅ケ谷の共に出場したのは喜ばしいことであった。」

差違えをしたとき、進退伺いを出すことは定例化していないかもしれないが、立行司は差違えに責任を感じ、協会に進退伺いを提出している。進退伺いをいつ頃から出すようになったかは定かでないが、明治28年には式守伊之助が差違えの責任をとり、出場を三日間遠慮したいと申し出ている[42)]。これは『読売』(M28.6.13) の見出し「西の海・鳳凰の勝負に付き大紛儀」の中で確認できる。

> 「(前略) 当時の検査役と行司なりしが昨朝に至り阿武松・伊勢の海・尾車は辞職を申し出で行司伊之助は三日間の遠慮にて、先ずこの一段落を告げたるは、相撲社会中の珍事なりというが、果たして角力協会がこの辞職届けを許諾するや否やは未だ知る可からざるなり」

---

41) この取組は場所3日目 (M34.5.19) にあり、相撲の様子や進退伺いに関する記事は当時の新聞で見ることができる。大正末期まで「勝負預り」の判定があったが、それにもかかわらず明治34年頃には進退伺いを提出している。軍配を東西のいずれかに上げることが決まってからも、行司の差違えは頻繁にあったので、文書による進退伺いは明治34年以前からあった可能性がある。

42) 検査役の辞職願や伊之助の3日間の遠慮が「珍事なり」とあるが、検査役の辞職願が珍しかっただけかもしれない。判定を巡ってもめることがあっても、行司が遠慮を申し出ることがなかったので、それが珍しかったのかもしれない。いずれにしても、判定を巡って行司が進退を申し出ることはそれまで普通ではなかったはずだ。しかし、行司が進退伺いをそれ以前に出していなかったかどうかは、まだ資料で確認していない。

『相撲大事典』(p.320) によると、行司は慶応年間に軍配を東西のどちらかに上げることになっている[43]。行司の判定に物言いがあり、「勝負預り」にならなければ、軍配を上げ直さなければならない[44]。「勝負預り」であったなら、行司の判定ミスを覆い隠せるが、そのように常に円満に解決できたかどうかは分からない。軍配を東西のどちらかに上げることが決まり、しかも物言いの制度を認めている限り、行司の差違えはあり得ることである。そのような場合、立行司がどのように対応したのか知りたいところである。

明治の新聞を読むと、行司はしばしば判定ミスをしている。その度ごとに進退伺いを提出したのかどうかはっきりしない。たとえば、16代木村庄之助は長い間立行司をしていたが、頻繁に間違った判定をしている。判定ミスを犯すごとに、進退伺いを提出したならば、その数は多すぎる。文献で見る限り、明治30年代から立行司は「進退伺い」を提出することになっているが、実際にそれをどのくらい遵守したのか分からない。どうしても提出しなければならない場合と、そうでない場合があったかもしれない。その辺の事情は今後調べる必要がある。

9. 差違えで辞めた行司

これまで、行司が差違えを理由に、その職を辞めたのは17代木村庄之助と25代庄之助の二人である[45]。しかし、25代には行司界のトップとして責任を取った経緯があり、差違えは表向きの原因にすぎない。行司の進退伺いは、端

---

43) これがどの資料に基づいているかは分からない。慶応年間に軍配を東西のいずれかに上げるようになったかどうかに関し、資料の確認はしていないが、明治に入る前にはすでに決まっていたに違いない。

44) この判定制度は大正末期まであった。要するに、判定の決着を付けず、協会が預かる形にした判定である。

45) 25代庄之助も表向きは差違えで辞表を提出し、受理されて辞職しているが、これは明らかに協会との対立が原因で辞職している。行司会と協会の溝が深すぎ、25代庄之助はその責任を取って辞職したのが真相である。この辺の事情については、『大相撲』(S47.4)

的に言って、行司の生活を脅かすものである。進退伺いが形式的なものであれば、まったく問題ない。しかし、それが形式で終わらないところに問題がある。進退伺いを出されたとき、気に入らない行司であれば、辞めさせることもできるからである。なぜ17代庄之助はいとも簡単に行司職を辞めることができただろうか。責任を感じることは立派だが、辞めて経済的に困らないだろうか。その辺のことについて、ついでに考えてみたい。この行司は辞めても、生活に困らないという恵まれた状況下にあった。妻の協力で、経済的に恵まれていた。

> 「(前略) 庄之助として自分の揚げた軍配に四本柱から異を立てられ、反対の裁決を下されたのを憤慨し、その時限りピタリと行司をやめて、副業であったお茶屋商売に専心し、相撲界と縁を絶ったような気慨もあった。」(『大相撲夏場所号』(S15.5) の「土俵を見つめて」(p.46))

経済的に余裕がなかったら、17代庄之助でも辞職をためらったに違いない。昭和34年11月までは、行司を辞めても年寄になる道が残されていたので、それを選択することも可能だった。しかし、それも選択せず、17代庄之助は相撲界と縁を切った。そのような生計の道を考慮して初めて、立行司の辞職問題は論ずべきである。差違えをし、立行司の責任を感じ、辞職したのは潔いと唱えるのは、傍観者的な評論である。

もし、現在、判定が原因で立行司が辞職したら、生活を保障しない職業に誰が就職するだろうか。五十年くらい行司を務め、やっと立行司になったのに、一回の判定ミスで職を辞さねばならないとしたら、誰がそのような仕事を選択するだろうか。将来の生活に不安を抱く人はその仕事を選択しないはずだ。現在、立行司は年寄として残ることはできないし、判定ミスを犯さないという保証もない。しかも、行司の判定は絶対でない。判定に疑義があれば、「物言い」という制度があり、審判委員が協議して判定を覆すこともある。さらに、審判委員はビデオさえ参照し、判定の協議をする。行司は自分の意見を言うことは

の「庄之助はなぜやめた！」(pp.76-9) や『大相撲』(S47.5) の「その後の四庄之助」(pp. 57-61) などでも詳しく知ることができる。

できるが、評決には加わらない。審判員が最終的な権限を持っている。立行司の覚悟を促す意味で進退伺いがあるのだと理解すれば問題ないが、実際に進退を左右するのであればやはり問題がある。協会が審議した結果、辞めざるを得ないとなれば、人権問題に発展しかねない。現在の制度では、進退伺いは形骸化せざるを得ない。懲戒のために存続を維持するのであれば、それを明確にすればよいが、現状では差違えをすると、進退伺いを出すのだと言われている。その意味するところは、昔と何も変わっていない。

25代木村庄之助は判定ミスが原因で辞職しているが、それも「進退伺い」の受理で辞職したのではなく、行司の処遇問題で協会と意見が対立し、それが原因で辞職している。この25代木村庄之助は立行司を続けようと思えば、面白くない雰囲気があったかもしれないが、続けることができたのである。しかし、この行司はそのような雰囲気で行司を続ける気がなかったので、辞職の道を選んだ[46]。

10. おわりに

本章では、行司の帯刀について最初から「威厳」や「切腹覚悟」のシンボルだったかどうかを調べた。本章の結論は、大体、次のようになる。

(a) 帯刀は行司職のシンボルであり、切腹覚悟のシンボルではない。元々、行司の軍配と同様に、帯刀は行司職のシンボルにすぎなかった。明治9年3月の廃刀令後しばらくして、帯刀は立行司だけに許されたが、それ以前は上位行司全員が帯刀していた。9代木村庄之助の『相撲行司家伝』(文政11年) でさえ、帯刀は昔からのしきたりだと述べてあるくらいで、行司がなぜ帯刀したのかは依然として分からない。行司の帯刀は力士の場合と違い、士分としてのシンボルでもない。

---

46) 25代木村庄之助の心情は、たとえば、『大相撲』(S47.4) の「庄之助はなぜやめた！」(pp.76-9) や『大相撲』(S47.5) の「その後の四庄之助」(pp.57-61) でも披歴されている。

(b) 帯刀が固く切腹と結びつくきっかけとなったのは、大正10年5月場所である。17代木村庄之助はその場所中に差違えをし、引責辞職をした。それが潔い身の引き方だとして賞賛された。17代庄之助は自分の辞職について昔なら「切腹」に相当すると語っているが、本人は帯刀について一言も語っていない。しかし、立行司は帯刀しているし、差違えで潔く「辞職」したことから、短絡的に帯刀と切腹が結びついたのである。この事件が契機となり、行司は帯刀しているのは差違えた場合、切腹する覚悟を表すシンボルだという新しい意義が加わったのである。

(c) 進退伺いの提出は明治30年代初期には見られるが、土俵上の失策で土俵に上らなかった例として明治25年にもすでに見られる。軍配を東西のいずれかに上げることが慶応年間に決まっていることから、立行司はそれ以降、失策した場合、何らかの形で責任を取った可能性がある。

(d) 進退伺いと帯刀とは関係ない。歴史的には、進退伺いを出す前から行司は帯刀していた。帯刀は少なくとも慶長以前に遡る。明治時代には立行司でなくても、進退伺いを出すことがあった。現在、進退伺いと帯刀は密接な関係があるかのように言われているが、帯刀しているのがたまたま立行司で、進退伺いを提出するのもたまたま立行司だからである。帯刀の歴史と進退伺いの歴史をたどれば、まったく関係ないことが分かる。

(e) 行司の進退伺いは形式的なものであるが、それが受理される可能性はある。辞職が認められた場合、立行司の生計は必ずしも保障されていない。昭和34年1月までは立行司は行司を辞めても、年寄として残る道があった。しかし、現在はそれがない。生活保障もなく、進退伺いの提出で立行司を辞めさせると、人権問題である。

(f) 帯刀が切腹や進退伺いと関係ないことは、明治43年5月の装束改正のとき、十両格以上の行司でも帯刀することが許されたことでも分かる（『やまと』(M43.5.31)）。十両格以上の行司は判定ミスをしても、進退伺いを出す必要がない。立行司が失策した場合、切腹覚悟を表すためのシンボルとして短刀を差しているとすれば、十両格以上の行司が差している短刀にも同じ理屈が当てはまるはずだ。立行司と十両格以上の行司は共に短刀を差しているが、地位によって意味合いが違うのだという理屈は通らない[47]。

47）明治43年5月、十両以上の行司に帯刀が許されたのに、それがいつ頃立行司だけに許されるようになったのか、今のところ、分からない。これについては、拙稿「行司の短刀」(2009) にも触れている。

第8章　昭和初期の番付と行司

1. はじめに

本章では昭和初期の番付に限定し、主として、次のことを調べる[1)]。

(a) 昭和2年春場所、行司界ではどのような変化があったか。
(b) 昭和2年春場所、大阪相撲出身の行司は何名加わったか。
(c) 木村玉之助と木村清之助はどのような処遇を受けたか。
(d) 式守勘太夫、木村林之助、木村庄三郎の三役格昇進はいつか。
(e) 昭和初期の番付の各段はそれぞれ位階と一致するか。
(f) 番付の各段がそれぞれ位階と一致するようになったのはいつか。
(g) 昭和2年春場所から昭和29年秋場所までの番付で足袋以上の行司はどのように記載されているか。

行司の位階は房の色で表すので、位階が分かれば房の色も分かる。現在は番付を見れば、行司の位階はすぐ識別できる。同じ位階の行司は全員、まとめて一つの段に記載するからである。たとえ異なる位階が一つの段に記載されていても、位階の間には区切りがあるため、簡単に位階を識別できる。もちろん、同じ位階では席順に従って記載されるので、各行司の席順も簡単に識別できる。それでは、同じことが昭和2年春場所の番付でも当てはまるだろうか。もしそうでないとしたら、現在のような番付記載になったのは、いつからだろう

---

1) 大正期と明治期の番付に関しては、本章ではほとんど触れない。これらの時期に関しては、拙稿「明治30年以降の番付と房の色」(2010)、「大正時代の番付と房の色」(2010)で扱っている。

か。そのような疑問を解決するために、昭和2年春場所以降の番付を調べることにした。

昭和初期の番付を見ると、行司の位階や房の色は必ずしも分からない。同じ位階の行司が同じ段に記載されているとは限らないからである。異なる位階の行司が同じ段に記載されていることもあるし、同じ位階の行司が別々の段に分かれて記載されていることもある。しかも、異なる位階の間でそれを区別する明確な区切りがあるとは限らない。区切りがなければ、位階の区別は無理である。字のサイズも位階の区別に常に役立つ手掛かりとはならない。そうなると、行司の位階を知るには、番付以外の資料を参考にしなければならない。

昭和5年夏場所以降、行司の位階と房の色を記した資料がある。本章ではそれを『行司名鑑』と呼ぶことにする[2)]。本章の末尾には、昭和2年春場所以降の番付と房の色を示してある。

2. 昭和2年春場所の番付

昭和2年春場所の位階に関し、『大相撲』(S54.5) の「22代庄之助一代記 (10)」(p.144) では、次のように述べている[3)]。

立行司：　木村庄之助、式守伊之助、木村玉之助
三役格行司：木村清之助、(錦太夫改め) 式守与太夫

2) この資料は未公刊で、しかも手書きなので、残念ながら、その所在を公表するのは躊躇せざるを得ない。末尾に提示してある内容を見れば、その信頼度はまったく申し分のないものである。行司に関連することを研究している者として、このような資料を直接見ることができたのは本当に幸せだ。ここに感謝の意を表しておきたい。

3) 式守勘太夫がいつ三役格になったかに関しては三通りの説がある。自伝『ハッケヨイ人生』(p.70 ／ pp.76-7) によると、大正15年1月である。他方、『近世日本相撲史 (2)』(p.9) と『大相撲』(S54.5, p.144) によると、昭和2年5月である。もう一つは、昭和2年春場所 (推定) である (『夏場所相撲号』(S2.5, p.123))。『国技大相撲』(S16.5) には「昭和2年緋房を許されて三役行司となり」(p.33) とあるだけで、何月かは不明である。

幕内格行司：式守勘太夫、木村林之助、木村玉光、木村庄三郎、木村誠道、
木村正直

このような位階にもかかわらず、番付ではその位階が必ずしも一致しない。昭和2年春場所の番付を見てみよう。

一段目：庄之助、伊之助、玉之助
二段目：清之助、(錦太夫改) 与太夫、勘太夫／林之助、玉光
三段目：庄三郎、誠道、正直／要人、善之輔、光之助、政治郎
四段目：勝巳、作太郎、銀次郎、今朝三、友次郎／義、真之助、庄吾、善太郎、喜市

斜線は位階を表す。つまり、一段目の行司は全員立行司である。二段目は清之助、与太夫、勘太夫の3名が三役格の朱房である。さらに二段目の林之助と玉光、それに三段目の庄三郎から正直までは、幕内格の紅白である。つまり、同じ幕内が二段目と三段目に分けて記載されている。三段目の要人から四段目の友次郎までは十両格の青白房である。十両格も幕内格と同様に、二つの段に分けて記載されている。

位階に関しては、最上段はまったく問題ない。というのは、全員立行司だからである。それぞれの席順は配列の仕方だけでなく、字のサイズにも反映されている。しかし、三役格から十両格までは、同じ位階の行司が二段に分けて記載されている。そのことを知らなければ、同じ段の行司は全員、同じ位階だと誤解する恐れがある。しかも三役格と幕内格、幕内格と十両格を区別する明確な区切りがない。四段目では十両格と幕下格が記載されているが、位階を区別する明確な区切りがあるので、位階の識別を間違えることはない。

昭和2年春場所の番付は、三角型である。すなわち、中央にその段の最高位を記し、それぞれの両脇にその段の行司を右、左というように、交互に配列す

本章では、勘太夫は大正14年1月、すでに「三役格」だったと解釈している。しかし、ここでは、林之助の分類に基づいて記述してある。

る。この三角型では位階が異なる行司を一つの段に記載するとき、位階を区別する区切りを書きづらいという難点がある。字のサイズを変えることで区切りを表示することもあるが、それが必ずしも明確でない。そのため、同じ段に記載されている行司の段がなかなか識別できない。

昭和初期の番付を見ると、三角型の場合もあるし、平板型の場合もある。どのような基準で三角型になったり、平板型になったりするのかは分からない。平板型は席順に右から左へ配列するので、位階の間で明確な区切りがあれば、位階の識別がものすごく分かりやすい。しかし、平板型であっても、その区切りがなければ、位階の識別は必ずしも容易でない。昭和初期にはときどき平板型の番付があるので、同じ段の位階を識別するのに役立つことがある。同じ位階の行司を二段に分けて記載してある場合は、区切りがないので、もちろん、位階の識別は難しくなる。

番付記載の方式に関して言えば、一段目から三段目までは三角型であっても、四段目以下では平板型になっていることが多い。さらに、青白房と黒房の場合は、同じ段で記載されていても、ほとんどの場合、その間に区切りがある。これは大きな特徴で、位階を明確に区別できる。しかし、青白房と紅白房、紅白房と朱房の場合は、位階を区別する区切りが必ずしも明確でないことがある。したがって、昭和初期の番付を見る際には、それぞれの段は必ずしも同じ位階でないことに注意しなければならない。一段目を除いて、各段は一つの位階に必ずしも対応していないのである。したがって、二段目に記載されているからと言って、三役格で朱房と即断してはならない。同様に、三段目に記載されているからと言って、幕内格の紅白房と即断してもいけない。さらに、厄介なのは、同じ段でも二つの異なる位階が記載されていることである。

3. 格下げされた行司

両協会が合併した結果、行司数が増えたために、格下げされた者もいる。大阪相撲の「紫房」立行司は、第三席の「紫白房」立行司に格下げされている。少なくとも十両格以上では、ほとんどの位階で格下げされていると言ってもよい[4]。

「“合体”のあおりか、とばっちりか、行司のなかにはくらい一級ずつさげられて“うちわ”のひもの色、紫白房（大関格）が緋（三役格）に、緋が緋白（幕内）に、緋白が青白（十両格）に、青白が青（幕下格）に変えられたものがあった。十両格なら足袋がはけるが幕下格になればはだしになる（とくにこのとき十両格から幕下格へさげられた行司に土俵足袋をゆるした、これを格足袋ととなえた——などという説もある）。裏面じゃあともかく表むき泣寝入るよりほかなかった。」（「大相撲太平記（21）」（p.40））

具体的には、たとえば、十両格から幕下格へ8名格下げされている[5]。

「新番付で東西合同のために気の毒なのは行司の義、真之助、庄吾、善太郎、喜市、慶太郎、勝次、啓太郎の8名で、これまで十両格で足袋行司であったのが幕下格となり足袋を履けなくなった」（『都』（S2.1.8））

この記事によると、格下げされた幕下格は足袋を履けなくなっている。これを裏付けるものとして、次のような記事がある。

「大阪と合併して行司の頭数がふえ、改革された結果、足袋格で納まっていたのが、それぞれはだしとなって冷や飯草履となる。こぼすまいことか、『まァいいや、給料は同じだから足袋代は儲かるぜ』とはき古しの砂を叩いてふところへ」（『日日』（S2.1.15））

三役格や幕内格の中では、誰が格下げされただろうか。大正15年5月場所の位階が明確でないので、それに関しては明確なことが言えない。庄三郎は自伝『軍配六十年』の中で大正14年春場所、三役格に昇進したと語っている[6]。も

4）十両格が幕下格へ格下げされていることから、おそらく幕下格以下でも格下げはあったはずだ。しかし、本章では、幕下格以下の行司についてはまったく触れていない。

5）十両格の何名が足袋を履けなくなったのか、必ずしもはっきりしない。今のところ、義から啓太郎までの8名は確かに十両格から幕下格へ降格している。

6）庄三郎は自伝『軍配六十年』では大正14年春場所で、また、山田著『相撲』（pp.196-7）

しこれが真実であれば、庄三郎は昭和2年春場所、紅白房に格下げされたことになる。また、もし庄三郎が格下げされたなら、一枚上の林之助も紅白房へ格下げされているはずだ。というのは、一枚下の庄三郎が朱房だったなら、林之助も間違いなく朱房だったはずだからである[7)]。

この他にも何名か格下げされているかもしれない。残念ながら、大正15年5月、どの行司がどの房色だったかをまだ確定できないため、昭和2年春場所、房色がどのように変化したのかは必ずしもはっきりしない[8)]。

4. 大阪相撲の行司

両協会の合併で大阪相撲から参加した行司は足袋格以上が5名、幕下格以下は10名くらいいたようだ。

(a)「行司の足袋格以上が5人加わっている」(『大阪毎日(夕刊)』/『日日』(S2.1.8))

(b)「合併時、大阪から加わった行司は、13代木村玉之助、木村清之助、木村玉光(後の16代玉之助)、木村正直(後の23代庄之助)、木村友次郎の面々だが、このほか、まだ幕下以下だった木村金吾(後の25代庄之助も加わっている。」(『相撲』(H13.5)の「身内の証言――22代木村庄之助の巻き(2)」(p.116))[9)]。

幕下格以下では金吾の他に、滝夫(後の木村校之助)も加わっている。これは、たとえば『大相撲』(S54.5)の「22代庄之助一代記(10)」(p.144)で確認

では大正15年春場所で、三役格に昇格したと述べているが、本章では、後で触れるように、三役格になったのは大正14年春場所だと解釈している。

7) 庄三郎と林之助の「三役格」昇進については、後ほど詳しく扱う。

8) 大正時代も、昭和初期の場合と同様に、番付だけでは房の色を識別できない。つまり、番付の各段と房の色は必ずしも対応していない。なお、木村鶴之助は昭和2年春場所前に退職しているので、その春場所の番付には記載されていない。

9) 木村友次郎は格足袋として木村今朝三の次に付けだされている。

できる。大阪行司の足袋格以上5名のうち、ここでは3名について簡単に触れる。特に清之助の処遇が気になる。

(1) 木村玉之助

玉之助は庄之助、伊之助に次ぐ第三席の立行司として処遇されることが決まっており、審査の対象にはなっていない。ただし、軍配は紫白房に格下げされた。伊之助と同じ「紫白房」だが、白糸と紫糸の混ざり具合に違いがあった[10)]。すなわち、第二席の伊之助は白糸が少しだけ混ざるのに対し、玉之助は白糸と紫糸が半々混ざっている。これから分かるように、同じ立行司でも厳然とした区別があったことになる。なお、合併する前の行司歴については、たとえば、『角力雑誌』(T10.5) の「晴彦立行司出世―この場所より玉之助襲名」にも見られる。

> 「(前略) 明治43年1月場所、土俵草履に昇格、朱総を許され、大正5年1月場所に木村晴彦と改め、(中略) 今回愈々立行司となり、玉之助を襲名したるものなる (後略)」(p.59)

ここでは、参考までに、土俵草履 (朱房) を許された年月以降を引用したが、その記事にはそれ以前の昇進年月や改名等についても簡潔に述べている。

(2) 木村清之助

大阪相撲の紫白房立行司木村清之助は三役格の朱房に格下げされている。三

---

10) 木村玉之助と式守伊之助の「紫白房」については、藤島著『力士時代の思い出』(p.87) にも言及されている。拙稿「緋房と草履」(2007)、「立行司の階級色」(2007)、「明治43年以降の紫と紫白」(2008) などでも触れている。なお、『大相撲夏場所』(S15.5) の「土俵を見つめて」(p.46) によると、15代式守伊之助 (後の松翁20代木村庄之助) も紫糸と白糸が半々の軍配を用いている。しかし、これは縁起担ぎのために、自分で軍配製作者に依頼したもので、木村玉之助の場合と異なる。昭和2年春場所以前は、紫糸と白糸の割合は決まっていなかったらしい。

役格は草履を履けないので、草履も履けなくなった。清之助は昭和17年5月場所が最後だが、昭和2年春場所以降ずっと三役格のままだった。それが不思議だったが、本人が昇進を望んでいなかったようだ。

「仙骨木村清之助老は明治8年生まれという長老行司である。明治20年初土俵という超時代国宝級の老行司である。枯れ木の如き淡々たる土俵振りも国技館における異彩の一つである。老も大阪協会育ちで、既に大阪で紫白を許されていたが、両協会の合同に際して辞退して自ら緋房に格下がりをし、かつ先々代木村庄之助の死去以来、順送りに昇進して当然紫白房の立行司となるべき順序を、自分は老年ではあるし、至らぬことがあってはと後進に栄達の途を譲って、悠々大悟している大悟徹底振りは、またとない美しさである。」(『国技大相撲』(S16.6, p.34)

これと同じような趣旨のことを22代木村庄之助も述べている[11)]。

「14年春に、15代目木村玉之助を襲名した。このときは順番から言えば清之助さんがなるところだったが、『私はもう年もとっているし、上はのぞまない。私は遠慮するからあんたが玉之助になってしっかりやってくれ』といわれ、私が襲名した。清之助さんは、声もよく、かなりうまい行司だったが、年がいきすぎていることから、三役格あたりで気楽にやりたいということで後進に道をひらいてくれたわけである。(『大相撲』(S54.9) の「22代庄之助一代記 (12)」(p.148))

上記の『国技大相撲』に合併の際、清之助は「紫白房を自ら辞退し、朱房に格下がりした」という記述があるが、これは真実でない。というのは、次のようなことが決まっていたからである。

「力士、行司は、横綱ならびに木村庄之助、式守伊之助 (東京)、木村玉之助

11)『相撲と野球』(S18.1) の「故木村清之助のことなど (p.44) でも「現役行司の最長老であり立行司として木村庄之助を継ぐべきを、自分は老齢にしてその任にあらずと常に辞退し、緋総の行司として後進の指導に当たっていた」と記されている。

（大阪）の三立行司を除き、大関以下の全力士、全行司は、すべて無資格とし、実力、資格審査のうえ、新しく順位を決定すること」（『大相撲』（S54.3）の「22代庄之助一代記（9）」（p.148））

清之助は「紫白房」だったが、東京相撲の式守伊之助と同等とみなされていなかった。したがって、審査の対象となっていた。紫白房から朱房になったのは、清之助本人の希望ではなく、審査の結果、そのように判断されたのである。立行司として身分を保障することはなかったはずで、どの位階に配置するかを審査したはずである。吉田司家は第二回「連盟大相撲」（T15.3）のとき、わざわざ大阪まで来て審査をしている。もちろん、他の行司たちも同様に審査を受けている。

「行司の資格は吉田司家みずから大阪まで来て審査決定している。行司生活40年、紫白（立行司）の木村清之助は一けた下の緋ひも・足袋に格下げされた」（「大相撲太平記（19）」（p.44））

朱房に格下げされるのと同時に、草履を履けなくなっている。というのは、昭和2年当時、三役格は草履を履けなかったからである[12]。なお、清之助は昭和2年春場所では三役格の最上位だったが、昭和3年春場所では一枚下がり、二枚目に降下している。さらに、昭和4年夏場所には三枚目に降下している。短期間のうちに、このように格下げされているのを見ると、清之助が何か大きな失策をしたのか、大阪相撲出身ということで何か偏見があったのか、現在の感覚では分かりづらい何かがあったようである[13]。

12）三役格がいつから草履を履けなくなったかは、分からない。立行司に次ぐ準立行司が「三役格」だった頃は草履を履けたが、その準立行司がいつ正式に廃止されたのかがはっきりしない。草履を許された三役格とそうでない三役格を廃止した明確な時期があったのかどうかさえはっきりしないのである。

13）大阪から東京へ移った当初から上の位階に昇格することを本人が辞退していたかどうかがはっきりしない。実際、大阪出身の行司の査定や清之助の降下に関しては同情すべきこともあったらしい。それについては、たとえば、『夏場所相撲号』（S2.5）の「相撲界秘記」（pp.122-4））や『夏場所相撲号』（S3.5）の「角界秘密暴露記」（p.119）にも述べ

(3) 木村玉光

大阪相撲の木村玉光は幕内格の「紅白房」だが、二段目に記載されている。玉光は大阪相撲でも「幕内格」だったらしい[14)]。というのは、次のような記述がある。

> 「現玉之助（玉光→重政→玉二郎：NH）は旧大阪協会出身、明治30年5月初土俵、大正11年1月幕内行司となり、両協会合同となって上京、昭和10年緋房を許され、昭和15年5月玉之助を襲った」（『国技大相撲』（S16.5, p.34）[15)]

昭和2年春場所の番付では、二段目に記載されているので、一見すると、「三役格」のようだが、これは事実に反するのである。というのは、実際は幕内格だからである。

木村玉之助が三役格（朱房）になったのは、昭和10年夏場所である。したがって、昭和2年春場所から昭和10年春場所までずっと「幕内格」（紅白房）だったことになる。

5. 木村玉之助の名義

大阪相撲出身の行司は合併当初、不当に差別を受けていたらしい。そういう

てある。「大相撲太平記（22）」（p.41）にも同じ趣旨の内容があるが、これは「相撲界秘記」や「角界秘密暴露記」を参考にしてある。

14) 昭和2年春場所では幕内格、つまり紅白房である。大正15年の行司審査のとき、実際の「幕内格」だったかどうかに関しては、まだ資料で確認していない。大正末期に三役格に昇進していたなら、昭和2年春場所番付では一枚格下げされたことになるが、三役格から幕内格へ格下げされたということを述べてある資料は見たことがない。

15) 玉光（後の重松）は昭和10年5月、朱房に昇進している。昭和8年夏場所、重松から玉二郎に改名し、後に13代玉之助となった。

雰囲気があったようだ。大阪相撲出身の行司たちが相撲協会の上層部に「質問書」を提出したというくらいだから、差別されていることを実感していたに違いない。しかし、この記事にあるように、実際に「質問書」が提出されたかどうかを裏付ける資料は他にない。

> 「大阪からきた行司連中はおそらく前途の不安をおぼえていたのであろう。協会の幹部に対して、将来玉之助（紫白）から伊之助・庄之助と昇格させてくれるかどうか、大阪からきた行司は永久に三枚目どまりかどうか――と『質問書』を出したが、さっぱり返答がない。（中略）なんでも大阪行司の玉之助・清之助がやめてしまったら、それかぎり、その名は消滅するとかしないとか。」（「大相撲太平記（22）」（p.41））

これは『夏場所相撲号』（S2.5）の「相撲界秘記」（p.124）に基づいて書いたものである。この「相撲界秘記」にはさらに、次のような記述もある。

> 「何でも、大阪の行司の玉之助、清之助がやめてしまったら、それ限りで、その名はなくなる――なくなす意向のようです。木村正直あたりは、とにかく木村越後の秘蔵っ子ですから、出世のできるだけ出世さしてやるでしょうけれど、今の玉之助を、伊之助や庄之助にはしない。もし突然、庄之助なり伊之助なりに欠員ができたときには、与太夫を伊之助に、躍進させるつもりのようです。」（p.124）

昭和2年当時は、大阪相撲の立行司玉之助が存命中は名義を残しておくが、玉之助が引退したら、その名義を廃止するという噂があったようだ。『行司名鑑』（昭和12年夏場所後）に「玉之助の名義を保存するため」という記述があることから、一時は廃止することが話し合われたかもしれない。しかし、この名義は第三席の立行司として昭和26年6月まで存続した。存続はしたが、新設された「副立行司」に格下げされている。

6. 三役格昇進の年月

番付では三役格の昇進が必ずしも明白でないが、大正末期に朱房を許されていたかもしれない3名の行司について簡単に見ていく。

(1) 式守勘太夫

勘太夫は、「22代庄之助一代記 (9)」(p.147) によると、昭和2年夏に三役格になっている。そうなると、昭和2年春場所まで「幕内格」だったことになる。しかし、「三役格」になったのは、昭和2年春場所だったという文献もあるし、大正15年1月だったという文献もある。すなわち、三役格になった年月が三通りある。どれが本当だろうか。

勘太夫が三役格に昇格したのは昭和2年夏場所だったとする文献には、たとえば、『近世日本相撲史 (2)』(p.9)、『大相撲』(S54.3) の「22代庄之助一代記 (9)」(p.147)、『大相撲』(S54.5) の「22代庄之助一代記 (10)」(p.144) などがある。他方、自伝『ハッケヨイ人生』によると、三役格昇進は大正15年1月となっている。

> 「明治45年、すなわち大正元年に兵隊から帰ってきて、大正2年に十両格になりました。その十両も2年そこそこで、すぐ5年から幕内格になりました。幕内の軍配の房は紅白ですが、その紅白の房を持ったのは10年ほどではなかったかと思います。そして、大正15年1月に三役となり、勘太夫と名前もかわって朱房の軍配をもつことになりました。」(pp.76-7)

与之吉は大正15年1月、勘太夫に改名している。

> 「私は大正15年に三役行司式守勘太夫になるまでは、ずっと式守与之吉で通していました。」(p.70) [16]

---

16) これは、『都』(T15.1.6) でも確認できる。

そして、先にも触れたように、勘太夫に改名したとき、紅白房から朱房になっている。

「大正15年1月に三役になり、勘太夫と名前もかわって朱房の軍配を持つことになりました。」(pp.76-7)

さらに、『夏場所相撲号』(S2.5) の「相撲界秘記」にも次のような記述がある。

「西の海の組合は、朱房の勘太夫が、特に地方だけの紫白行司になって——こうした例は、今の伊之助が錦太夫時代にありましたが——参加しますし、(後略)」(p.123)

つまり、少なくとも夏場所以前に勘太夫は朱房を許されている。『大相撲画報』(S3.5) の「大相撲太平記 (22)」(p.41) によれば、勘太夫は少なくとも春場所には「朱房」だった。

(2) 木村林之助

木村林之助はもともと大阪相撲の行司だが、合併前に東京相撲に加わっている。大正14年1月、二段目に幕内格 (最下位) として付け出された。すなわち、紅白房 (幕内格) として処遇されている[17]。たとえば、『行司と呼出し』(p.49)、「大相撲太平記 (13)」(p.43)、「22代庄之助一代記 (9)」(p.140) でもそれは確認できる[18]。三役格昇進はいろいろな文献で確認できるが、その一つとして次の資料もある。

---

17) これに関しては、たとえば、「大相撲太平記 (13)」(p.43) でも本人自らが認めている。

18) 林之助は「大正13年夏場所」に幕内ドン尻に付け出されたと書いてある文献もあるが、それは本人が後で修正しているように、「大正14年春場所」の間違いである (「22代庄之助一代記 (9)」(p. 146))。たとえば、「大相撲太平記 (13)」(p.43) でも「大正13年夏場所」とあるが、これはもちろん、勘違いによるミスである。なお、林之助を「三役格」に付け出すとの噂があったらしいが、それについて「大相撲太平記 (13)」(p.43) にも少し言及されている。結局、幕内格として付け出されたという。

「昭和7年の春場所、泉の親方は三役に昇格した。」(『相撲』(H13.6) の「身内の証言—22代木村庄之助の巻き (2)」(p.116)) [19]

林之助は後に22代木村庄之助となるが、自伝『行司と呼出し』や雑誌の対談などで三役格になったのは、昭和7年2月だったと語っている。確かに、『行司名鑑』でも昭和7年2月以降に三役格に昇進している。これは事実に相違ないが、もしかすると、これは二度目の三役格昇進だった可能性がある。すなわち、大正14年春場所か夏場所に一度目の三役格に昇進した可能性がある[20]。というのは、5枚ほど下位の誠道が大正14年2月、朱房の免許状を授与されているからである。

番付では一枚下の庄三郎は大正14年春場所、三役格に昇格している。もしこれが真実であれば、林之助もその場所には三役格に昇格していたはずだ[21]。下位の行司が朱房を許されているのに、上位の行司がそれを許されないということは、行司の世界ではあり得ないからである。

林之助は雑誌の対談も多く、その行司歴もよく触れているのに、大正14年春場所と夏場所の朱房についてはまったく触れていない。もしいずれかの場所で三役格に昇進していたならば、たとえ昭和2年春場所、幕内格に降格したとしても、それについて何か触れていてもよさそうなものである。林之助は庄三郎と同じように、大正14年春場所か夏場所、三役格に昇格していたはずだ。

林之助は大正14年春場所、幕内格として付け出されたと語っているが、庄三郎について次のようにも述べている。

---

19) これは、後藤氏（28代木村庄之助）の証言である。

20) その時期は、おそらく、大正14年春場所だと推測している。というのは、庄三郎も大正14年春場所に三役格に昇格したはずだからである。もし庄三郎が大正14年春場所、三役格に昇格したならば、一枚上の林之助も同じ年月に昇格したはずだ。

21) 木村庄三郎は大正15年1月、木村玉治郎から改名しているが、説明の便宜上、木村庄三郎を使う。

「私（林之助：NH）が幕内格のどんジリで、私のすぐ下が、十両最上位の木村玉治郎だった。後のいわゆる“ヒゲの伊之助”である。（中略）このすぐあとの大正15年春、木村庄三郎を襲名して幕内格に上がり、昭和10年夏、三役格、26年秋19代目式守伊之助となった。」（『大相撲』（S54.3）の「22代庄之助一代記（9）」（p.148））

この中で庄三郎は大正14年春、十両格の最上位になっているが、これは林之助の勘違いによるミスである。というのは、庄三郎は自伝『軍配六十年』（p.157）に述べているように、大正4年夏、本足袋（すなわち幕内格）に昇進しているからである。それを裏付ける証拠は自伝『軍配六十年』の末尾に大正4年11月付の幕内行司免許状がある。その免許状にはっきり「団扇紐紅白色打交令免許畢…」と明記されている。庄三郎は大正2年1月、格足袋（つまり十両格）に昇進している[22)]。これは、たとえば『読売』（T2.1.17）で確認できる。なぜ林之助が一枚下の庄三郎の地位を「十両格」として記述しているのか、分からない。庄三郎が玉治郎から改名したのも大正15年「春」ではなく、「夏」である。「春」と「夏」の違いは単なる記憶違いによるものとみなしてもよいが、「十両格」から「幕内格」に昇格したというのは、やはりミスである。

庄三郎と林之助は昭和2年春場所、幕内格である。庄三郎は昭和10年5月場所後に三役格に昇格しているが、これは二度目の昇格ということになる。これに関しては、二通りの考えが成り立つ。

(a) 庄三郎が大正14年春場所、朱房を許されたというのは勘違いによるものである。したがって、林之助は大正14年春場所から昭和7年春場所までずっと紅白房のままだった。

(b) 庄三郎は大正14年春場所、朱房を許された。そうなると、林之助も大正14年春場所には朱房を許されていたはずだ。林之助が第一回目の三役格昇進について語らないのは、正式に認められていなかったからかも知れない。結果として、昭和2年春場所には幕内格として処遇されてい

22）庄三郎は十両時代、金吾と名乗っていた。

る[23)]。

林之助は自ら大正14年の春場所か夏場所、三役格に昇格したとは語っていない。本章で林之助が三役格に昇格したはずだと判断している証拠は、誠道の免許状の存在である。それは、大正14年2月の日付になっている。

(3) 木村庄三郎

庄三郎は大正14年春場所から昭和2年春場所まで、地位は林之助より一枚下であった。庄三郎は自身の行司歴について、『相撲』(1952) の「(19代) 式守伊之助物語」で次のように述べている。

> 「大正2年春には、格足袋を許されて、十両格に出世致し、昭和4年(大正4年：NH) の夏には、本足袋(幕内格)、14年春には、朱房(三役格)と、順を追ってすすみ、15年夏には、木村庄三郎を襲名しました。」(pp.11-2)

大正4年6月、本足袋(幕内)になったとき、取締・検査役に「御願」を提出しているが、その写しが『相撲』(1952) の「(19代) 式守伊之助物語」(p.111) に掲載されている。それでは、三役格にはいつ昇進しただろうか。これに関しては、次に示すように、三通りある。

(a) 大正14年春場所
(b) 大正15年春場所
(c) 昭和10年5月場所

---

23) 大正14年春場所の三役格昇格は協会だけの許可だった可能性がある。吉田司家から三役格の許しがあったなら、それを対談などでも語っているはずだ。これを裏付ける資料を見つけようと努めているが、今のところ、まだ見つけていない。しかし、最近見つかった誠道の免許状は協会ではなく、吉田追風から授与されている。それを考慮すれば、上位行司の緋房免許も吉田追風から授与されたものとするのが自然である。

昭和10年5月場所の昇格は二度目のものなので、まったく問題ない。問題は、大正14年春場所と大正15年春場所のうち、どれが正しいかということになる。自伝『軍配六十年』の「年譜」や相撲の雑誌記事によると、すべて大正14年春場所となっている。たとえば、「伊之助回顧録（3）—喜びと悲しみの六十年」(S33.2) では、次のように語っている。

「大富記者：まあ、本足袋から緋房になるまでというものは、なかなか年数が……

伊之助：　そう、長い。私の場合でも10年くらいかかっているでしょう。

大富記者：9年ばかりですね[24)]。緋房になったのが大正14年の1月場所ですから。

（中略）

大富記者：親方の結婚されたのはいつです。

伊之助：　大正13年か14年だ。

大富記者：ほほう、緋房になったと一緒くらいですか。

伊之助：　うん。」(p.205)

これによると、庄三郎は大正14年1月場所、朱房を許されている。結婚話などと結びつけて語られているので、年月に間違いはなさそうである。それにしても、一枚上の林之助の番付記載と合致しない。林之助は大正14年春場所、幕内格として付け出されているのに、一枚下の庄之助は三役格に昇格したと語っている。庄三郎か林之助のどちらかが記憶違いしているにちがいない。庄三郎は次の記事にあるように、大正15年に昇格したとも語っている[25)]。

「金吾から玉次郎になったのは大正2年の春です。ここで十両格になったのでタビをはくことになりました。そして4年の夏に幕内格で本タビ、同15年

24) 庄三郎は大正4年（玉治郎の頃）、紅白房を許されているので、伊之助が語っているように、実際は約10年かかっている。

25) 庄三郎が大正15年春場所、三役格に昇格したとする資料はこれしか見たことがない。他の資料では「大正14年春場所に三役格昇格した」となっている。さらに、つい最近、庄三郎が大正14年5月に三役格に昇格したとする資料があることに気がついた。『相撲

春に三役格で緋房、その年の夏場所に庄三郎を襲名し、（中略）同22年の夏ぞうりをはけることになりました。」（山田著『相撲』（p.197））[26)]

これが正しければ、庄三郎は大正15年春場所、一回目の三役格昇格をしたことになる。しかし、誠道の免許状の日付から、庄三郎は大正14年春場所に朱房に昇格していることが分かる。それ以外の年月は、記憶違いによるものである。庄三郎は昭和2年春場所、三役格から幕内格へ降下したが、昭和10年5月場所、二度目の三役格に昇進した。

7. 幕下格と足袋

昭和2年春場所には十両格から幕下格へ格下げされた行司があったが、位階が下がったにもかかわらず、例外的に足袋を許されたという説がある[27)]。それについて「大相撲太平記（21）」に次のような記述がある。

「十両格なら足袋がはけるが幕下格になればはだしになる（とくにこのとき十両格から幕下格へさげられた行司に土俵足袋をゆるした、これを格足袋ととなえた――などという説もある）。裏面じゃあともかく表むき泣寝入るよりほかはなかった。」（p.40）

の史跡（1）』の中に「（前略）大正14年5月には晴れて三役格に昇り15年1月木村庄三郎を襲名した」（p.85）という記述がある。これで、庄三郎が三役格になった年月は三通りあることになる。残念なことに、大正14年5月の年月は本書の中ではまったく触れていない。

26) これは行司定年制が実施された頃、『いはらぎ』新聞に掲載された対談記事を抄録したものである。この記事には年月のミスもいくつかある。たとえば、副立行司を「22年春」としているが、「26年5月」が正しい。伊之助になったのも「25年1月」としているが、「26年9月」が正しい。

27) 幕下格は昭和以前でも足袋をはくことはできない。それができるのは、十両格以上である。これは現在でも変わらない。

先に触れたように、『日日』(S2.1.15) では幕下格になった行司が足袋を履けなくなったとはっきり書いてある。例外的に足袋を許そうという話はあったかもしれないが、実際は実施されなかったと解釈するのが妥当であろう。そうでなければ、幕下格行司が足袋の埃りを叩いて懐に入れるということはしないはずである。ただ理解できないのは、足袋を履けないにもかかわらず、それを本場所まで持ってきたことである。事前に分かっていれば、素足で相撲場に入るはずである。その辺が気になるが、土俵上では足袋を履いて裁くということはなかったはずだ。

幕下格に足袋を例外的に許されたという説があったため、その延長で三役格も幕内格に下げられたが、元の朱房を例外的に許されたかもしれないと考えた。全員でないかもしれないが、一部には例外が認められたかもしれない。たとえば、林之助や庄三郎が大正末期に三役格の朱房に昇格していたなら、昭和2年春場所、幕内格に降下したが、元の朱房を例外的に許されたかもしれない。春場所は朱房を使用したが、夏場所からは紅白房に変わったかもしれない。位階と房の色は一致するのが、慣例だからである。しかし、そのようなことは、実際はなかったはずだ。

さらに、林之助にしても庄三郎にしても、昭和2年春場所だけ朱房が例外的に許されたという証拠が見当たらない。庄三郎は大正14年1月、三役格に昇格しているはずだが、林之助は昭和7年1月まで幕内の紅白だったと語っている。そうなると、林之助が昭和2年春場所、朱房を許されたという考えそのものが間違っていることになる。庄三郎は林之助より一枚下なので、朱房そのものを許されていないはずである。林之助と庄三郎が大正末期に三役格の朱房を許され、昭和2年春場所で幕内格に降下されたとしても、例外的に朱房を許されたというのは、おそらく、なかったであろう。

8. 昭和7年の春秋園事件

昭和7年1月、春秋園事件があり、行司の中にも何人か相撲協会を脱退し、関西角力協会へ移っている。

「この事件で行司で脱退していったのは、ずっと下の行司でしたが、いまの庄之助（当時式守伊三郎）、それから式守政治郎とかの幕内行司が二人と十枚目ぐらいのが一人、それに幕下が一人ぐらい、まあ五人そこそこでした。」（『ハッケヨイ人生』（p.100））

行司名をはっきり述べている記事もある。

「行司では、式守政治郎、式守義（後の24代庄之助）、木村勝次、式守豊之助らが脱退している。」（『大相撲』（S54.7）の「22代庄之助一代記（11）」（p.146））

『読売』（S7.2.2）によると、もう一人の幕下格行司は木村弥三郎（友綱部屋）である。和久田著『相撲風雲録』（S30, p.139）には5名しか記されていない[28)]。しかし、『大相撲』（S39.7）の「行司生活55年—24代木村庄之助」（p.48）によると、行司で脱退したのは5、6人である[29)]。

「あの事件で十両以上の関取衆は半分以上いなくなり、行司は上位のほうはあまり抜けませんでしたが、式守政治郎、式守義など、やっぱり5、6人出ましたね。帰ってきたのは、後に24代庄之助になった式守義改め伊三郎で、協会に復帰しました。」（『大相撲』（S51.11）の「26代庄之助一代記（上）」（p.96））

これ以外には、木村庄吾と木村正芳も東京相撲を脱退している。全部で7名ほどの行司が関西角力協会へ移ったようだ。

28）その5名とは、式守政次郎（伊勢ケ浜部屋）、式守伊三郎（出来山部屋）、木村勝次（高田川部屋）、式守豊之助（出羽ノ海部屋）、木村弥三郎（艫綱部屋）である。政治郎と伊三郎は十両格だった。

29）脱退したのは、確か、式守豊之助、式守政治郎、式守義、木村庄吾、木村勝次、木村弥三郎、木村正芳である。

9. 記載の段が変わった行司

昭和初期の番付では、場所によって同じ行司を記載する段が異なることがある。つまり、二段目に記載されていた行司が次の場所では最上段に記載され、そしてその次の場所では元の二段目に戻されることもある。また、逆に、二段目に記載されていた行司が次の場所では三段目に記載され、そして次の場所では元の二段目に戻されることもある。

たとえば、木村林之助と木村玉光は昭和6年夏場所、一旦三段目に格下げされ、その後再び二段目に格上げされている[30)]。木村林之助は昭和7年1月、三役格に昇格し、二段目に記載されている。木村玉光は昭和7年5月、二段目に格上げされているが、依然として幕内格の扱いのようである。というのは、昭和8年春場所番付でも二段目に記載されているが、木村林之助との間に明確な区切りがあり、位階が違うことを示しているからである。昭和8年夏場所番付では、「三役格」になっている。昭和6年5月場所で二段目から三段目に格下げされているので、それまで二段目に記載されていたことは、やはり「幕内格」だったと理解してよいであろう[31)]。

10. 位階の記載が確定した年月

『大相撲』(S54) の「22代庄之助一代記 (9)」(p.148) によると、木村庄三郎は昭和10年5月に三役格になっている[32)]。実際は、5月場所後に昇格してい

30) 木村玉光は昭和5年1月、木村重政と改名している。

31) 二段目から三段目に格下げされる理由としては他に、黒星数の影響も考えられるが、それはおそらく原因ではないであろう。というのは、木村林之助と木村玉光の二人が同時に格下げされているからである。

32) これは二度目の「三役格」昇進である。一度目は、大正14年1月である。昭和2年1月、

る。番付では、11年春場所となる。この11月場所を境にして、番付二段目では、基本的に、三役格が記載されるようになった。つまり、番付二段目を見れば、そこに記載されている行司が「三役格」である。それまでは、番付だけでは、「三役格」を見分けられないことになる。紅白房の行司も混在している可能性があるからである。それでは、最上段の行司はすべて、立行司なのかというと、必ずしもそうではない。

たとえば、昭和22年夏場所の番付では、最上段に立行司の木村庄之助、木村玉之助の両脇行司として木村庄三郎と木村正直が記載されている。二段目に式守伊之助が記載されているので、木村庄三郎と木村正直が「立行司」でないことは分かる。草履を許可された三役格とそうでない行司を区別するために、そのような記載をしていると言ってよい。しかし、木村庄三郎と木村正直は翌場所、つまり昭和22年秋場所、式守伊之助は最上段に、三役格は全員、二段目に、それぞれ、記載されている。

このように、昭和2年1月場所から昭和20年代の番付を少し調べただけでも、三役格と幕内格の記載の仕方は一様でない。しかし、昭和11年春場所以降、基本的には、二段目は三役格、三段目は幕内格を記載している。三役格に草履を許可したり、副立行司を導入したりした場合は、それに応じて記載の仕方が変化しているが、基本的な記載方法は同じである。同じ段で異なる位階を記載する場合は、その間に大きめの区切りを空けることが多い。

11. おわりに

昭和初期の番付は、これまで見てきたように、現在の番付記載方式をそのまま適用できない。番付で位階を知るには、番付だけでなく、他の知識も必要で

三役格から幕内格に格下げされている。昭和10年5月が正確な年月なのかどうかは、必ずしもはっきりしない。それより以前だという文献もある。昭和10年5月、三役格に昇進したとしても、番付ではそれを明確に確認できない。というのは、記載に関する限り、それ以前の番付と何の変化もないからである。

ある。同じ段に異なる位階の行司が記載されていて、位階の間に明確な区切りがない場合があるからである。また、同じ位階の行司を二つの段に分け、別々に記載してあることもある。一つの位階に属する行司が二つの段に別々に記載されている場合、それが同じ位階の行司であることをどのように見分けられるか、はっきりしない。昭和初期の行司の位階と房の色は、本章の末尾に提示してある資料で確認するとよい。

番付の各段と位階が一致するのは、昭和11年春場所である。同じ位階であれば、一つの段にまとめて配列してあるからである。異なる位階が一つの段に記載されている場合は、位階の間に明確な区切りがある。したがって、位階を区別できないということはない。しかし、昭和11年春場所以降でも、異なる位階の行司が同じ段に記載され、区切りがないこともある。そのような記載は、大体、次の場所で元の番付に戻っている。これは、同じ位階と房の色をできるだけ一致させようという考えが働いていることを示している。

木村勘太夫、木村林之助、木村庄三郎の3名がいつ、三役格に昇進したかについてはいくつかの説がある。本章では、結局、勘太夫と庄三郎は共に大正14年1月、三役格に昇格したと解釈している。木村誠道の免許状が大正14年2月付になっていることから、その上位行司は「朱房」だったと判断せざるを得ない。そうなると、21代木村庄之助著『ハッケヨイ人生』の年月が問題になる。本当に、朱房は大正15年春場所に許されたのかを解明するには、さらに検討しなければならない。19代式守伊之助の朱房に関しては、大正14年春場所と大正15年春場所の二つがある。これは、自伝『軍配六十年』にあるように、大正14年春場所が正しいはずだ。

木村誠道の免許状の日付を起点にすれば、すべてが一挙に解決する。22代木村庄之助（木村林之助）も大正末期にはおそらく「朱房」に昇格しているはずだ。下位の庄三郎（19代式守伊之助）や誠道がすでに朱房になっているからである。しかし、勘太夫、林之助、庄三郎が大正末期に朱房になったことに関しては、授与年月が異なっていたり、本人が朱房になったことをまったく認めていなかったりしていることから、今後もさらに解明しなければならない。本書は一つの結論を出しているが、それが本当に正しいのかどうかもさらに吟味する必要がある。

資料（1）：昭和2年春場所から5年春場所の番付と房の色

東京相撲の行司が昭和2年春場所の番付でどのように変わったかを知るために、大正15年夏場所の番付を次に示す。

○大正15年夏場所の番付

一段目：「紫」庄之助／「紫白」（与太夫改）伊之助／「朱」錦太夫
二段目：「朱」勘太夫、鶴之助、林之助、庄三郎、誠道
三段目：「紅白」要人、善之輔、光之助、政治郎、勝巳／「青白」作太郎、銀次郎、今朝三
四段目：「青白」義、真之助、「栄二郎改」庄吾、善太郎、喜市／「黒」敬太郎…

(a) 番付では、与太夫はこの場所から伊之助を襲名しているが、実質的には春場所から襲名していた（『時事』(T15.1.16))。
(b) 青白房の「義」は大正13年5月に十両格に昇進している（小池（34）、p.153)。しかし、昭和2年春場所には「幕下格」に格下げされた（『都』(S2.1.8))。

(1) 昭和2年春場所

拙稿「昭和初期の番付と行司」(2009) では、昭和2年春場所の位階を次のように表している。要人と善之輔を「幕内格」としていたが、それは間違っている。実は、「十両格」だったのである。幕内の最後は正直であることが最近分かった。

一段目：庄之助、伊之助、玉之助

二段目：清之助、（錦太夫改）与太夫、勘太夫／林之助、玉光
三段目：庄三郎、誠道、正直、要人、善之輔／光之助、政治郎
四段目：勝巳、作太郎、銀次郎、今朝三、友次郎／義、真之助、庄吾、善太郎、喜市

これは次のように表すのが正しい。大阪相撲から十両格以上の行司が5名移籍しているが、その行司はゴシック体にしてある。大正15年夏場所の番付と比較すれば、中には地位を格下げされたものも何人かいることが分かる。

一段目：「紫」庄之助、「紫白」伊之助、**玉之助**
二段目：「朱」**清之助**、（錦太夫改）与太夫、勘太夫／「紅白」林之助、**玉光**
三段目：「紅白」庄三郎、誠道、**正直**／「青白」要人、善之輔、光之助、政治郎
四段目：「青白」勝巳、作太郎、銀次郎、今朝三、**友次郎**／「黒」義、真之助、庄吾、善太郎…

(a) 玉之助は紫房（立行司）から紫白房に格下げされた。
(b) 清之助は紫白房（立行司）から朱房（三役格）に格下げされた。同時に、草履も剥奪された。
(c) 勘太夫は、『大相撲』(S54.5）の「22代庄之助一代記（10)」(p.144）によると、幕内格となっている。『近世日本相撲史（2)』(p.9）や『大相撲』(S54.5, p.144）でも、勘太夫は昭和2年5月に三役格に昇進したとなっている。しかし、21代木村庄之助著『ハッケヨイ人生』(p.70／pp.76-7）によると、大正15年1月、三役格に昇進している。

「大正15年1月に三役となり、勘太夫と名前もかわって朱房の軍配を持つことになりました。」(p.76)

『夏場所相撲号』(S2.5）の「相撲界秘記」(p.123）でも勘太夫は朱房行司として記されている。雑誌の発行日を考慮すれば、春場所や春巡業ではすでに朱房だったことになる。正直が幕内格の一番下であることが分かった。『大相撲』

(S38.1) の「土俵一途の55年」に次のように記されている。

「わたし（正直：NH）は大阪で幕内格になって2年目で、東京へきたときは幕内の一番下でした。」(p.46)

これにより、誠道も幕内格だったことが分かる。というのは、番付で、誠道は正直の一枚上だからである。正直より一枚下の要人は十両格（つまり青白房）であることも確認できた（『夏場所相撲号』(S2.5) の「相撲界秘記」(p.123)）。

(a) 錦太夫は与太夫（7代目）に改名した。
(b) 林之助と庄三郎は朱房から紅白房に格下げされている[33]。
(c) 鶴之助は合併を前にして廃業したので、番付から消えている。
(d) 玉光と正直が幕内格である（『萬』(S2.1.8)）。
(e) 要人、善之輔、光之助、政治郎、勝巳は紅白房から青白房に格下げされている。
(f) 要人は青白房である（『夏場所相撲号』(S2.5) の「相撲界秘記」(p.123)）。
(g) 義以下の8名は青白房から黒房に格下げされている（『都』(S2.1.8)）。

(2) 昭和2年夏場所

二段目：「朱」清之助、（錦太夫改）与太夫、勘太夫／「紅白」林之助、玉光
三段目：「紅白」庄三郎、誠道、正直／「青白」要人、善之輔、光之助、政治郎
四段目：「青白」勝巳、作太郎、銀次郎、今朝三、友次郎／「黒」伊三郎、真之助、庄吾、善太郎…

(a) 幕下格筆頭の義が伊三郎に改名した。それ以外は、先場所と同じである。
(b) 青白房の作太郎が場所後に死亡した（10月）。

---

33) 朱房は必ずしも草履を履いた「三役格」だけではない。草履を履かない朱房でも「三役格」である。

(3) 昭和3年春場所

二段目：「朱」与太夫、清之助、勘太夫／「紅白」林之助、玉光
三段目：「紅白」庄三郎、誠道、正直／「青白」要人、善之輔、（光之助改め）隆輝、政治郎
四段目：「青白」勝巳、銀次郎、今朝三、友次郎／「黒」伊三郎、真之助、庄吾、善太郎…

(a) 与太夫と清之助の順位が入れ替わっている。
(b) 光之助が隆輝に改名した。

(4) 昭和3年夏場所

二段目：「朱」与太夫、清之助、勘太夫／「紅白」林之助、玉光
三段目：「紅白」庄三郎、誠道、正直／「青白」要人、善之輔、隆輝、政治郎
四段目：「青白」（勝巳改め）錦太夫、銀次郎、今朝三、友次郎、伊三郎／「黒」真之助、庄吾、善太郎…

(a) 四段目の勝巳が錦太夫に改名した。
(b) 四段目の作太郎が番付から消えた。
(c) 伊三郎が黒房から青白房に昇格した。

(5) 昭和4年春場所

二段目：「朱」与太夫、清之助、勘太夫／「紅白」林之助、玉光
三段目：「紅白」庄三郎、正直／「青白」（要人改め）喜三郎、善之輔、隆輝、政治郎、錦太夫
四段目：「青白」銀次郎、今朝三、友次郎、伊三郎／「黒」真之助、庄吾、善太郎…

(a) 三段目の誠道が番付から消えた。昭和3年10月に辞職している（『人物

大事典』(p.701))。誠道の前名は藤太郎で、大正7年1月に改名している。

(b) 錦太夫が三段目に記載されている。

(c) 要人が喜三郎に改名した。

(6) 昭和4年夏場所

二段目:「朱」与太夫、勘太夫、清之助／「紅白」林之助、玉光

三段目:「紅白」庄三郎、正直／「青白」喜三郎、善之輔、(隆輝改め) 光之助、政治郎、錦太夫

四段目:「青白」銀次郎、今朝三、友次郎、伊三郎／「黒」真之助、庄吾、善太郎…

(a) 勘太夫と清之助の順位が入れ替わった。

(b) 隆輝が光之助に改名した。

(7) 昭和5年春場所

二段目:「朱」与太夫、勘太夫、清之助／「紅白」林之助、(玉光改め) 重政

三段目:「紅白」庄三郎、正直／「青白」喜三郎、善之輔、光之助、政治郎、錦太夫

四段目:「青白」銀次郎、今朝三、友次郎、伊三郎、／「黒」真之助、庄吾、善太郎…

(a) 二段目の玉光が重政に改名した。

(b) 四段目の真之助が黒房から青白房に昇格した。

資料（2）：昭和5年夏場所以降の番付と房の色

一段目では、基本的に、「紫白房」か「紫房」の立行司が記載されている。立行司だけが記載されている場合は、房の色も予測できるので、ここで省略してある。しかし、異なる房の色が記載されたり、番付の記載方式が異なっていたりした場合は、一段目も提示してある。

（1）5年夏場所

一段目：「紫」庄之助、「紫白」伊之助、玉ノ助
二段目：「朱」与太夫、勘太夫、清之助／「紅白」林之助、重松
三段目：「紅白」庄三郎、正直、喜三郎、善之輔／「青白」政次郎、光之助、錦太夫
四段目：「青白」銀次郎、今朝三、友次郎、伊三郎、真之助／「黒」庄吾…

(a) 一段目には立行司3名が記載されている。3名とも「紫房」となっている。「紫白房」は記載されていない。つまり、「紫房」と「紫白房」の区別はない。
(b) 一段目から三段目まで三角型だが、四段目は平板型である。三角型の場合は、原則として、一段目から三段目までであり、それ以外は平板型である。
(c) 二段目と三段目では位階が異なる場合であっても、位階の間で区切りがない。字のサイズは異なるが、それは位階というより席順を表しているようだ。
(d) 四段目では青白房と黒房の間で区切りがある。青白房と黒房が同じ段に記載されるときは、原則として、位階の間で区切りがある。
(e) 幕下格の真之助が青白房に昇格した。
(f) 青白房の銀次郎が場所後死亡した（10月）。

（2）6年春場所

二段目：「朱」与太夫、勘太夫、清之助／「紅白」林之助、重松
三段目：「紅白」庄三郎、正直、喜三郎、善之輔／「青白」政治郎、光之助、錦太夫
四段目：「青白」今朝三、友次郎、伊三郎、真之助／「黒」庄吾…

（a）一段目から三段目までは、5年夏と同じである。
（b）四段目も三角型になっていて、中央に青白房、その両脇に黒房が記載されている。

（3）6年夏場所

一段目：「紫」庄之助、「紫白」伊之助
二段目：「紫白」玉之助／「朱」勘太夫、与太夫、清之助
三段目：「紅白」林之助、重松、庄三郎、正直、喜三郎、善之輔、光之助
四段目：「青白」政治郎、錦太夫、今朝三、友治郎、（伊三郎改）義、真之助／「黒」庄吾…

（a）各段が平板型になっている。なぜこれまでの三角型を平板型に変えたのか、分からない。平板型はこの場所だけで、次の場所には三角型に戻っている。
（b）玉之助が二段目に降下している。その理由は分からない。玉之助は二段目に記載されているが、『行司名鑑』では庄之助、伊之助と共に「紫房」となっている。つまり、玉之助は一段目から二段目に下がって記載されているが、先場所と同様に、「立行司」であり、「紫白房」のままである。
（c）二段目で式守与太夫と式守勘太夫の順位が入れ替わっているが、与太夫が黒星を頂戴したことが原因らしい（『近世日本相撲史（1）』（p. 169））。
（d）二段目では「紫白房」の玉之助が朱房三人と共に記載されているが、番

付では位階を区別する区切りはない。したがって位階を区別することはできない。

(e) 三段目は全員、紅白房である。青白房は一人も記載されていない。

(f) 四段目では青白房と黒房の間に区切りがある。右側が紅白房、左側が青白房である。

(g) 平板型では席順で並列されるので、席順が明確である。

(4) 7年春場所（2月）[34]

二段目：「朱」与太夫、勘太夫、清之助、林之助
三段目：「紅白」重松、庄三郎、正直、喜三郎、善之輔、光之助、錦太夫
四段目：「青白」今朝三、友治郎、真之助、善太郎／「黒」庄吾…

(a) 錦太夫は「関西場所にて承認。2月場所より紅白房昇進す」(『行司名鑑』）とある。

(b) 林之助は「関西場所にて承認。2月場所朱房に昇進」(『行司名鑑』）とある。

(c) 庄吾と哲雄は「革新団脱退す」(『行司名鑑』）とある。しかし、番付では7年夏場所にもまだ載っている。

(d) 哲雄は「2月場所後、青白房へ昇進承認さる」(『行司名鑑』）ともある。

(e) 政治郎は「昭和7年11月5日、紛擾より振興団へ脱退す」(『行司名鑑』）とある。これは後で追加記入したものであろう。

(f) 昭和6年夏場所と同じように、平板型である。

(g) 玉之助は元の一段目に記載されている。先場所では二段目に記載してあったので、記載する段を変えるにはやはり理由があったに違いない。「黒星」が原因でなければ、「玉之助」の処遇を巡る論議があったかもしれない。

---

34) 春場所は1月にも番付が発表されたが、『行司名鑑』にこの1月場所の記録はない。

(5) 7年夏場所

二段目：「朱」与太夫、勘太夫、清之助、林之助／「紅白」重松
三段目：「紅白」庄三郎、正直、喜三郎、善之輔、光之助、錦太夫「青白」今朝三
四段目：「青白」友治郎、真之助、善太郎、哲夫／「黒」栄吉…

(a) 番付の一段目の伊之助は「関西本場所京都にて庄之助襲名推薦す」（『行司名鑑』）とある。
(b) 二段目の与太夫は「関西本場所京都にて伊之助襲名推薦さる」（『行司名鑑』）とある。
(c) 一段目から四段目までは三角型である。四段目も三角型になっているのが従来と変わっている。
(d) 二段目では、従来と違って、朱房と紅白房の間で区切りがある。左端の重政は紅白房である。
(e) 三段目の今朝三は青白房だが、紅白房との間で位階を区別するほどの区切りはない。見たところ、錦太夫と今朝三はほとんど同じサイズである。
(f) 四段目では青白房四人が中央に、その両脇に黒房が記載されているが、番付では位階を区別するほど明確な区切りはない。

(6) 8年春場所

二段目：「朱」勘太夫、清之助、林之助／「紅白」重松、庄三郎、正直
三段目：「紅白」喜三郎、善之輔、光之助、錦太夫／「青白」今朝三、庄三郎、真之助
四段目：「青白」哲夫／「黒」与之吉…

(a) 友次郎は「夏場所後紅白房に昇進する」（『行司名鑑』）とある。
(b) 平板型に変わっている。先場所の三角型と見比べれば、席順が明確に判断できる。

(c) 二段目では朱房と紅白房の間に区切りがある。
(d) 三段目では紅白房と青白房の間に区切りがある。
(e) 四段目では青白房と黒房の間に区切りがあるが、青白房は哲夫一人だけである。

(7) 8年夏場所

二段目：「朱」勘太夫、清之助、林之助／「紅白」(重松改) 玉二郎、庄三郎
三段目：「紅白」正直、喜三郎、善之輔、光之助、錦太夫、今朝三
四段目：「青白」友次郎、真之助、善太郎、哲雄、与之吉／「黒」百合夫…

(a) 一段目から三段目まで三角型だが、四段目は平板型である。
(b) 二段目日は中央に朱房三人、その両脇に紅白房一人ずつが記載されている。
(c) 三段目は全員紅白房である。
(d) 四段目では青白房と黒房との間に区切りがある。

(8) 9年春場所

二段目：「朱」勘太夫、清之助、林之助／「紅白」玉二郎、庄三郎
三段目：「紅白」正直、喜三郎、善之輔、光之助、錦太夫、今朝三
四段目：「青白」友次郎、真之助、善太郎、哲雄、与之吉／「黒」百合夫…

(a) 記載方式は8年夏場所と同じ。
(b) 重政が玉二郎に改名した。

(9) 9年夏場所

二段目：「朱」勘太夫、清之助、林之助／「紅白」玉二郎、庄三郎
三段目：「紅白」正直、喜三郎、善之輔、光之助、錦太夫、今朝三
四段目：「青白」友治郎、真之助、善太郎、哲雄、与之吉／「黒」百合夫…

(a)『行司名鑑』で、初めて、立行司の項に「紫白房」を記入し、「紫房」と区別する。それまでは「紫房」だけを記入していた。
(b) 記載方式は8年夏場所と同じ。

(10) 10年春場所

二段目：「朱」勘太夫、清之助、林之助／「紅白」玉二郎、庄三郎
三段目：「紅白」正直、喜三郎、善之輔、光之助、錦太夫、今朝三
四段目：「青白」友治郎、真之助、善太郎、哲雄、与之吉／「黒」百合夫…

(a) 記載方式は8年夏場所と同じ。
(b) 位階は先場所と同じ。

(11) 10年夏場所

二段目：「朱」勘太夫、清之助、林之助／「紅白」玉二郎、庄三郎
三段目：「紅白」正直、喜三郎、善之輔、光之助、錦太夫、今朝三
四段目：「青白」友治郎、真之助、善太郎、哲雄、与之吉／「黒」百合夫…

(a) 一段目の庄之助は「5月場所後協会より木村松翁の号を推薦せらる」(『行司名鑑』) とある。
(b) 玉二郎は「5月場所後朱房昇進承認」(『行司名鑑』) とある。
(c) 庄三郎は「5月場所後朱房昇進承認」(『行司名鑑』) とある。
(d) 友治郎は「5月場所後紅白房へ昇進承認」(『行司名鑑』) とある。『大相撲春場所』(S16.1, p.65) に友治郎は昭和10年5月に紅白に昇格したとある。5月場所後に昇格が決まったので、番付記載は翌場所からとなる。
(e) 記載方式は8年夏場所と同じ。

(12) 11年春場所

二段目：「朱」勘太夫、清之助、(林之助改) 容堂、玉二郎、庄三郎

三段目：「紅白」正直、喜三郎、善之輔、光之助、錦太夫、今朝三、友治郎
四段目：「青白」善太郎、真之助、哲雄、与之吉、百合夫／「黒」金吾…

(a) 一段目では「松翁木村庄之助」と記載されている。
(b) 記載方式は8年夏場所と同じ。
(c) 一段目から三段目まで、この場所から各段に記載された行司がすべて、房の色が同じである。すなわち、同じ位階が記載されている。二段目は全員、朱房であり、三段目は全員、紅白房である。
(d) 四段目の場合、青白房と黒房が記載されているが、位階の区別をする区切りがある。四段目では、これは特に珍しい書き方ではない。

(13) 11年夏場所

二段目：「朱」勘太夫、清之助、容堂、玉二郎、庄三郎
三段目：「紅白」(喜三郎改) 与太夫、正直、光之助、善之輔、今朝三、錦太夫、友治郎
四段目：「青白」(真之助改) 錦之助、善太郎、哲雄、与之吉、百合夫／「黒」金吾…

(a) 記載方式は11年春場所と同じ。
(b) 番付では四段目で善太郎と哲雄の間に区切りがある。その理由は分からない。次の場所でその区切りがなくなっているので、この区切りは位階の違いを表すものではないようだ。
(c) 善太郎と錦之助の席順が入れ替わっている。その理由は分からない。

(14) 12年春場所

二段目：「朱」勘太夫、清之助、容堂、玉二郎、庄三郎
三段目：「紅白」正直、与太夫、善之輔、光之助、錦太夫、今朝三、友治郎
四段目：「青白」錦之助、善太郎、哲雄、与之吉、百合男／「黒」金吾…

(a) 正直は「1月場所後朱房に昇進す」(『行司名鑑』) とある。

(b) 錦之助は「1月場所後紅白房に昇進す」(『行司名鑑』) とある。
(c) 記載方式は11年春場所と同じ。
(d) 四段目の善太郎と哲雄との間で区切りがなくなっている。このことから四段目の右側は全員青白房である。

(15) 12年夏場所

二段目：「朱」勘太夫、清之助、容堂、玉二郎、庄三郎
三段目：「朱」正直「紅白」与太夫、善之輔、光之助、錦太夫、今朝三、友治郎
四段目：「青白」錦之助、善太郎、哲雄、与之吉、百合男／「黒」(金吾改) 玉光…

(a) 一段目の玉之助は「5月本場所後引退。年寄岩友襲名す」(『行司名鑑』) とある。
(b) 勘太夫は「5月場所後協会推薦により三代行司として玉之助名義保存により14代目木村玉之助襲名す」(『行司名鑑』) とある。
(c) 記載方式は11年春場所と同じ。
(d) 正直は三段目中央に大きな字で記載されている。『行司名鑑』にも「朱房」となっている。春場所後に「朱房」に昇進している。しかし、なぜ二段目に紅白房行司と共に記載されているかは分からない。一段目の下位行司を二段目中央に記載する方式は以前にあったが、これは二段目の下位行司を三段目の中央に配置している。珍しいケースである。
(e)「新庄之助によせて」(『相撲』(S35.2)) によると、やはり昭和12年春場所後に三役格 (朱房) を許されている。

「大正13年5月には紅白幕内格となり、合併後の昭和12年春場所打ち上げ後に、朱房三役格、昭和22年6月明治神宮奉納相撲にはヒゲの伊之助と共に、格草履を許され、さらに昭和26年夏場所後、千代の山の横綱と同時に、これまた伊之助と並んで紫白房、帯刀、副立行司を協会認証 (それまでは横綱、立行司も協会の推せんによって吉田家が

免許していた）のもとに司家から免許された。」(p.97)

(f) 「土俵一途の55年」(『大相撲』(S38.1, p.47)) によると、正直本人は昭和13年に三役格になったと語っている。これはどう解釈すればよいだろうか。少なくとも二通り考えられる。一つは、『行司名鑑』が違っている。もう一つは、正直自身の記憶違いである。『行司名鑑』は間違っていないはずだ。というのは、『相撲』(S35.2, p.97) でも昭和11年春場所後に三役格に昇格したと述べている。昭和12年夏場所の番付では字の大きさが他の紅白房行司も一際目立っている。おそらく、正直自身は年月を勘違いし、昭和13年と語ったに違いない。それにしても、三役格を一人だけ三段目に記載してあるのは確かに気になる。本章では、『行司名鑑』にあるように、昭和12年春場所後に昇格したと判断しているが、本人は昭和13年春場所に昇格したと語っていることも指摘しておきたい。

(16) 13年春場所

二段目：「朱」清之助、容堂、玉二郎、庄三郎、正直
三段目：「紅白」与太夫、善之輔、光之助、錦太夫、今朝三、友治郎、錦之助
四段目：「青白」善太郎、哲雄、(与之吉改) 勘太夫、百合男、玉光／「黒」善吉…

(a) 勘太夫が立行司木村玉之助へ昇進している。
(b) 伊三郎は昭和13年1月、新興力士団より東京相撲に復帰したが、幕下(四段目) の末席に付け出された。これに関しては、本人が次のように語っている。

「私は13年1月に帰参したのだが、とにかく一度脱退したのだから、すぐに十両格というわけにはいかない。一応、格下げで幕下4枚目式守伊三郎で付け出しである。翌14年1月に再十両に昇格した。」(『大

相撲』(39.7) の「行司生活55年—24代木村庄之助」(p.48))

(c) 記載方式は11年春場所と同じ。

(d) 正直が二段目に記載されたため、各段が房の色と一致している。すなわち、二段目は全員朱房、三段目は全員紅白房である。

(e) 四段目は青白房と黒房がそれぞれまとまって記載されている。

(17) 13年夏場所

二段目:「朱」清之助、容堂、玉二郎、庄三郎、正直

三段目:「紅白」与太夫、善之輔、光之助、錦太夫、今朝三、友治郎、錦之助

四段目:「青白」善太郎、哲雄、勘太夫、百合男、玉光／「黒」善吉…

(a) 記載方式は11年春場所と同じ。

(b) 各段と房の色は一致する。

(c) 四段目では青白房と黒房との間で区切りがある。

(d) 錦太夫が7月18日死亡し、哲雄が10月15日に死亡している。

(18) 14年春場所

一段目:「紫」松翁木村庄之助、「紫白」(玉之助改) 伊之助、(容堂改) 玉之助

二段目:「朱」清之助、玉二郎、庄三郎、正直、与太夫

三段目:「紅白」善之輔、今朝三、友治郎、錦之助、善之助

四段目:「青白」勘太夫、玉光、善吉、与之吉、庄次郎、伊三郎／「黒」良雄…

(a) 庄之助は「松翁」となる。番付では「松翁木村庄之助」として記載されている。

(b) 伊之助 (16代) が引退し、年寄立田川を襲名した。

(c) 容堂は木村玉之助に昇格し、一段目に記載される。

(d) 伊三郎は幕下末席から、青白房の末席に昇進した。
(e) 記載方式は11年春場所と同じ。
(f) 光之助が引退し、年寄湊を襲名した。
(g) 順番からすれば、清之助が玉之助へ昇進してもよさそうだが、本人が辞退している。

(19) 14年夏場所

二段目：「朱」清之助、玉二郎、庄三郎、正直、与太夫
三段目：「紅白」善之輔、今朝三、友治郎、錦之助、善太郎
四段目：「青白」勘太夫、玉光、善吉、与之吉、庄治郎、伊三郎／「黒」良雄…

(a) 記載方式は11年春場所と同じ。
(b) 位階は先場所と同じ。

(20) 15年春場所

一段目：「紫」（伊之助改）庄之助、「紫白」（玉之助改）伊之助、（玉二郎改）玉之助
二段目：「朱」清之助、玉二郎、庄三郎、正直、与太夫
三段目：「紅白」善之輔、今朝三、友治郎、錦之助、善太郎
四段目：「青白」勘太夫、玉光、善吉、与之吉、庄治郎、伊三郎／「黒」良雄…

(a) 記載方式は11年春場所と同じ。
(b) 前場所と同じ。

(21) 15年夏場所

二段目：「朱」清之助、庄三郎、正直、与太夫、善之輔
三段目：「紅白」今朝三、友治郎、錦之助、善太郎、勘太夫

四段目：「青白」玉光、善吉、与之吉、庄治郎、伊三郎、良夫／「黒」滝夫
…

(a) 伊之助が21代木村庄之助を襲名した。

(b) 玉之助が伊之助を襲名した。

(c) 玉二郎が玉之助を襲名した。

(d) 記載方式は11年春場所と同じ。

資料（3）：昭和16年以降の番付と房の色

16年春場所以降で、留意したほうがよさそうな点を列記しておく。

(1) 昭和17年春

(a) 三段目に紅白房と青白房が共に記載されている。位階の間には区切りがある。

(2) 昭和19年春

(a) 三段目は朱房、三段目は紅白房だけである。
(b) 四段目は青白房と黒房である。

(3) 昭和22年夏

一段目：「紫」庄之助、「紫白」玉之助／「朱」庄三郎、正直
二段目：「紫白」伊之助／「朱」与太夫、庄太郎、今朝三、伊三郎
三段目：紅白と青白が平板型で記載されている。

(a) 庄三郎と正直が格草履となる。一段目に記載されているが、房の色は朱のままである。この段を見るだけでは、一段目では紫房、紫白房、朱房が記載されている。番付ではその色は見分けられない。特に、庄三郎と正直が朱房かどうかは、まったく分からない。
(b) 二段目では「紫白房」の伊之助が中央に、その両脇に朱房が記載されているが、番付では房の色を見分けることはできない。

(4) 昭和22年秋

(a) 格草履の庄三郎と正直が二段中に記載されている。これから22年夏場所も朱だったことが分かる。

(5) 昭和26年夏

一段目：「紫」庄之助、「紫白」伊之助／「紫白」玉之助、庄三郎
二段目：「朱」全員
三段目：「紅白」全員

(a)『行司名鑑』では「玉之助、庄三郎両氏同格、副立行司の名称となる」とある。つまり、玉之助は「立行司」から「副立行司」に格下げされ、庄三郎は「格草履」から「副立行司」に格上げされた。房の色は二人とも「紫白」で、草履を履けた。

(6) 昭和26年秋

一段目：「紫」(伊之助改) 庄之助、「紫白」(庄三郎改) 伊之助、「紫白」玉之助、正直
二段目：「朱」全員
三段目：「紅白」全員

(a) 正直は「木村玉之助と同格、土俵は交互上下交代にやること」(『行司名鑑』) とある。
(b) 玉之助は「土俵は交互上下交代にやること」(『行司名鑑』) とある。
(c) 正直と玉之助は副立行司である。

(7) 昭和27年春場所から昭和29年秋場所まで

(a) 26年秋と同じ。

第9章　明治30年以降の番付と房の色

1. はじめに

本章では、明治30年春場所から45年夏場所までの行司を対象とし、その軍配房が何色であったかを調べる。対象となる行司は、基本的に、十両格以上である。番付を見るだけで行司の房の色が分かれば、このような研究はいらない。しかし、番付だけでは房の色を正確に知ることはできない。正確に房の色を知るには、番付以外の資料で確認しなければならない。本章では、番付に房の色を記し、各行司の房の色が分かるようにしてある[1)]。

明治43年5月以前、十両格以上の行司を位階別にリストしてある資料は見たことがない[2)]。そのような資料があれば、それが記載された年月や本場所で行司の房の色がどうなっていたかを正確に判断できる。番付では席順がはっきり

---

1) 行司の房の色に関してはいろいろな資料を活用してその年月を確認したが、中には資料不足で確認できないものもあった。位階が明確でない場合、その前後の行司を参考にして判断せざるを得ないこともあった。特に十両格以下の行司の場合、資料で確認できないことがあった。しかし、幕内格以上の行司でも年月を確認できないこともあった。資料で確認できない場合、判断にミスがないとは言えない。資料をもっと注意深く調べれば、もっと正確な年月が確認できたかもしれない。そのような問題があることを指摘しておきたい。番付だけでは地位や房の色を見分けられないことは、拙稿「番付の行司」(2009) でも指摘してある。

2) 『報知』(M43.5.31) に格足袋（十両格）以上の房の色が記載されている。しかし、草履を履いた上位行司の場合、房の色は記されていない。この記事は房の色を判断するのに貴重な資料である。明治43年以前、たとえば明治32年頃、そのような位階と房の色をまとめてある資料があると、房の色をもっと容易に判断できるはずだが、残念ながら、私はそのような資料を見たことがない。この方面の研究は資料不足のため、解明したいと思いつつも、なかなか手をつけられなかった。本章の研究は入手可能な資料を活用し

しているので、それに従って房の色も予測することができる。しかし、現在の番付のように、同じ位階を同じ段にまとめて記載していないため、常に明確な判断ができない。位階を記す区切りが明確でなかったり、同じ位階が異なる段に分けて記載されていたりする。

明治30年頃から相撲を扱った新聞記事が徐々に多くなってきているが、それでもすべての行司の房の色が簡単に分かるわけではない。上位行司の資料は比較的多いが、下位行司になると、資料そのものがなかなか見つからない。上位行司であっても、また下位行司であっても、名前さえ見つからない場合もある。特に幕下格から格足袋に昇進する年月に関しては、その確認がかなり難しい。資料の確認ができなければ、必然的に昇進年月も分からない。本章では、資料で房の色が確認できない場合、確認できた行司を基にして、推測するように努めてある。確認できた資料名はできるだけ記し、また前後の行司から推測せざるを得ない場合でもできるだけその理由を述べるように努めてある。前後の行司を考慮しても、判断が難しいこともある。このような事情から、本章には不備があることをあらかじめ記しておきたい。

明治期には、現在のように、本場所の初日から房の色が必ずしも変わるわけではない。場所中に変わることもあるし、場所後に変わることもある。さらに、協会が許した年月と吉田司家が許した年月にはズレがある。一般的に言って、協会が許した年月は吉田司家が許した年月より早い。たとえ協会が許していても、行司の位階によってその使用時期は変わったかもしれない。つまり、上位の位階であれば、吉田司家の許可が下りて初めて使用したかもしれない。しかし、地位が低い行司であれば、協会の許しだけで使用したかもしれない。つまり、吉田司家の許しがなくてもよかったかもしれない。いずれにしても、何を基準にするかによって、房の色が許された年月には少なくとも1、2場所の違いが生じることもある。

たが、それにもおのずから限界があることを認めなければならない。結果として、本章で示した房の色の判別には思いもよらない重大なミスがあるかもしれない。私としてはこの研究がきっかけになり、将来、行司の位階と房の色がもっと正確になることを期待したい。

本章では、基本的に、場所中2日目以前に変わったり、番付記載で位階がはっきり判別できたりする場合は、その場所から房の色が変わったとして扱っている[3)]。番付では同じ位階の行司はまとめて記載するので、隣の行司から房の色がかなりの高い確率で正しく推測できることがある。しかし、場所中の後半、たとえば8日目以降に房の色が変わった場合は、原則として次の場所から変わったとして扱っている。実際は、許された房の色を土俵上で披露した日やその翌日から使用しているが、番付では次の場所でそれは反映されるとするわけである。

2. 式守伊之助（8代）の紫白房[4)]

8代式守伊之助（M17.5～M31.1、3代与太夫）の紫紐の許可に関しては、次のような異なる記述がいくつかある。

(a)「これまで相撲行司にて紫房の紐つきたる軍配を持つことを許され居りしは木村庄之助一人なりしが、今度式守伊之助も勤功により紫房の紐を許され、昨日(8日目）よりその軍配を用いたり」(『萬』(M30.2.18)／『角力新報』(M30.3, p.50))[5)]。これは8代伊之助に関する限り、事実を正しく記述してい

---

3) 番付発表後に位階が変わった場合、房の色も変わっているが、番付ではそれが反映できない。しかし、それを見極めるのは難しいので、便宜的に、2日目を基準にした。番付で位階が見極めにくい場合は、公式には次の場所で房の色が変わったものとしている。『夏場所相撲号』(T10.5）の「行司さん物語―紫総を許される迄」には「三役よりは吉田司家の故実門人となり、その免許状到達の日より許された総を用います」(p. 105）とある。

4) 行司の代数は『大相撲人物大事典』の「行司の代々」(pp.685-706）に基づいている。番付に代数は記されていないが、本章では分かりやすさを考慮し、ときどき代数を記してある。

5) 8代式守伊之助以前にも例外的に紫房が許された例はある。たとえば、『読売』(M30.2.10)には、「式守家が紫房を用いたる先例は今より3代前の伊之助が特許されしより外更になく」とある。両横綱雲龍と不知火の時期なので、当時の伊之助は6代目である。

る[6)]。本章では、8代伊之助は来場所番付から「紫白房」を使用したものとして扱う[7)]。

(b)「伊之助は1月場所8日目（2月17日：NH）より紫房を許された」(『読売』(M30.2.20))。

(c)「本年1月軍扇に紫紐を用いることを許されたるを以って」(『読売』(M30.5.9))。場所中かどうかがはっきりしない。

(d)「本年（明治30年：NH）の春場所に式守伊之助が紫総を許されし時」(『萬』(M30.9.24))。場所中かどうかがはっきりしない。

(e)「当代の伊之助（8代目）は本年5月場所に紫房を免許されしにつき」(『都』(M30.9.25)／「伊之助は去る5月吉田家より紫房の免許を受けた」(『朝日』(M30.9.25))。紫房は5月場所に許されたとあるが、実際は1月場所中だった。番付記載からすれば、5月から許されたとしても間違いではないが、当時の伊之助は紫房になったからと言って、番付記載には何の変化もない。

(f)「明治16年先代式守伊之助（7代：NH）の名目を襲いて立行司となり、(8代式守伊之助は：NH）本年5月中紫房免許となりたる」(『大阪朝日』(M30.12.21))[8)]。これによると、5月場所中に紫房を許されている。しかし、それを許されたのは、春場所中だった。番付では明治17年5月場所に式守伊之助として記載されている。つまり、それまでは式守与太夫となっている。

(g)「式守与太夫（3代：NH）は立行司式守伊之助（8代）を襲名し、昨年1月（M29.1：NH)、紫房の免許」を得ている(『読売』(M30.12.19))。これは「昨

---

6) 新聞名は簡略化した名前だけを記してある。書名も長いものは短くしてある。文脈からどの新聞であり、どの本なのかは簡単に分かるはずだ。

7) 本章では、明治43年5月場所まで「紫房」は「紫白房」だったと解釈している。「紫房」と記述しても、それは「紫白房」を表す。しかし、それ以降は、基本的に、「紫房」と「紫白房」を区別している。

8) 死亡後の明治16年中に8代式守伊之助に内定した可能性がある。7代式守伊之助(M16.1~M16.5）の最終場所は明治16年5月場所だが、亡くなったのは8月15日である。16年の間に襲名が決まっていたようだ（『都』(M30.12.21))。翌17年1月場所番付の行司欄から7代伊之助は消えているが、願人の欄には式守伊之助（死跡）として記載されている。

年」ではなく、「本年」とすれば、正しい記述になる。紫房を許されたのは、明治30年1月だからである。紫房は文字通り晩年に授与されている。

(h)「初め与之助と呼びしが、後の錦太夫（初代：NH）また与太夫（3代：NH）と改名し、ついに5代式守伊之助の名跡を継いで6代目式守伊之助となりたるは明治19年の事なりしと（後略）」(『時事』(M30.12.21))。記事の「6代目」と襲名時期の「19年」には問題がある。式守伊之助の代数は数え方によって意見の相違があるが、襲名時期は「19年」ではない。16年末か17年中に襲名は決まっていたはずだからである。

8代伊之助が紫紐を許されたのは、明治30年1月場所の8日目である。この伊之助は明治30年1月場所中7日目まで「朱色」だったことになる。当時の「紫房」はもちろん、「総紫」でなく、白糸が1、2本混じった「紫白」だった[9)]。『読売』(M30.2.10）にも「紫紐は木村庄之助といえども、房中に2、3の白糸を撚り交ぜ帯用することなれば（後略）」という記述がある。なお、『相撲道と吉田司家』の「御請書」(pp.126-8）によると、与太夫は明治15年7月以前、すでに草履を許されている[10)]。というのは、一枚下の庄五郎も草履を許され

---

9) 明治時代の紫房に関しては、拙稿「明治43年以前の紫房は紫白だった」(2008）でも詳しく扱っている。紫房に白糸が1、2本混じっていたことは文献で確認できるが、吉田追風自身も木村庄之助と式守伊之助に分け隔てなく「軍扇に紫白の打交ぜの紐を附する」と語っている（『朝日』(M41.5.19))。つまり、明治41年5月頃まで、木村庄之助の紫房には白糸が混じっていた。白糸が混じらない「総紫」は正式には明治43年5月場所から使われているが、実際は、その1年前くらいから使用されている。これは文献でも確認できる。いずれにしても、明治41年5月以前は、白糸がまったく混じっていない「総紫房」は許されていなかったはずだ。

10)『相撲道と吉田司家』にある「御請書」(pp.126-8）には房の色や草履を認めたことが記されているが、中には事実に反するものもある。たとえば、木村誠道は「方屋上草履」を認められているが、実際にその免許を受けたのは明治29年3月である。朱房を許されたのも明治20年（『相撲新書』(M32)）である。朱房を許されていないのに、草履を先に許されることはあり得ない。なぜそのようなミスがあるのかは定かでない。記録に間違いがあるかもしれないし、転写するときに間違えたのかもしれない。いずれにしても、「御請書」は必ずしも正確な資料ではないようだ。

ているからである[11]。与太夫は草履を許されたとき、朱房だった[12]。

3. 番付と行司の房

番付に基づいて、主として、三段目までに記載されている行司の房の色を記す。一つの段に異なる房の色があったり、同じ房の色が二段にまたがっていたりするのは、ごく普通のことである。これから分かるように、多くの場合、番付で房の色を判別することは難しい。

(1) 明治30年春場所[13]

一段目：「紫白」庄之助（15代）／「朱」誠道、瀬平、与太夫（4代）／「紅白」亘り、銀治郎、庄三郎（6代）
二段目：「朱」伊之助（8代）／「紅白」米蔵、小市、一学／「青白」正吉、朝之助、藤治郎
三段目：「黒」勇、角太郎、源太郎、錦之助（2代）、与之吉（2代）、中太郎、和吉、子之吉（2代）、久蔵

(a) 15代庄之助（M18.5～M30.5）を襲名したのは庄三郎（4代）で、明治17

---

11) 木村庄五郎（後の瀬平）は明治16、7年の頃、草履を履いていた可能性がある。というのは、一枚下の庄三郎がその頃、横綱梅ケ谷に乞われて土俵入りを引いているからである（『朝日』(M30.9.25)）。横綱土俵入りを引くには草履が最低条件である。

12)『角觝金剛伝』（御届明治18年6月16日）には草履を履いた8代式守伊之助の姿が掲載されている。その3年前にはすでに草履を許されていたわけである。当時は、朱房でも草履が許された。紫白房は名誉色だった。

13) 行司名ではときどき同音異字の場合がある。番付ではそのつづり字を守るように心がけているが、本章の説明の中ではそれを必ずしも忠実に守っていない。たとえば、「亘り」は「亘」としてあったり、「治郎」は「次郎」や「二郎」としてあったりする。行司名を正確に述べるとなると、それが使われている時代も厳密に記さなければならないことがある。

年5月である（『読売』（M18.5.12/15）／『報知』（M32.5.18））[14]。この庄之助は明治25年当時、紫房を使用している（『萬』（M25.7.15））が、それは吉田司家の免許を正式に受けたものではない（『読売』（M25.7.15））[15]。新聞記事によれば、「黙許」だという。明治25年5月出版の横綱西ノ海土俵入り（太刀持ち・朝汐、露払い・千年川）の錦絵でも紫房は確認できるが、いつ頃からそれを使用し始めたかは分からない[16]。15代木村庄之助は明治30年12月22日、死去した。

(b)『読売』（M23.1.19）によると、明治23年当時、庄之助は紫房で一人、伊之助、庄五郎（後の瀬平）、庄三郎の三名は朱色である。つまり、その頃、庄之助は紫房を使用しているが、それは黙許だったことになる。

---

14)『読売』（M30.9.24）によると、明治16年に15代庄之助を襲名している。番付では明治18年5月からである。14代木村庄之助（M10.1~18.1）は明治17年8月14日に亡くなっているが、番付では18年1月（死跡）にも載っている。『報知』（M32.5.18）によると、14代木村庄之助は紫房を吉田司家より許されていないが、これが真実かどうかは必ずしもはっきりしない。『相撲道と吉田司家』（S34）の「御請書」（pp.126-8）によると、紫白房が許されているからである。この「御請書」の日付は明治15年7月3日である。吉田司家の免許が出たかどうかははっきりしないが、協会の許しを受けていたようだ。14代・15代木村庄之助の紫房はもっと吟味しなければならない。

15) 15代木村庄之助の紫房は協会より許されたもので、吉田司家より許されたものではない（『報知』（M32.5.18））。協会がいつ頃紫房を許したかははっきりしない。いずれにしても、吉田司家は許していなかったようだ。しかし、三木・山田編『相撲大観』（M35）には「紫房は先代木村庄之助（15代：NH）が一代限り行司宗家、肥後熊本なる吉田氏よりして特免されたるものにて現今の庄之助及び瀬平もまたこれを用いているけれども（後略）」（pp. 299-300）とあり、吉田司家の許しを受けている。いずれが正しいかは分からないが、『報知』が正しいかもしれない。というのは、『報知』が『相撲大観』より2年先だからである。いずれにしても、真実は他の資料で確認するしかない。

16)『読売』（M30.9.24）には「明治16年中15代目庄之助を継続し、縮熨斗目麻上下着用木刀佩用紫紐総携帯を許され（後略）」とあるが、紫房がいつ許されたのかは分からない。「明治16年」はおそらく正しくない。14代木村庄之助の死亡後、明治16年中に15代木村庄之助を襲名することが決まっていた可能性はある。明治16年中から紫房を許されたというのは真実でないはずだ。15代庄之助が紫房を許されたのはずっと後である。ただ、庄之助の襲名が決まったときに紫白房を使用し始めたことも否定できない。しかし、明治初期には庄之助や伊之助を襲名しても直ちに紫白房を許されなかったので、その可能性はかなり低いと言ってよい。

(c) 初代誠道（つまり16代庄之助）は明治11年5月、紅白房（幕内格）を許され（『やまと』(M45.1.7) ／『人物大事典』(p.689)）[17)]、朱房を明治18年に許されている（『読売』(M30.12.18)）。他方、明治20年、朱房の免許を授与されたとする記述もある（『相撲新書』(p.88) ／『やまと』(M45.1.7)）[18)]。18年に許され、20年に免許が授与されたかもしれない。木村誠道は明治20年春場所4日目、式守鬼一郎に改名している（『読売』(M20.1.30)）[19)]。20年5月番付で、鬼一郎として記載されている。さらに22年5月番付では、式守鬼一郎から再び木村誠道に改名している。木村誠道に改名したのは、明治21年だったという記事もある（『福岡』(M30.12.21)）。番付に記載されたのは5月だが、もちろん、それ以前に改名の手続きを済ませていたに違いない。

---

17) 誠道は明治11年、東京相撲に復帰したとき幕内格の中位に付け出されている（『やまと』(M45.1.7)）。因みに、誠道が明治6年、高砂改正組に加わるために東京相撲を辞めた時の地位は「幕下格の足袋行司」だった（『日日』(M45.1.15) ／『夕刊中央』(M45.1.7)）。この名称は力士の「十両格」と同じで、行司の場合、足袋格の青白房のことである（『日日』(M45.1.7)）。

18) 明治17年6月の天覧相撲を描いた錦絵では、誠道の軍配房は朱房である。この錦絵が正しければ、明治17年には既に朱房になっていることになる。さらに、『相撲道と吉田司家』（昭和34年）の「御請書」によると、誠道は明治15年に草履を許されているので、それまでには朱房だったことになる。『相撲新書』(M32) には「木村庄之助」(pp.87-9) の項があり、簡単な紹介があるが、改名年月や昇進年月が他の資料と食い違っているものもある。たとえば、誠道は明治14年に年寄秀五郎（7代伊之助）の養子となり、鬼一郎と改名し、16年に誠道に戻っている。この明治14年と16年は正しくないはずだ。いずれにしても、誠道の朱房と改名に関しては年月が異なっている場合がある。正確な年月を確認するには、もっと資料を吟味しなければならない。本章は、主として、明治30年以降を調べるので、それ以前の朱房についてはあまり深く立ち入らない。

19) 番付によれば、木村誠道は明治20年5月場所で式守鬼一郎に改名しているが、その式守鬼一郎に改名したのは明治18年だったという記事もある（『読売』(M30.12.18) ／『福岡日日』(M30.12.21)）。しかし、これは記憶違いによるミスである。『読売』(M20.1.30) にあるように、式守鬼一郎に改名したのは明治20年1月場所中（4日目）である。本章では、番付に従い、明治20年5月に木村姓から式守姓に変えたとしている。鬼一郎を誠道に変え、また式守姓を再び木村姓に変えているが、木村姓を式守姓に変えたり式守姓を木村姓に変えたりした行司は、この16代庄之助が歴史的には初めてである。

(d) 誠道は明治29年夏場所より草履を許されている(『時事』(M29.5.21)／『読売』(M29.5.24)／『都』(M29.5.21／M43.4.29))。免許は明治29年3月に授与されている(『相撲新書』(pp. 88-9))。明治30年12月、16代木村庄之助を襲名することが決まり、明治31年3月、吉田司家の免許を授与されている(『相撲新書』(p.89)／『やまと』(M45.1.7))。31年の1月場所は初日から「紫房」を使用していたに違いない。相撲協会が12月19日に授与した免状には「右(木村誠道：NH)積年間精勤に依り16代木村庄之助の襲名を免許す」(『大阪朝日』(M30.12.21))とある。

(e) 瀬平は「昨年1月場所(明治28年：NH)よりまた行司再勤することになったが、席順は規則により木村誠道の次へ格下げとなり、従って免許の草履も剥奪されたり」(『読売』(M29.1.13))[20)]。瀬平は明治26年1月場所後、行司を辞し、年寄木村瀬平と改名しているが、そのとき、草履を剥奪されている。瀬平は明治29年の夏場所、土俵上福草履を用いることを協会より許されている(『読売』(M30.2.15))。

(f) 「木村瀬平の使用している朱房の軍配は去る17年3月10日浜離宮において天覧相撲のありし際、肥後の吉田追風より授与されしものなる」(『角力新報』(M31.8, p.57))[21)]。しかし、天覧相撲の前ではなく、後で許されたという記述もある(小池(88), p.102)[22)]。さらに、明治15年7月に朱房免許を許

20) 瀬平は26年5月に行司を辞めたという記述もある(『相撲新書』(p.90))。26年1月場所の番付には瀬平の名が載っていて、5月場所の番付では載っていないことから、26年1月場所後に辞めたとするのが正しいであろう。いったん辞めた行司が復帰するのは異例だが、当時はそれが認められていたようだ。年寄だったことが幸いしたかもしれない。また、復帰する際には、元の位置より降下するという内規があったかもしれない。残念ながら、そのような内規ないし規則はまだ見ていない。したがって、瀬平が誠道の次に位置づけされていても、それが順当なのかどうかまったく分からない。瀬平は誠道より12歳ほど年上だった。

21) 『木村瀬平』(明治31年、p.4)にも天覧相撲に際して朱房が吉田司家より授与されたと記されている。瀬平はすでに朱房だったので、おそらく、明治17年には草履を許されたに違いない(小池(89), p.159)。

22) 瀬平が明治17年3月の天覧相撲の頃、朱房を許されたとする記述は事実誤認に違いない。実は、草履を許されたはずだ。錦絵にも瀬平は明治17年頃草履を履いて描かれている。

され、明治18年7月に草履免許を授与されたという指摘もある（小池（89），p.159）[23)]。錦絵などでも瀬平は当時、草履を履いていることから、天覧相撲の頃はすでに草履を許されていたに違いない。おそらく、草履を履く許しは天覧相撲の前に出ていたが、免許は明治18年7月に授与されたのであろう。

(g) 与太夫（4代）は明治15年1月場所、紅白房になっている（『人物大事典』(p.694)）。与太夫が朱房をいつ許されたかははっきりしないが、それを独断で使用し始めたという新聞記事がある。

> 「行司式守伊之助が今回勤功により紫紐使用の許可を受けて去る大場所8日目より土俵上軍扇に紫の紐房を用いることになりたるについては次席式守与太夫もこれに準じ一格上りて緋房（従来は紅白打交り）を用いるが当然なりとて独断を以て緋房を使用したるため、遂に協会より譴責されしが他に不都合の廉もなかりし故、其の儘事済みたるを以て、(後略)」(『読売』(M30.2.20))

この記事によると、相撲協会は与太夫の朱房使用を黙認している[24)]。当時は、協会や吉田司家の許可を得る前に、時々、行司が勝手に房の色を変えて使用している。それまで、与太夫は紅白房を使用していた。

(h) 亘り（後の庄太郎）は明治34年4月、熊本巡業中、朱房の免許を吉田司家から授与されている（『読売』(M34.4.8)）。このことは、明治30年1月当時、亘りは紅白房だったことを意味する。

(i) 銀次郎は明治30年1月、紅白房（つまり幕内格）だった[25)]。一枚上の亘り（後の庄太郎）が明治30年1月、紅白房だったからである。一枚上の亘りが

---

23) 三通りの記述のうち、どちらが正しいかをまだ確認していないが、おそらく明治15年7月頃が正しいような気がする。『相撲と吉田司家』(p.127）の「御請書」にも「庄五郎」の名でその房が許されているからである。

24) 与太夫が独断で朱房を使用し始めたことを協会は黙認している。それを見て、足袋以下の行司3、4名も足袋を履けるようにと申し出ている。しかし、これは庄之助と伊之助の反対にあい、実現していない（『読売』(M30.2.17)）。

25)『相撲』(S35.6, p.175）や『信州の相撲人』(p.79）によると、銀次郎は「三役行司」で辞めているが、これは事実を反映していない。というのは、銀次郎の最高位は「幕内

紅白房であれば、銀次郎は当然紅白房である。さらに、二枚上の4代与太夫は明治30年1月、朱房を独断で使用し始めたという新聞記事もある。つまり与太夫は銀次郎より二枚上だが、それまで紅白房だった。これらの背景を考慮すれば、銀次郎は朱房ではなく、紅白房だったと判断できる。因みに、銀次郎が紅白房になったのは、明治20年1月である（小池（113），p.175）[26]。

(j) 庄三郎（6代）は明治20年1月、紅白房に昇格し（『人物大事典』(p.689))、明治34年4月、亘りと同様に、朱房格の免許を吉田司家から授与されている（『読売』(M34.4.8))。この庄三郎は明治30年1月、紅白房だったことになる。玉治郎から庄三郎に改名したのは、明治28年1月である（『春場所相撲号』(T11.1，p.90))。

(k) 小市（2代誠道）は明治29年5月場所、本足袋（幕内格）となり、紅白房を許されている（『春場所相撲号』(T12.1，p.111))。しかし、『人物大事典』(p.694）では紅白房を許されたのは、明治28年1月となっている[27]。免許状の日付が明治29年3月となっているのを考慮すると、それより以前から使用していたはずだ。この免許状は『相撲講本』(p.657）で確認できる[28]。因みに、この2代誠道は明治35年1月、朱房に昇格している。

格」だったからである。その証拠の一つには、一枚上だった庄太郎が明治34年4月、朱房の免許状を授与されている。ヒゲの伊之助（17代）は『相撲』(S33.1）の「伊之助回顧録」で「行司の格は三役か幕内までいったんだろう」(p. 167）と語っている。三役格に近いことは確かだが、やはり幕内格で辞めているはずだ。

26)『角力雑誌』(T9.5, p.83）によると、銀次郎は27歳か29歳で足袋を許されている。文久3年に生まれ、15歳で行司になっているが、足袋を許されたのは10年目の明治23年（1890）か12年目の明治25年（1892）である。年月が三つ異なっているが、どれが正しいかはまだ調べていない。

27)『相撲』(H12.4）の「歴代伊之助・庄之助一覧表」(p.118）によると、12代伊之助（誠道）は明治26年1月、幕内格になっている。年月が三つ異なっているが、いずれが正しいかは確認していない。12代伊之助本人は明治29年5月と思っていたようだ（『春場所相撲号』(T12.1, p.111))。免許状の日付は、普通、使用許可より後なので、5月場所というのも不思議である。

28) 紅白房を許されたのは、明治28年1月場所である（『人物大事典』(p. 694))。免許状は後に授与されるのが普通だったからである。

(l) 朝之助は明治31年2月、紅白房に昇格した(『読売』(M31.2.1))[29]。したがって、朝之助は明治31年1月場所まで「青白房」だった。新立行司(朝之助)を紹介した『やまと』(T11.1.6)の記事に「(朝之助は:NH)明治26年格足袋より本足袋となった」とあるが、位階にミスがある[30]。

(m) 一学は明治30年春場所、紅白房である。というのは、小市が紅白房だからである。小市より一枚下の一学が朱房ということはない。一学は明治35年1月、行司を辞めて年寄になったが、その時は幕内格だった(『読売』(M35.1.8))。一学はその2、3年前に「土俵上足袋」を許されたとある(『読売』(M28.3.21))。これはおそらく足袋格に昇格したことを意味している[31]。

(n) 番付三段目に記載されている行司は全員、「黒房」である。番付左端に記載されている久蔵は明治29年5月場所幕下に昇進している(『相撲の史跡(2)』(p.82))。勇、源太郎、錦之助の3名は明治31年春場所「青白房」になった。

(o) 米蔵は番付二段目で伊之助の右側に記載されていることから紅白房である。伊之助が朱房で、他の朱房行司が一段目に記載されていることから、この米蔵は紅白房である。

(p) 藤治郎は番付二段目の末端に記載されていることから、朝之助と同じように青白房である。

(q) 久蔵は番付三段目の末端に記載されていることから、錦之助(2代)と同じように幕下格である。

(2) 明治30年夏場所

一段目:「紫白」庄之助/「朱」誠道、瀬平、与太夫(4代)/「紅白」亘り、

---

29)『人物大事典』(p.689)では明治31年1月となっている。番付を見ると、5月場所で紅白房になっている。

30) 朝之助は明治26年頃、幕下格から足袋格になったかもしれない。朝之助は明治31年2月、紅白房に昇進している(『読売』(M31.2.1))ので、それまでは「青白房」である。その青白房にいつ昇進したかは、残念ながら、まだ資料で確認していない。

31) 一学は明治28年9月、兵役中だった。一学の前名は幸吉である。この行司は師匠の高砂に共感した行動を取っている(『読売』(M28.3.21))。

銀治郎、庄三郎
二段目：「紫白」伊之助（8代）／「紅白」小市、一学／「青白」正吉、朝之助、藤治郎
三段目：「黒」勇、源太郎、錦之助、与之吉、角太郎、和吉、小太郎、子之吉、久蔵、初太郎、金八、徳松

(a) 15代庄之助（M18.5～M30.5）は明治30年9月22日死亡（『読売』（M30.9.24）／『中央』（M30.9.25）／『時事』（M30.12.7））。

(b) 8代伊之助は明治30年12月17日死亡した（『読売』／『時事』／『都』（M30.12.21））。9代伊之助は与太夫（4代）が襲名する予定である。番付上は明治31年5月場所からである。この与太夫はまだ式守伊之助（9代）を襲名していないが、春場所から草履を許されている（『中央』（M31.1.27））。同時に、立行司としての熨斗目麻上下と短刀も許されたに違いない。

(c) 誠道は明治30年12月中、庄之助を襲名することが決まっている（『読売』（M30.12.26））。『都』（M43.4.29）によれば、明治30年9月に襲名が決まったとあるが、内定していたかもしれない。協会が木村誠道に授与した免状の文面は次の通り。

「右（木村誠道：NH）積年の精勤に依り16代木村庄之助の襲名を免許す」（『大阪朝日』（M30.12.21））。

これが仮免許に相当する。協会はこの後、吉田司家に本免許状の請願をする。正式な協会の請願書と吉田追風からの返書の文面は『読売』（M30.12.26）で見ることができる。

(d) 瀬平の朱房は『角力新報』（M31.8, p.57）でも確認できる。瀬平が朱房になったのは明治15年7月らしい（小池（89），p.159）。

(e) 瀬平は「吉田家より紫紐の軍扇を免許され、これは来たる（明治31年：NH）五月場所二日目より用いるはずなりという」（『読売』（M31.4.13））。しかし、この5月場所には協会の許可が下りず、結局、瀬平の紫房使用は32年3月まで延期されている[32]。『角力新報』（M31.8, p.57）にも記述されているように、

32) 行司の房色は協会が先に認め、次に吉田司家の許可を受けるのが普通だが、瀬平はその

明治31年8月当時、まだ「朱房」だった。要するに、協会の同意が得られなかった[33)]。明治31年5月以前、瀬平に紫房が授与されたとする指摘はすべて、予測記事に基づくもので、真実を反映していないと言ってよい。

(f) 三段目の角太郎以下の行司も番付記載から黒房である。しかし、全員が幕下格かどうかははっきりしない。

(3) 明治31年春場所

一段目：「紫白」伊之助（8代）、庄之助（16代）／「朱」与太夫／「紅白」亘り、銀治郎、庄三郎
二段目：「朱」瀬平／「紅白」小市、一学／「青白」正吉、朝之助、藤治郎
三段目：「青白」勇、（源太郎改め）宋四郎、錦之助／「黒」与之吉、和吉、子之吉、久蔵、初太郎、金八、徳松、藤太郎、啓治郎

(a) 式守伊之助（8代）と木村庄之助（16代）の席順が異なる。式守伊之助は明治30年12月17日に亡くなった（『中央』(M30.12.19)／『時事』／『都』(M30.12.21)）が、31年の1月場所番付では記載されている。15代木村庄之助は明治30年9月22日に亡くなった。

(b) 故式守伊之助（8代）は1月場所、「位牌勧進中」なので、与太夫の式守伊之助襲名は5月場所となる。与太夫は伊之助になることが決まっていたので、この1月場所から草履を許されている（『中央』(M31.1.27)）。『相撲史伝』（明治34年）によると、伊之助を襲名すれば、草履を履けることになっている。

逆の順序をとったらしい。瀬平は一風変わった気骨のある行司で、当時、相撲協会としっくりいっていない節がある。それを匂わす新聞記事もたくさんある。行司を辞めて年寄りになり、また行司に復帰したり、紫房を巡って協会と齟齬があったり、誠道を個人的に批判したり、面白くないことがあったようだ。新聞記事を読む限り、当時の高砂取締とうまく行っていなかった面もあるし、強い個性の持ち主だった面もある。

33) 巡業で瀬平が紫房（つまり紫白房）を使用したかどうかは、明確でない。『角力新報』(M31.8, p. 57) によれば、31年5月当時は朱房を使用していた。瀬平が紫白房を本場所で使用したのは、明治32年5月場所である。

「庄之助、伊之助を襲名するものは土俵上に草履を穿ち、木剣を佩き、朱房の団扇を持つことを許され（後略）」(p.187)

与太夫は正式には明治31年5月場所から伊之助になっているが、1月場所は実質的には伊之助の代理を務めている。このような状況は他にもあるが、房の色は新しい地位のものになるのが普通である。与太夫は伊之助を襲名することが決まっていたので、この場所から熨斗目麻上下を許されたはずだ。立行司になれば、熨斗目麻上下も許されるからである。もしそうであれば、同時に帯刀も許されたことになる。式守伊之助が草履を許され、立行司に昇格していることから、木村瀬平も「立行司」として処遇されていたにちがいない（『毎日』(M38.2.6)）。そうでなければ、木村瀬平が番付記載で木村庄之助や式守伊之助と同等の扱いをすべきだという苦情を申し出ることもなかったはずだ（『中央』(M31.1.29)）。

(c) 16代木村庄之助（M31.1～M45.1）は明治31年春場所の番付に載っているが、免許状の日付は明治31年4月11日である。文面には「団扇紐紫白打交」と記されている。この免許状の写しは『日日』(M45.1.15) でも確認できる。16代庄之助は1月場所から紫白房を使用している。さらに、『都』(M43.4.29) にも「翌年（明治31年：NH）1月団扇紐紫白打交熨斗目麻上下を免許され」とある[34)]。

(d) 正吉は庄九郎と改名し、本足袋（紅白房）の免許を授与されている（『読売』／『中央』(M31.2.1)）。

(e) 朝之助は紅白房（つまり幕内格）に昇進した（『読売』(M31.2.1)／『中央』(M31.2.1)／『人物大事典』(p.689)）[35)]。

---

34) 明治31年4月、故実門人になっている。このとき、紫白房が「紫房」になった可能性がないか気になる。それを確認する資料はまだ見ていない。

35)『中央』(M31.2.1) によると、庄九郎は「駒之助」と共に本足袋の免許を得たと記しているが、この「駒之助」は「朝之助」のことかもしれない。「駒之助」という名の行司はいないが、一枚下に「朝之助」がいるからである。『読売』(M31.2.1) でも「朝之助」が紅白房に昇進している。

(f) 勇、宋四郎、錦之助の三名は「青白房」に昇格している。番付では錦之助と与之吉との間でスペースがあり、字の太さも異なる。番付二段目の正吉と朝之助が明治31年春場所、「青白房」から「紅白房」に昇進している。もし勇、宋四郎、源太郎の3名がこの場所「紅白房」だったなら、二段目の正吉と朝之助が「紅白房」に昇進することはありえない。正吉と朝之助は「青白房」だったので、一段上の「紅白房」を許されたのである。

(g) 宋四郎はこの場所、幕内格に昇格し、改名したという記述もある（小池(2)，p.144）／小池（49)，p.152）／『相撲の史跡（3)』(p.46))[36]。源太郎から宋四郎に改名したのは確かだが、改名後の地位は十両格（格足袋）である[37]。なお、宋四郎は年寄春日野から年寄入間川になっているが、本人の口述筆記資料『入間川七五郎「入間川訪問速記（談話筆記原稿)』が福岡県立図書館の杉山文庫

---

36) 宋四郎が明治31年春場所、幕内格に昇進したことを示す当時の資料はまだ見ていない。明治34年春場所には確実に昇進しているが、33年夏場所に昇進した可能性は大いにある。明治34年春場所後の熊本巡業中、紅白房の免許を授与されている（『読売』(M34.4.8))。この免許は実際の使用時期より遅れて授与された可能性がある。もし宋四郎が一枚下の与太夫と同じ年月に紅白房に昇進したとすれば、明治33年春場所に幕内に昇進したはずだ。与太夫は番付二段目に記載され、明らかに地位が上がっている。宋四郎はその春場所、兵役中なので、番付には記載されていない。行司に復帰したときは、幕内格として処遇された可能性がある。

37)『日本魂』(S3.5) の「協会幹部月旦」(pp.130-1) には「明治15年5月（7歳）より行司として土俵に登り、同28年（或は29年）入幕、同30年5月場所より年寄専務となる。全く土俵を去りしは同37年にして征露の役に従い、大いに偉功を樹(た)て、金鵄(きんし)勲章を授けらる。凱旋後、年寄専務を勤め、(後略)」(pp.130-1) とある。この「入幕」が「幕内格」を意味するのか定かでない。宋四郎が明治28年か29年に「幕内格」に昇進したというのは、正しくない。というのは、宋四郎より上位の朝之助でさえ幕内格に昇進したのが明治31年春場所だからである。もう一つの例としては、宋四郎より四枚下の久蔵は明治31年1月場所番付に同じ三段目に記載されているが、幕下格（黒房）である。久蔵は明治29年夏場所「幕下格」、明治32年夏場所「十両格」に昇進した。明治31年夏場所は「幕下格」である。宋四郎は明治31年夏場所、「青白房」だとするのが自然である。もし明治28年から30年頃にかけて行司の位階を調整したならば、「幕内格」になっていた行司を「十両格」に降下させることもありうるが、番付記載を見る限り、そのような調整が行われた形跡はない。

「杉山茂丸関係資料（No. 81）」にある。その資料の中には宋四郎の行司歴の言及はない[38]。

（h）錦之助は青白房に昇進している。番付では、木村勇、源太郎、錦之助の3名が一グループを形成している。錦之助と与之吉の間に広い空きがあり、字の大きさも明確に異なる。

（4）明治31年夏場所

一段目：「紫白」庄之助、「朱」瀬平／「紅白」（亘り改）庄太郎（12代）、銀治郎、庄三郎、小市
二段目：「朱」（与太夫改）伊之助（9代）／「紅白」一学、（正吉改）庄九郎（8代）、朝之助、藤治郎
三段目：「青白」勇、宋四郎、錦之助、（4代与之吉改）勘太夫（3代）／「黒」大蔵、子之吉、久蔵、玉治郎、金八、徳松、藤太郎、啓治郎

（a）春場所（1月）と夏場所（5月）では、伊之助と瀬平の席順が変わっている。これに関しては、次のような記事がある。

> 「行司木村瀬平が番付面の自分の位置につき新庄之助・伊之助の下に立つのを肯せず大いに不服を唱えているのは過日の紙上に記せしが、その後協会に於いては種々協議の上、遂に5月大相撲の番付より上部に庄之助・瀬平の両名を据え、その下に伊之助を置くことに決したりと言う」（『中央』（M31.1.29））

これは庄之助と伊之助が制度化された地位をまだ確立していなかったことを示している。瀬平は確かに年齢的にも経験的にも庄之助・伊之助より上だったが、瀬平は家柄的にも両家に勝るとも劣らないという自負を抱いていた（『中央』（M31.1.13））。相撲の家元である吉田追風もそれを認めていた節がある。瀬

38）『入間川訪問速記』と『日本魂』（S3.5）の「協会幹部月旦」に関しては、ウェブサイト「夢野久作をめぐる人々」の坂上知之氏にお世話になった。ここに改めに感謝の意を表しておきたい。

平に「一代限り」という条件は付いているものの「木村瀬平」という「立行司」を許していることからも分かる（『読売』（M34.4.8）／『二六』（M34.4.11））。番付の記載順序は瀬平が死ぬ時までずっと続いた。瀬平は明治38年2月に亡くなった（『読売』（M38.26））。瀬平は、おそらく、伊之助と同様に、春場所から「立行司」として処遇されていたに違いない（『毎日』（M38.2.6））。

（b）「行司木村瀬平も吉田家より紫紐に軍扇を免許され、これは来5月場所2日目より用いるはずなりという」（『読売』（M31.4.13））とあるが、これは協会の同意が得られず実現しなかった（『角力新報』（M31.8, p.58））。『萬』（M31.5.24）にも木村瀬平が5月場所9日目、紫房を持って土俵へ上がるはずだと記述しているが、それもどうやら実現しなかったらしい。

（c）紫房に関して次のような新聞記事がある。

> 「大場所中木村庄之助は軍扇に紫房、瀬平・伊之助両人は紫白打交房免許（中略）を協会へ請願したる」（『読売』（M31.6.1））

この記事によると、庄之助は紫房、瀬平と伊之助は紫白房をそれぞれ協会へ請願している。この表現を見ると、紫房と紫白房の区別が当時すでにあったことになる。この紫房は「総紫」だろうか、それとも1、2本白糸が混じった「紫白房」だっただろうか。「紫白房」は、現在の紫白房と同じように、白糸が若干混じったものだろうか。当時、紫房と紫白房の区別があったのかどうか、はっきりしない[39]。いずれにしても、両行司の請願は実現されなかった。瀬平の紫白房は明治32年3月に許された（『読売』（M32.3.16））が、伊之助の紫白房が許されたのは明治37年夏場所である（『都』（M37.5.29））。

明治32年3月、瀬平に授与された紫房はおそらく16代庄之助と同じ「紫房」だった可能性が高いので、1、2本の白糸が混じっていたはずだ[40]。なお、16

39）明治36年5月当時でも、庄之助と瀬平の軍配は「紫白房」だった。これは『毎日』（M36.5.16）の記事「行司軍配の事」でも確認できる。この記事から分かるように、少なくとも明治36年5月当時まで「紫房」と「紫白房」の区別はなかったことになる。実際、明治41年の新聞記事でもその区別がなかったことが確認できる。

40）白糸が1、2本混じった「紫房」に加えて、それを区別する「紫白房」があったかもし

代庄之助が明治31年春場所以降、房色を「紫白」から「紫」に変えたという資料はまだ見ていない[41]。9代式守伊之助（M31.5～44.2）は瀬平と同様に明治32年、紫白房を許されていない[42]。本章では、明治43年まで「紫房」は1、2本の白糸が混じった「紫白房」であるとする立場を取っている。

(d) 正吉は庄九郎に改名し、紅白房に昇進した（『読売』(M31.2.1)）。

(e) 朝之助は紅白房に昇進した（『読売』(M31.2.1)）。

(f) 与之吉（2代）は勘太夫（3代）に改名しているが、同時に青白房に昇格した可能性がある[43]。番付でもやや太字で記載され、次席の行司と区別できる。前場所の番付では与之吉と錦之助との間でスペースがあり、位階が異なっていることを示している。

(g) 藤治郎は番付二段目の末端に記載されているので、この場所から紅白房に昇進した可能性がある。一枚上の朝之助がこの場所、紅白房に昇進し、しかも同じ段の末端に記載されているからである[44]。

(h) 宋四郎は力士名の名乗りを間違えたらしく、『報知』(M31.5.17) に「行司木村宋四郎が大嶽の旧名毛谷村と呼びしは愛嬌なり」とある。宋四郎の位置は、まだ番付三段目であり、「青白房」である。

れない。そのような「紫白房」には白糸がたくさん混じっていたかもしれない。総紫に近い「紫房」と白糸がたくさん混じった「紫白房」が明治43年以前に存在していたのかどうか、分からない。

41) 明治40年代まで「紫房」と「紫白房」を明確に区別して使用していたという記述は、今のところ、まだ見たことがない。紫房に、実際は、二種類あったかどうかは、まだ検討の余地がある。

42) 新聞記事によると、与太夫（4代）が「紫白房」になったのは、明治37年夏場所である（『都』(M37.5.29)）。伊之助を襲名した後でも、しばらく「朱房」だった。

43) この与之吉（2代）は後の14代伊之助である。大正14年12月に亡くなった。大正15年春場所番付には伊之助として記載されているが、もちろん、土俵には登場していない。なお、『ハッケヨイ人生』の著者は3代与之吉（後の21代伊之助）であり、2代与之吉ではない。

44) 同じ段の末端でも房の色が違うことはあるので、藤治郎が「青白房」の可能性もある。しかし、そういうケースはまれである。番付以外の資料でまだ確認できていないが、藤治郎はこの場所で朝之助と同様に紅白房に昇進したとしておく。

(5) 明治32年春場所[45]

一段目:「紫白」庄之助、「朱」瀬平/「紅白」庄太郎、銀治郎、庄三郎
二段目:「朱」伊之助/「紅白」進、小市、一学、庄九郎、朝之助、藤治郎
三段目:「青白」宋四郎、錦之助、勘太夫/「黒」大蔵、(子之吉改)錦太夫(3代)、久蔵、玉治郎、角治郎、金八、徳松、藤太郎、啓治郎

(a) 瀬平は3月14日、紫房の免許を許され、小錦の土俵入りを引いている(『読売』(M32.3.16)/『報知』(M32.5.18))。この紫房は1、2本白糸が混じった「紫白房」だったに違いない。本場所で紫白房を用いるのは、5月本場所である(『時事』(M32.5.18))。

(b) 進はもともと京都相撲の行司である。番付によると、進は明治32年1月、幕内格になっている。しかし、『人物大事典』(p.694) では明治31年5月となっている[46]。進は5月場所中か場所後に昇進したかもしれない。正確な年月を確認できないので、本章では、番付記載に従い、進は明治32年春場所、幕内格になったとする。

(c) 銀次郎は春場所初日の前日に行司を引退し、年寄峰崎となった(『都』/『時事』(M32.1.10))。『時事』(M32.1.10) に「相撲行司木村銀次郎は今度峯嶋銀次郎と改め年寄となりて一昨日より土間掛となり」とある。「峯嶋」は「峰崎」のミスであろう。『角力雑誌』(T11.10) の「あゝ、峰崎銀次郎氏」によると、「足袋行司に出世すると共に、(中略) 年寄峰崎の名跡を継いで、明治31年土俵から引退した」(p.30) とある[47]。土俵から引退したのは明治31年で

45) 明治31年から32年にかけて、いずれかの本場所に関し、行司の房の色が判別できる一覧があれば、その頃の房の色をかなり正確に推測できるはずだ。一覧でなくても、何名かの行司の房がはっきり確認できれば、それから周辺の行司の房もかなり正確に推測できる。残念なことに、今のところ、そのような資料がなかなか見つからない。

46) 竹森著『京都・滋賀の相撲』(p. 90) によると、進は明治32年5月、宗吉から進に改名し、幕内になっているが、番付では1月場所にすでに進に改名している。明治31年5月番付の二段目には進の名は記載されていない。

47) この雑誌記事に「足袋行司」と記載されているが、それがどの位階を指しているかは

はなく、明治32年である（『時事』(M32.1.10)）。明治32年春場所の番付にも記載されている。

(d) 銀次郎については、『相撲』(M35.6)の「ウチワゆずり」(p.175)に「三役格木村銀次郎」と書いてあるので、拙稿「譲り団扇」(2006, p.42)でもそれをそのまま採用したが、それはどうやら間違っているらしい。銀次郎は、実際は、「幕内格」であった可能性が高い。つまり、「三役格」ではなかった。その証拠としては、たとえば、一枚上の庄太郎（12代）が明治34年4月、「赤房」の免許状を授与されているからである[48]。もし銀次郎が明治32年春場所に「三役格」であったならば、一枚上の庄太郎も当然「三役格」であったはずだ。しかし、庄太郎は明治34年春場所まで「幕内格」（つまり「紅白房」）だったのである。

(e) 錦太夫（3代）は青白房に昇格した（『国技』(T6.11, p.13)／自伝『国技勧進相撲』)。板橋・青柳著『探訪　栃木の名力士』(H6)の「松翁・第二十代木村庄之助」(p.350)では、明治33年に格足袋に昇進しているが、明治32年春場所が正しいはずだ。

(f) 角治郎はこの場所、行司に復帰しているが、吉太郎（前名）から角治郎に改名している。復帰前は吉太郎の名で行司をしていたが、明治29年5月に脱走している（小池（106), p.119)。この角治郎は大正2年5月、庄三郎（7代目）に改名している。

(6) 明治32年夏場所

一段目：「紫白」庄之助、瀬平／「紅白」庄太郎、庄三郎
二段目：「朱」伊之助（9代）／「紅白」進、小市、一学、庄九郎、朝之助、

はっきりしない。銀次郎は当時、「十両格」ではなく、少なくとも「幕内格」だったからである。

48) もう一つの証拠としては、庄太郎はこの春場所5日目、前頭（四枚目）の常陸山と海山の取組を裁いていることから（『時事』(M32.1.13)）、おそらく、「紅白房」（つまり幕内格）だった可能性が高い。朱房格は力士の前頭を裁く権利があるが、両力士が前頭四枚目の取組となると、その可能性は低い。

藤治郎

三段目：「青白」（錦之助改）与太夫（5代）、勘太夫、大蔵、錦太夫、久蔵／

「黒」角治郎、金八、徳松、藤太郎

(a) この式守伊之助（9代）の紫房に関し、次のような新聞記事がある。

「相撲行司の軍配は元来赤総が例なりしが13代木村庄之助の時、初めて肥後司家吉田追風より紫白の免許を請け、熨斗目麻上下は8代目式守伊之助の時、初めて同家よりの許しを受けし次第にて、一昨年死去せし15代木村庄之助は同家より紫房の許しを受け、梅ケ谷、西の海、小錦の3横綱を右の軍配にてひきし事あり。当時の式守伊之助は当春名古屋興行の折り、同家より同じく紫総の栄誉を得て本場所には今度初めて之を用ゆるに付き、本日自宅に祝宴を催す由にて（後略）」（『日日』（M32.5.18））

この記事によると、式守伊之助は明治32年5月から「紫白房」を許されていることになるが、これはおそらく事実を反映していない。房は「朱色」のままで、立行司としての「熨斗目麻上下」が許されただけである。伊之助を襲名したとき、草履も許されている（『中央』（M31.1.27））。その時、「立行司」としての資格を認められたはずだ。草履と熨斗目麻上下は明治31年1月に許されたが、熊本での免許状授与の儀式は明治34年4月である（『読売』（M34.4.8））。さらに、伊之助が「紫白房」を許されたのは、明治37年5月である（『都』（M37.5.29））[49]。伊之助の襲名後、間もなくして紫白房を授与するのが自然だが、どういうわけか明治37年5月まで授与されていない[50]。その年月はいく

49) 瀬平が明治32年3月、紫白房を許されているので、式守伊之助も同じ頃、紫白房を許されていたはずだと私も初めは推測していたが、明治34年4月や明治37年5月の新聞記事から判断する限り、その推測は正しくないようだ。当時は、朱房でも草履を履き、熨斗目麻上下の服装であれば、立派な立行司だったので、軍配房が紫白でも不思議ではない。もし伊之助が明治32年5月、紫房を許されたならば、協会から内諾を受けたものであろう。しかし、このようなことはなかったはずだ。吉田司家から正式に紫房の免許が出たのは、明治37年5月である。

50) 9代式守伊之助の襲名は明治31年5月であり、紫白房が許されたのは明治37年5月である。あまりにも年月が離れすぎているので、資料の読み違えをしているような気がして

つかの新聞記事で確認できる。さらに、明治34年4月、伊之助が朱房だったことも新聞記事で確認できる。

（b）瀬平は5月場所から紫房を許されたので、その祝宴を開いている（『報知』／『時事』（M32.5.18））[51]。この場所で熨斗目麻上下も許されているので、名実ともに「立行司」になった（小池（89），p.159）。

（c）錦之助（2代）は当場所より与太夫（5代）と改名した（『日日』／『時事』（M32.5.18））。

（d）幕下格の久蔵は足袋格（十両格）に昇進した（『相撲の史跡（2）』（p.82））。番付三段目では久蔵と角治郎の間でスペースがあり、字の太さも異なるので、位階が異なることが確認できる。久蔵は明治29年5月、幕下格に昇進している（『相撲の史跡（2）』（p.82））。

（e）宋四郎は兵役のため番付に記載されていない。

（7）明治33年春場所

一段目：「紫白」庄之助、瀬平／「紅白」庄三郎、庄太郎
二段目：「朱」伊之助／「紅白」進、小市、一学、庄九郎、朝之助、藤治郎、与太夫
三段目：「青白」勘太夫、大蔵、錦太夫、（久蔵改め）錦之助（3代）／「黒」角治郎、金八、徳松、藤太郎

（a）与太夫（5代）は明治33年1月、紅白房に昇進した（『22代庄之助一代記（9）』（p.146）／『大相撲』（H6.6, p.136））。これは番付でも確認できる。

（b）久蔵は錦之助（3代）に改名した。この錦之助は明治38年5月（『相撲の

ならない。複数の新聞記事で確かに明治37年5月、紫白房を許されたとある。

51）『時事』（M32.5.18）の「行事（行司：NH）相撲の格式」の項によると、吉田司家から紫房を許された行司は13代庄之助、16代庄之助、それに瀬平の3名である。15代庄之助の紫房は協会だけの許しを受けたもので、吉田司家の許しは受けていないという。これは真実の一部を述べているが、明治32年5月までには他にも紫房を授与された行司はいる。たとえば、8代伊之助にも紫房は授与されている。

史跡（2）』(p.82))、本足袋（幕内格）に昇進している。すなわち、それまで十両格である。

(8) 明治33年夏場所

一段目：「紫白」庄之助、瀬平／「紅白」庄三郎、庄太郎
二段目：「朱」伊之助／「紅白」進、小市、一学、庄九郎、朝之助、藤治郎、与太夫、勘太夫
三段目：「紅白」宋四郎、大蔵／「青白」錦太夫、錦之助、角治郎／「黒」（金八改）左門、徳松、藤太郎

(a) 勘太夫（3代）は明治33年5月、紅白房に昇格している（『人物大事典』(p.694))。明治34年4月には、熊本で免許状が授与されている。因みに、この勘太夫は、与太夫（5代）と共に、明治40年1月、朱房に昇格した（『やまと』／『都』(M40.1.18))。

(b) 宋四郎はこの場所、亡父春日野を襲名し、年寄株に加わる（『時事』／『中央』(M33.5.16)／『やまと』(M33.5.17))。いわゆる二枚鑑札である。行司を続けたままで、年寄春日野を襲名している。宋四郎は番付では三段目に記載されているが、二段目の与太夫や勘太夫と同様に、「紅白房」（幕内格）だったはずだ[52)]。兵役に行っていなければ、紅白房になっている席順である。宋四郎は勘太夫より一枚下だったが、勘太夫はこの夏場所二段目に記載されている[53)]。

(c) 大蔵は「紅白房」に昇進しているはずだ。これは一枚上の宋四郎を紅白房、一枚下の錦太夫を「青白房」としているからである。大蔵は明治34年4月、熊本で紅白房の免許状を受けたが、錦太夫は青白房の免許状を受けたはず

---

52) 宋四郎が兵役中、一枚下だった与太夫は「紅白房」に昇進している。行司に復帰後、番付では元の地位に据え置いたが、何か理由があったかもしれない。

53) 宋四郎と大蔵は三段目に記載されているように、房の色も実際「青白」だったかもしれない。本章では、「紅白房」だったと解釈しているが、これは与太夫や勘太夫と同じ処遇を受けたはずだと解釈しているからである。

だ。しかし、この判断が正しいのかどうかは定かでない。

(d) 角治郎は足袋格に昇進しているかもしれない。番付では、錦之助と角治郎との間にスペースがなく、字の太さも同じである。因みに、角治郎は明治37年1月、本足袋（紅白房）に昇進した（『毎日』(M36.11.5)）。

(e) 金八は左門に改名した。番付によると、まだ幕下格である。次の番付で三段目の左端に記載されている。

(9) 明治34年春場所

一段目：「紫白」庄之助、瀬平／「朱」庄三郎、庄太郎
二段目：「朱」伊之助／「紅白」進、小市、一学、朝之助、藤治郎、庄九郎
三段目：「紅白」与太夫、勘太夫、宋四郎、大蔵／「青白」錦太夫、錦之助、
　　　　角治郎、左門

(a) 熊本での春巡業中（4月3日）、吉田司家は瀬平以下の行司数人に免許を授与している。それを次に示す。

「大相撲組熊本興行中、吉田追風は木村瀬平に対し一代限り麻上下熨斗目並びに紫房の免許を与え、伊之助には麻上下熨斗目赤房を、木村庄三郎・同庄太郎には赤房を、式守与太夫・同勘太夫・木村宋四郎・同大蔵・式守錦太夫・同錦之助には足袋並びに紅白の房をいづれも免許したり」（『読売』(M34.4.8)）

これとほとんど同じ内容の記事は、当時の新聞ではほとんど見られる。私が見ただけでも、たとえば『大阪毎日』／『大阪朝日』(M34.4.7) ／『福岡』(M34.4.9) ／『萬』／『日出国』(M34.4.12) などがある[54]。ただ、中には、『二六』

54) 明治34年4月に免許状が授与されているが、各行司がどの時点から免許状の「房」を使用していたかは明確でない。免許状は使用を始めた後で追認するのが普通である。各行司が使用し始めた年月は、実際は、他の資料で確認しなければならない。特に明治34年4月の免許状は、その当時、各行司の房の色をある程度確認できる資料だが、いつからその房を使用し始めたのかがはっきりしないのである。たとえば、立行司の瀬平の場

(M34.4.9) のように、木村宋四郎には「足袋並びに紅白の房」を許したという表現になっているものもある。

> 「(同じ箇所は省略する) 木村庄三郎・木村庄太郎の両人は赤房を、式守与太夫・勘太夫・木村大蔵・式守錦太夫・錦之助は紅白の房を、木村宋四郎は足袋並びに紅白の房を用いることになり」(『二六』(M34.4.9))

この「足袋並びに紅白房」が何を意味しているのかははっきりしない。与太夫から錦之助までの行司に紅白房と青白房の免許を与えたことなのか、それとも別の意味があるのかがはっきりしない。もし前者なら、誰が「紅白房」で、誰が「青白房」なのかを調べなくてはならない。この記事だけでは、それは分からない。少なくとも、『二六』(M34.4.9) にあるように、与太夫から錦之助までの行司全員が「紅白房」の免許を与えられたわけでもない。つまり、この新聞の記事は事実を正しく記していない。というのは、結果として、全員に「紅白房」が許されているわけではないからである。

(b) 与太夫から大蔵までは確かに「紅白房」だが、錦太夫と錦之助はまだ「紅白房」に昇進していない。錦太夫と錦之助が紅白房に昇進したのは、明治35年春場所である (『読売』(M35.2.9))。錦太夫の昇進は自伝『国技勧進相撲』でも裏付けられる。錦之助の紅白房は一枚下の左門の昇進でも確認できる (『毎日』(M36.11.5))。これらの事実から、明治34年4月、熊本で錦太夫と錦之助に授与された免許は「青白房」である[55]。与太夫から大蔵までの行司には紅白

合でさえ、2年くらいの開きがある。瀬平と伊之助の場合は、「故実門人」として認めることである。房の色や装束はすでに許されていた。しかし、「故実門人」のことに触れている新聞記事は少ない。『二六』(M34.4.11) には立行司の賞状と共に「行司巻物」も授与されたことが記されている。この「行司巻物」は「故実門人」に授与されるものである。『相撲道と吉田司家』(p.200) にも「明治34年4月　木村瀬平、式守伊之助に行司故実門人を許す」とある。『本朝相撲之司吉田家』(p. 27) にもそれは確認できる。なお、『萬』(M34.4.12) には「木村大三」とあるが、これは「木村大蔵」のミスである。新聞によって、行司の記載順序と房の色に少し違いがある。

55) 明治34年4月、錦太夫と錦之助は「青白房」を授与されているが、この免許授与は一種の儀式である。実際は、二人ともそれ以前から青白房を使用していた。

房の免許が与えられている[56]。

(c) 進から庄九郎までの上位行司6名については何も言及されていないので、地位に変動がなかったようだ。したがって、房は依然として「紅白」である。

(d) 角治郎が幕内格に昇進したのは、明治37年1月である（小池（106), p.119)。これは次の番付に反映されている。『毎日』（M43.4.9）では瀬平の熨斗目麻上下紫房のことだけが記されている[57]。瀬平の場合、明治32年3月には紫房をすでに許されているので、「故実門人」に加えることにポイントがあったかもしれない。瀬平の軍配房はほとんどの新聞で「紫」となっているが、実際は「紫白打交」である。たとえば、『日出国』（M34.4.12）では「紫白打交」となっている。

なお、庄三郎から錦之助までの8名の行司が免許の房をどの場所から実際に使用したかは、実は、はっきりしない。たとえば、勘太夫は明治33年5月、幕内格に昇進している（『人物大事典』(p.694))。明治34年4月の時点で分かることは、房の免許状が授与されたことである。本章では、5月場所からこの免許状に従って8名の行司は房の色を使用したと判断したが、中にはそれ以前から使用していた行司がいたかもしれない。8名の行司が免許状を授与される以前、その房を使用し始めていたことを示す資料が、今のところ、見つかっていない。

(e) 庄太郎（12代）が明治34年4月、「朱房」の免許状を授与されている。残念なことに、庄太郎がいつから朱房を使用し始めていたかは分からない。本章では、明治34年春場所から朱房に昇進したとしているが、実際はそれ以前

---

56)「足袋」を十両格の「青白房」のことだとすれば、『二六』（M34.4.9）に記述されている木村宋四郎の「足袋並びに紅白の房」が何を意味するのか分からなくなる。宋四郎は当時、十両格ではないからである。つまり、幕内格だった。

57)『中央』（M34.4.8）では「木村庄之助」に紫房の免許が許されたとあるが、これは「木村瀬平」のミスである。式守伊之助には、他の新聞と同様に、紅房が免許されている。他の行司には「足袋」の免許が許されたとあるが、これは「紅白房」（幕内格）のことである。しかし、なぜわざわざ「足袋」という表現になっているのかが分からない。「十両格」を表す「格足袋」で用いているならば、6名の中で何人かは「青白房」だという可能性もある。本章では、6名全員が「紅白房」の免許を授与されたものとして扱う。

ということもありうる。

(f) 番付によると、左門は明治34年1月、足袋格に昇進している。左門は三段目の末端で、角治郎が青白房だからである。

(g) 与太夫と勘太夫は番付三段目の中央で並んで記載されている。三段目では珍しい記載方法である。

(10) 明治34年夏場所

一段目：「紫白」庄之助、瀬平／「朱」庄三郎、庄太郎
二段目：「朱」伊之助／「紅白」進、小市、一学、朝之助、藤治郎、庄九郎
三段目：「紅白」与太夫、勘太夫、宋四郎、大蔵／「青白」錦太夫、錦之助、角治郎、左門、吉之助

(a) 進（後の11代伊之助）と小市（後の誠道（2代）、12代伊之助）は共に5月21日より朱房に昇進した（『読売』(M34.5.22) ／『やまと』／『都』(M34.5.23))。

(b) 吉之助は足袋格に昇進している（『日日』(M44.2.14／2.15))。吉之助は番付三段目の末端に記載されているので、足袋格に昇進していることが確認できる。

(c) 番付四段目に記載されている庄吾は、明治34年5月、幕下格に昇進している（小池 (88), p.83)。

(11) 明治35年春場所

一段目：「紫白」庄之助、瀬平／「朱」庄三郎、庄太郎
二段目：「朱」伊之助／「朱」進、小市／「紅白」一学、朝之助、藤治郎、庄九郎
三段目：「紅白」与太夫、勘太夫、宋四郎、大蔵、錦太夫、錦之助／「青白」角治郎、左門、吉之助

(a) 進と小市は先場所中に朱房に昇進した（『読売』(M34.5.22)）が、朝之助はこの春場所、紅白房だったようだ。朝之助が朱に昇進したことを示す資料はまだ見ていない。

(b) 一学は35年1月場所、幕内格で行司を辞め、年寄若松となっている（『読売』(M35.1.8)／『人物大事典』(p.705)／小池（10), p.169))。春場所は番付に記載されているが、行司は務めていない。

(c) 「式守錦太夫、同錦之助の両名は本足袋免許を得たり」(『読売』(M35.2.9)／『夏場所相撲号』(T10.5, p.79／S15.5, p.82)) [58)]。この記事によると、錦太夫と錦之助は同時に紅白房を許されている。

(d) 錦太夫（3代、後の20代木村庄之助）が明治35年1月、紅白房に昇進した(『国技』(T6.11, p.13)／自伝『国技勧進相撲』)。

(12) 明治35年夏場所

一段目：「紫白」庄之助、瀬平／「朱」庄三郎、庄太郎
二段目：「朱」伊之助／「朱」進、小市／「紅白」朝之助、藤治郎、庄九郎、与太夫
三段目：「紅白」勘太夫、宋四郎、大蔵、錦太夫、錦之助／「青白」左門、角治郎、吉之助

(a) 庄九郎（8代）は7月4日死亡している（『読売』(M35.7.6))。

(b) 藤治郎は朝之助と庄九郎の間に位置していたので、紅白房だった可能性が高い。庄九郎が朱房に昇進したという資料はまだ見ていない [59)]。

(c) この35年夏場所から36年夏場所までは、宋四郎と大蔵の順位が必ずしもはっきりしない。その順位が変われば、錦太夫と錦之助の順位も変わる。つまり、勘太夫の次が宋四郎なのか、それとも大蔵なのかによって、錦太夫と錦之助の順位が変わるのである。37年春場所の番付を見ると、勘太夫、宋四郎、

---

58) 錦之助が幕内格に昇進したのは、明治38年5月だったという記述もある（『相撲の史跡(2)』(p.82))。この年月は正しくないはずだ。というのは、明治35年春場所に幕内格に昇進しているからである。

59) 三木・山田編『相撲大観』(M35, pp.439-41) に主だった行司の寸評があるが、位階については何も言及されていない。明治35年の春場所で辞めた一学についても触れているので、この箇所の執筆はその春場所以前の可能性が高い。

大蔵、錦太夫、錦之助の順番になっている。その順番を考慮し、この三場所でも同じ順番だったはずだと判断することにした。番付では勘太夫と宋四郎がほぼ同じ字の大きさで記載されているようには見えない。しかし、二人を並列して記載した可能性もまったく否定できない。

(13) 明治36年春場所

一段目:「紫白」庄之助、瀬平/「朱」庄三郎、庄太郎
二段目:「朱」伊之助/「朱」進、小市/「紅白」朝之助、与太夫、藤治郎
三段目:「紅白」勘太夫、宋四郎、大蔵、錦太夫、錦之助/「青白」左門、角治郎、吉之助

(a) 藤治郎と与太夫の席順が変わっているが、藤治郎は病気で土俵を満足に務めることができなかったかもしれない。

(b) 庄吾はこの場所「格足袋」に昇進している(『角力雑誌』(T10.5, p.47)/小池(88), p.103)が、番付では四段目筆頭に記載されている。

(14) 明治36年夏場所

一段目:「紫白」庄之助、瀬平/「朱」庄三郎、庄太郎
二段目:「朱」伊之助/「朱」進、小市/「紅白」朝之助、藤治郎、与太夫、勘太夫
三段目:「紅白」宋四郎、大蔵、錦太夫/「青白」錦之助、角治郎、左門、吉之助、庄吾

(a) 藤治郎と与太夫の席順が再び変わり、二場所前の席順に戻っている。藤治郎の房の色は断言できないが、たぶん、与太夫と同じであろう。つまり、「紅白房」である。

(b) 熊本で角治郎、錦之助(3代)、錦太夫(3代)、左門に授与された行司の免状を木村庄之助が代理で受け取っている(『毎日』(M36.11.5))[60]。番付で見

60) 新聞では、木村三門となっているが、これはおそらく木村左門のミスであろう。

る限り、この4名は紅白房の免許状である。

(c) 庄吾は明治36年1月、格足袋に昇進した(『角力雑誌』(T10.5, p.47) ／小池 (88), p.103)。因みに、幕下格に昇進したのは明治34年5月である(『角力雑誌』(T10.5, p.47))。

(15) 明治37年春場所

一段目：「紫白」庄之助、瀬平／「朱」庄三郎、庄太郎
二段目：「朱」伊之助／「朱」進、小市／「紅白」朝之助、藤治郎、与太夫、勘太夫
三段目：「紅白」宋四郎、大蔵、錦太夫、錦之助、角治郎、左門／「青白」吉之助、庄吾、豊吉

(a) 角治郎は明治37年1月、幕内格に昇進した(『毎日』(M36.11.5) ／小池 (106), p.119)。これは番付でも裏付けられる。因みに、角治郎は明治43年1月、朱房に昇進した(小池 (106), p.119)。

(b) 錦之助はこの場所、紅白房となっている。『相撲の史跡 (2)』(p.82) では、錦之助が幕内格になったのは明治38年5月とあるが、これは正しくないはずだ。

(c) 左門は紅白房に昇進した(『毎日』(M36.11.5))。

(d) 庄九郎 (8代) は7月4日死亡している(『読売』(M35.7.6))。

(e) 藤治郎は明治36年12月31日死亡 (41歳) している(『武州の力士』(p.68))。番付は死跡である。

(f) 豊吉は格足袋に昇進したようだ。番付三段目の末尾に記載されている。

(16) 明治37年夏場所

一段目：「紫白」庄之助、瀬平／「朱」庄三郎、庄太郎
二段目：「紫白」伊之助／「朱」進、小市／「紅白」朝之助、与太夫、勘太夫、宋四郎
三段目：「紅白」大蔵、錦太夫、錦之助、角治郎、左門／「青白」吉之助、

庄吾、豊吉

(a)「行司伊之助は昨日より紫白交り房、同木村庄三郎は土俵の上草履使用何れも協会より免されたり」(『都』(M37.5.29))。同じ趣旨の記事は『朝日』／『萬』(M37.5.29) でも確認できる。許された日付は新聞によって異なる。『日出国』／『電報』(M37.5.29) では、許されたのは「昨日」ではなく、「当場所」となっている。『時事』(M37.5.29) には「此度」とある。どちらの日付が正しいかはっきりしない。2日目は5月28日だった。初日は5月23日だったが、翌24日の新聞には庄三郎の房の色に関する記述がない。房の色は以前と変わらず「朱」だったからである[61]。朱房の免許は熊本巡業中、他の行司と一緒に明治34年4月に出ている (『読売』(M34.4.8))[62]。紫白房に変わったのは、翌年 (明治38年) 5月場所である (『時事』(M38.5.15))。

(b) 庄三郎はこの場所から草履を許されているが、朱房を許された年月が必ずしも明確でない。明治34年4月、熊本で朱房の免許状を授与されているが、朱房はそれ以前から使用していたはずだ。本章では、明治34年春場所から使用し始めたとしているが、それ以前から使用していた可能性が高い[63]。

(17) 明治38年春場所

一段目：「紫白」庄之助、瀬平／「朱」庄三郎、庄太郎
二段目：「紫白」伊之助／「朱」進、小市／「紅白」朝之助、与太夫、勘太夫、宋四郎
三段目：「紅白」錦太夫、錦之助、角治郎、左門、吉之助／「青白」庄吾、豊吉

61) 庄三郎は草履を許されているが、熨斗目麻上下は許されていないはずだ。それが許されたのは、明治38年5月である。

62) 木村庄三郎は朱房の免許を明治34年4月に授与されているが、それ以前から朱房を使用していた可能性が高い。しかし、いつそれを協会が許したのかは、まだ確認していない。

63) この庄三郎 (後の10代伊之助、17代庄之助) に関する資料はたくさんあるが、朱房を許された確かな年月は分からない。私が見落としているに違いない。

(a)『時事』(M38.1.22) に、春場所の行司の房について述べた詳しい記事がある。その記事があるのを見つけたのは、拙稿「明治30年以降の番付と房の色」を発表してから数ケ月後である。拙稿では、朝之助が朱房になったのは明治35年夏場所として記述したが、実はこの場所まで「紅白」だったことが判明した。すなわち、拙稿にはミスがあった。裏付けがないことを指摘してはあるが、残念なことに、推測した年月は間違っていた。そのことをここで指摘しておきたい。

(b) 与太夫はこの場所、まだ紅白房である。『22代庄之助 (9)』(p.146) と『大相撲』(H6.6, p.136) によると、与太夫 (5代) は明治38年1月、朱房に昇進しているが、これは勘違いによるミスである。与太夫が朱房に昇格したのは、明治40年1月である (『やまと』(M40.1.18))。

(c) 瀬平が2月5日、死去した (『朝日』／『読売』／『毎日』／『電報』(M38.2.6)) [64]。

(d) 朝之助は少なくともこの夏場所まで「紅白房」だったことが確認できた (『時事』(M38.1.22))。下位行司の与太夫や勘太夫が明治40年春場所、朱房に昇格しているので、朝之助は明治38年夏場所から明治40年春場所の間で朱房に昇格した可能性がある。しかし、どの場所で朱房に昇格したかを確認できる資料をまだ見ていない。それで、朝之助は明治40年春場所まで「紅白房」として扱うことにした [65]。

(e) 吉之助はこの1月場所、本足袋 (紅白房) に昇進している (『日日』(M44.2.14／15)。番付ではこの場所、昇進したのかどうかを確認できない [66]。庄吾は青白房である。庄吾が紅白房になったのは、明治39年5月である (『角力雑

---

64) 他にも多くの新聞で訃報が報じられている。瀬平という行司は話題性のある行司だった。

65) 朝之助の朱房の授与年月を正確に確認できる資料をずっと調べているが、まだ見つかっていない。朝之助について述べてある資料は確かにたくさんあるが、朱房が授与された年月について述べてある資料が見当たらないのである。これは私の見落としに違いないが、それにしても不思議な行司である。

66) 吉之助は今場所から「紅白房」を使用していたはずだが、番付上は、吉之助は「青白房」だったはずだ。というのは、『時事』(M38.1.22) によると、吉之助は「青白房」として扱われているからである。要するに、これは事務手続き上の問題である。

誌』(T10.5, p.47))。

(18) 明治38年夏場所

一段目：「紫白」庄之助／「紫白」庄三郎／「朱」庄太郎、進、小市
二段目：「紫白」伊之助／「紅白」朝之助、与太夫、勘太夫、宋四郎、錦太夫、錦之助
三段目：「紅白」角治郎、左門／「青白」吉之助、庄吾、豊吉／「黒・下」清二郎、八郎、善二郎／「黒・三」鹿之助、留吉、鶴之助

(a) 庄三郎 (6代) は明治38年5月、紫白房を許された。「相撲司吉田追風より麻上下を許されて遂に立行司とはなりたるなり」(『時事』(M38.5.15))。「新立行司」として写真付きで紹介されている。草履は明治37年夏場所に許されているが、紫白房はこの夏場所に許された。すなわち、草履と紫白房は別々の年月に許されている。

(b) 庄吾は明治38年4月から39年3月まで兵役中だった (小池 (88), p.103)。

(c) 庄太郎 (12代) は5月場所より草履に朱房を許された (『読売』(M38.10.11))。5月場所中に病気になり、10月9日に死亡している (『読売』／『朝日』／『時事』／『中央』(M38.10.11)) [67]。

(d) 進は明治38年5月、草履を許された (『朝日』(M39.1.17))。

(e) 宋四郎は兵役で右目を負傷し免役となり、今場所から行司に復帰した (『時事』(M38.5.21))。萬歳会より「名誉行司」として目録を贈られている (『日日』／『時事』／『電報』(M38.5.21))。

(f) 善二郎までが幕下格で、鹿之助以降は三段目格かもしれない。番付以外

---

67)『朝日』(M38.10.11) によると、庄太郎は「18年5月足袋を許されて亘と改名し、以来漸次昇進して紅白房を許され、本年5月場所上草履免許となり三日間同場所を勤めたるが (後略)」とあるが、この5月場所は「紅白房」ではなく、「朱房格」だった。明治34年4月に「朱房」の免許状を授与されている。少なくとも明治34年春場所には「朱房」だったに違いない。『時事』(M38.10.11) では「17年5月足袋 (十両) も昇進して亘と改名し」たとある。番付によれば、嘉太郎から亘に改名したのは17年5月である。

の資料ではまだ確認していない[68]。

(19) 明治39年春場所

一段目：「紫白」庄之助／「紫白」庄三郎、「朱」進、小市
二段目：「紫白」伊之助／「紅白」朝之助、与太夫、勘太夫、宋四郎、錦太夫、錦之助
三段目：「紅白」角治郎、左門／「青白」大蔵、吉之助、庄吾／「黒・下」清治郎、八郎、善治郎／「黒・三」鹿之助、留吉、鶴之助

(a)「木村進、同小市の両人は昨日より土俵にて草履朱房を許された」(『やまと』(M39.1.21)) [69]。「行司木村進は朱房及び上草履を協会より免許されしを以て昨日より草履にて登場したり」(『都』(M39.1.21))。進が朱房と草履を許され、8日目より使用したことは、『中外』(M39.1.21) や『時事』(M39.1.22) でも見られる。進は当時すでに朱房だったので、これは「草履」を許されたことを意味する。小市もすでに朱房を許されていた。

(b) 清治郎は足袋を許された（『中外』(M39.1.21) ／『時事』(M39.1.22))。この「足袋」は「格足袋」（青白房）に違いない。庄吾はまだ「青白房」だからである。

(c) 宋四郎は今場所から行司を引退し、年寄春日野専務となった（『時事』(M39.1.9) ／『日日』(M39.1.17) ／『電報』(M39.5.11) ／『人物大事典』(p.705))。復帰後は昨年の5月場所だけ務めたことになる。引退したときは、幕内格（紅白房）だった（『人物大事典』(p.705))。

(d) 鹿之助は黒房だが、三段目格なのか幕下格なのか、はっきりしない。八郎と善治郎が明治40年夏場所で幕下格になっている（『日日』(M40.5.21)）ことから、鹿之助は三段目格だったとしておく。

---

68) 幕下格以下は「黒房」だが、本章では幕下格と三段目格を厳密に区別していない。参考程度にその区分けをしてあるにすぎない。その点は特に注意を喚起しておきたい。
69)『朝日』(M39.1.17) にも「木村進、木村小市の二人は土俵上草履を許されたり」とある。

(e) 金吾は三段目に昇級した(『やまと』(M39.1.21)/『時事』(M39.1.22))[70]。しかし、『相撲』(S33.2, p.204)によると、5月場所で昇進している。これは5月番付に三段目格として記載されたことを意味しているに違いない。

(f) 啓之助も金吾と共に三段目に昇格している(『中外』(M39.1.21)/『都』(M39.1.23))[71]。

(20) 明治39年夏場所

一段目:「紫白」庄之助、庄三郎/「朱」進、小市
二段目:「紫白」伊之助/「紅白」朝之助、与太夫、勘太夫、錦太夫、錦之助、大蔵
三段目:「紅白」角治郎、左門、吉之助、庄吾/「青白」清治郎/「黒」八郎、善治郎、鹿之助、留吉、鶴之助

(a) 庄吾は兵役から行司に復帰し、明治39年5月、本足袋に昇進した(『角力雑誌』(10.5), p. 47)/小池(88), p.103)。明治38年4月から明治39年3月まで兵役だった。庄吾は現役行司のまま、年寄木村瀬平も襲名し、二枚鑑札となった(『都』(M39.5.20))。庄吾は後に庄五郎(T2.5)、瀬平(T9.1)と改名している。

(b) 錦之助(3代)は明治39年9月17日、死亡した(『読売』(M39.9.21))。幕内だった。

(c) 大蔵は「一段昇りて二段目左筆尻(ふでじり)に据わりたり」(『電報』(M39.5.11))とあることから、「紅白房」として処遇されている。

(d) 清治郎は「青白房」である。庄吾は紅白房、八郎は黒房だったので、「青白房」は清治郎だけである。

---

70) 金吾は後の19代式守伊之助(つまりヒゲの伊之助)である。『中外』(M39.1.21)と『時事』(M39.1.22)では、金吾は「錦吾」となっている。

71)『中外』(M39.1.21)では、金吾だけが紹介されている。つまり、啓之助の紹介はない。

(21) 明治40年春場所

一段目：「紫白」庄之助、伊之助／「朱」進、小市
二段目：「紫白」庄三郎／「朱」朝之助、与太夫、勘太夫／「紅白」錦太夫、大蔵、角治郎
三段目：「紅白」左門、吉之助、庄吾／「青白」清治郎／「黒」八郎、善治郎、鹿之助、留吉、鶴之助

(a) 小市は草履を許された(『日日』(M40.1.17)／『春場所相撲号』(T12.1, p.111)／『やまと』／『都』／『中外』／『朝日』／『報知』(M40.1.18)／『毎日』／『電報』(M40.1.20))。

(b) 与太夫(5代)と勘太夫(3代)は共に朱房に昇格した(『日日』(M40.1.17)／『やまと』／『都』／『中外』／『朝日』／『報知』(M40.1.18))[72]。番付では、今場所から朱房になっている。

(c) 朝之助が朱房になったのは与太夫や勘太夫より前だった可能性がある。一枚上だからである[73]。

(d) 八郎と善次郎は格足袋に昇格した(『日日』(M40.1.17)／『やまと』／『都』／『国民』／『中外』／『朝日』／『報知』(M40.1.18)／『毎日』／『電報』(M40.1.20))[74]。

(e) 左門は明治40年1月から明治43年1月まで相撲界を離れている。

---

72)『毎日』(M40.1.20)には錦太夫と勘太夫が朱房を許されたとあるが、この「錦太夫」は「与太夫」のミスであろう。というのは、錦太夫が朱房に昇進したのは明治42年5月だからである(『国技勧進相撲』)。

73)『やまと』(T11.1.6)に朝之助と与太夫の紹介記事があり、朝之助は「明治26年格足袋より本足袋となり、大正7年三大行司の列に加わりて、今回庄之助を襲名す」とある。朱房の授与年月はどういうわけか言及されていない。与太夫は明治40年春場所、朱房が授与されているので、朝之助の朱房授与はそれより以前か同時だということになる。

74)『報知』(M40.1.18)には「若次郎」とあるが、他紙から判断して「善次郎」のミスである。

(22) 明治40年夏場所

一段目:「紫白」庄之助、伊之助／「朱」進、小市
二段目:「紫白」庄三郎／「朱」朝之助、与太夫、勘太夫／「紅白」錦太夫、錦之助、大蔵、角治郎
三段目:「紅白」吉之助、庄吾／「青白」清治郎、八郎、(善治郎改) 善明／「黒」鹿之助、留吉、鶴之助

(a) 善治郎が前名の善明に戻している。

(b) 木村八郎は兄弟子小市の軍配や肩衣などを盗んで質屋に入れ、賭博に耽り捕まっている (『日日』(M40.5.21))。次の春場所では番付から消えている。

(23) 明治41年春場所

一段目:「紫白」庄之助、伊之助／「朱」進、小市
二段目:「紫白」庄三郎／「朱」朝之助、与太夫、勘太夫／「紅白」錦太夫、大蔵、角治郎
三段目:「紅白」吉之助、庄吾／「青白」清治郎、善明／「黒・下」鹿之助、留吉、鶴之助
四段目:「黒・下」亀司、竹二郎／「黒・三」与之吉、啓二郎、金吾、喜三郎

(a) 亀司は千秋楽、幕下格に昇進した (『報知』／『毎日』／『中外』／『電報』(M41.1.29))。したがって、次の番付にその昇格は反映される。この亀司は後の16代伊之助、7代与太夫、4代錦太夫、4代錦之助である。

(b) 清治郎と善明は紅白房のように見える。番付では、庄吾と同じ字の大きさである。しかし、清治郎が紅白房を許された免許状では明治43年4月29日付けになっている[75]。

---

75) 免許の日付は明治43年4月29日であっても、実際にその房を使用し始めたのはそれ以前というのが普通である。実際、清治郎と善明は紅白房を明治41年春場所から許され

(24) 明治41年夏場所

一段目：「紫白」庄之助、伊之助／「朱」進、(小市改) 誠道
二段目：「紫白」庄三郎／「朱」朝之助、与太夫、勘太夫／「紅白」錦太夫、
　　　　大蔵、角治郎、吉之助、庄吾
三段目：「青白」清治郎、善明／「黒・幕下」鹿之助、留吉、鶴之助、亀司
　　　　／「黒・三」竹二郎、与之吉、啓二郎、金吾、藤太郎、喜三郎

(a) 小市が誠道と改名した (『中央』／『電報』(M41.5.17)／『日日』(M41.5.20)／『春場所相撲号』(T12.1, p.111))。

(b) 亀司と竹二郎の間に地位の差があるのかどうかは、まだ確認していない。しかし、竹二郎が幕下格になったという資料もない。

(25) 明治42年春場所

一段目：「紫白」庄之助、伊之助／「朱」進、誠道
二段目：「紫白」庄三郎／「朱」朝之助、与太夫、勘太夫／「紅白」錦太夫、
　　　　錦之助、大蔵、角治郎、吉之助、庄吾
三段目：「青白」清治郎、善明、鹿之助／「黒・幕下」留吉、鶴之助、亀司、
　　　　竹二郎／「黒・三」与之吉、啓二郎、金吾、藤太郎
四段目：喜三郎、喜太郎…

(a) 竹二郎は幕下格に昇進している。番付では亀司と同じグループである。与之吉と竹二郎との間に広いスペースがあり、字の大きさも異なっている。

(b) 与之吉は自伝『ハッケヨイ人生』(p.68) で春場所、幕下格になっている

ている可能性がある。そうなると、この場所以降しばらく、「青白房」の行司がいなくなる。その辺の事情がはっきりしないので、この二人はしばらく「青白房」だったとして扱うことにする。もしかすると、「青白房」行司がいなくなった場所が何場所かあったかもしれない。青白房行司が2人ほどになった場所はあるが、まったくいなかった場所があったとすれば、この場所もその一つである。しかし、青白房がない場所はありそうもないので、房の色に関してはもっと調べる必要がある。

が、番付では春場所、三段目格扱いである。一枚上の竹二郎との間に大きなスペースがあり、字の大きさも異なっている、与之吉は大正2年に格足袋になっている。

(c) 喜三郎が番付の三段目から四段目に降下している。

(26) 明治42年夏場所

一段目：「紫白」庄之助、伊之助／「朱」進、誠道
二段目：「紫白」庄三郎／「朱」朝之助、与太夫、勘太、錦太夫／「紅白」大蔵、角治郎、吉之助、庄吾
三段目：「青白」清治郎、善明、(鹿之助改) 竜五郎、留吉／「黒・幕下」鶴之助、亀司、竹二郎、与之吉、啓二郎／「黒・三」金吾、藤太郎、喜三郎

(a) 錦太夫 (3代、後の20代庄之助) は明治42年5月、朱房に昇進した (『国技』(T6.11, p.13) ／『国技勧進相撲』／『探訪　栃木の名力史』(p.350) ／『夏場所相撲号』(S15.5), p.82)) [76)]。

(b) 留吉はこの場所、青白房に昇進している。番付では留吉と鶴之助との間に広いスペースがあり、字のサイズも違っている。

(c) 与之吉 (3代) は42年夏場所、幕下格になっている。番付では、一枚上の竹二郎と同じグループである。与之吉は『ハッケヨイ人生』で次のように語っている。

> 「幕下になった年が、私には兵隊検査の年に当たっていたわけなんです。兵隊検査で合格した私は、42年兵 (明治) として軍隊にはいったのですが、(後略)」(p.68)

与之吉は42年の何月に昇進したかについて語っていない。春場所番付の記載には間に合っていないことから、場所中か後で昇進している。与之吉は大正

---

76)『夏場所相撲号』(S10.5, p.79) に「明治42年土俵上紅白の房を許されました」とあるが、これは「朱房」のミスである。明治35年1月に紅白房 (本足袋) にすでに昇進していた。

元年、行司に復帰し、大正2年に十両となっている（『ハッケヨイ人生』(p.76)）。

(d) 啓二郎も与之吉と同様な扱いになっているので、夏場所は幕下格である。

(e) 金吾（後の19代伊之助）は明治42年5月場所、幕下格に昇進したと語っている（『相撲』(S33.2, p.204)）[77]。番付では、一枚上の啓二郎との間にスペースがあり、字の大きさも異なる。この場所で昇進したが、手続き的に番付記載に間に合わなかったかもしれない。金吾自身がこの夏場所で昇進したと語っているが、本章では43年1月場所で昇進したものとして扱う。

(f) 藤太郎と喜三郎は番付で金吾と同じなので、三段目である。

(27) 明治43年春場所

一段目：「紫白」庄之助、伊之助／「朱」進、誠道
二段目：「紫白」庄三郎／「朱」朝之助、与太夫、勘太夫、錦太夫／「紅白」大蔵、角治郎、吉之助、庄吾
三段目：「紅白」清治郎、善明／「青白」竜五郎、留吉、鶴之助／「黒・下」（亀司改）錦之助、竹二郎、与之吉、啓二郎、金吾、藤太郎、喜三郎

(a)「庄之助は紫、伊之助は紫白打交ぜにて、庄三郎と同様なりと」（『都』(M43.4.29)）。

(b) 角治郎は明治43年1月、朱房に昇進した（小池（106), p.119）。この年月の可能性は高いが、それを他の資料でまだ確認できない。『報知』と『日日』(M43.5.31) によると、角治郎はこの場所、まだ「紅白房」である。『角力雑誌』(T10.5) の「勧進元評判記」(p.47) にも角治郎が朱房を許されたのは、明治44年となっている。それで、本章では、角治郎が朱房に昇進したのは、明治44

77) 金吾が述べている昇進年月は必ずしも確かでないので、この年月も確かなのかどうかはっきりしない。金吾自身が雑誌記事で語っている年月は他の資料で確認する必要がある。どの行司にも言えるが、昇進してから振り返って語るものなので、勘違いのミスが時々ある。

年春場所だったとしておく。

(c) 清治郎は紅白房に昇進しているはずだ。免許状の日付は明治43年3月であるが、紅白房はこの場所でも使用した可能性がある[78]。免許状は『武州の力士』(pp.66-7) で確認できる。免許状には「方屋之内上足袋免許 (後略)」とある。この「上足袋」は「本足袋」のことであろう。この清治郎は大正2年3月、朱房に昇進しているが、その免許状も『武州の力士』(p.67) で確認できる。

(d) 善明も清治郎と一緒に紅白房に昇進したかもしれない。この場所、昇進していなければ、翌場所までには昇進していたはずだ。5月場所の紅白房は、たとえば『報知』と『毎日』(M43.5.31) で確認できる。

(e) 鶴之助はこの場所、青白房に昇格した。番付で一枚上の留吉と同じ扱いを受けている。鶴之助と錦之助との間にはスペースがあるし、字のサイズが異なる。

(f) 竜五郎が紅白房と青白房のうち、どの房だったのかははっきりしない。竜五郎は5月場所の番付に記載されていない。

(g) 亀司は明治43年春、錦之助に改名し (『中央』(M43.1.4))、明治44年5月、格足袋に昇格した (『読売』(M44.6.25))。しかし、実際は6月に昇格している。『相撲大観』(p.86) には改名と同時に、格足袋に昇格したとあるが、改名の年月と格足袋への昇格年月は別々である。この錦之助 (4代) は大正2年5月、錦太夫 (4代) と改名し、さらに昭和2年1月、与太夫 (7代) と改名した。

(h) 竹二郎と啓二郎は共に明治45年1月、格足袋 (青白房) に昇進しているので、この場所は黒房だったに違いない。

(i) 金吾はこの場所から幕下格に昇進した。番付では一枚上の啓二郎と異なる扱いを受けているように見えるが、「式守」と「木村」の違いで字の大きさが異なるように見えるかもしれない。金吾がいつ幕下格に昇進したかは必ずし

78) もし免許が出てから使用を開始したのであれば、紅白房への昇進は5月場所ということになる。本章では、清治郎と善明は朱房の使用を協会から許されているとしているが、それを裏付ける資料はない。司家の免許の日付が3月なので、それ以前から使用していた可能性があると推測した。

も番付では明確ではない[79]。

(j) 鶴之助から喜三郎までの行司が全員、幕下格になっている。その根拠は二つある。一つは、金吾が与之吉と同じ扱いになっている。もう一つは、番付で藤太郎と喜三郎が金吾と同じ扱いになっている。要するに、字の大きさが同じということで、同じグループとして扱う。

(28) 明治43年夏場所

一段目：「紫」庄之助、「紫白」伊之助／「朱」進、誠道
二段目：「紫白」庄三郎／「朱」朝之助、与太夫、勘太夫、錦太夫、大蔵／
　　　　「紅白」角治郎、吉之助、庄吾
三段目：「紅白」清治郎、左門、善明／「青白」留吉、鶴之助／「黒・幕下」
　　　　錦之助、竹二郎、啓二郎、金吾
四段目：藤太郎、喜三郎……

(a) 明治43年夏場所の位階は『報知』と『毎日』(M43.5.31) の記事で確認できる[80]。それによると、草履は庄之助から誠道まで、朱房は朝之助から大蔵までは、紅白房は角治郎から善明まで、青白房は留吉と鶴之助となっている[81]。草履が履ける上位行司の房の色は記されていないが、紫白以上であることは間違いない。留吉と鶴之助は青白房になっているが、5月場所の番付ではその区別ができない。明治30年以降、各行司の位階と房の色を網羅した名

---

79) 繰り返しになるが、金吾は雑誌記事や著書で自分の昇格年月をよく間違えている。明治42年夏場所で幕下格に昇進したというのも、それが正しいのかどうか、必ずしもはっきりしない。

80) 二つの新聞記事は表現が非常に類似しているので、情報源は同じである。問題は情報源の信憑性になるが、信頼してよい。番付と一致するからである。たとえば、この夏場所、大蔵が朱房になっているが、新聞でもやはり朱房扱いになっている。

81) この場所の番付発表は5月23日、初日は6月3日なので、新聞記事の位階はこの場所の位階に違いない。しかし、番付発表後に昇進した可能性もあるので、記事の位階は番付と一致しないかもしれない。番付を見ただけでは、位階は必ずしもはっきりしない。たとえば、留吉と鶴之助は紅白房の行司と区別できない。

鑑を見たのはこの記事が初めてである。明治34、5年頃にもこのような位階と房の色を記した「行司名鑑」があるかもしれないが、残念ながら、まだ見ていない。

(b) 大蔵は朱房になっているが、角治郎はまだ紅白房である（『報知』／『毎日』(M43.5.31)）。

(c) 左門は明治43年5月に復帰した（小池（40），p.155）。

(d) 鶴之助は夏場所、青白房だった（『二六』／『読売』／『報知』／『日本』(M43.5.31)）。青白房になったのは前場所に違いない[82]。明治43年5月の新聞記事や写真のキャプションなどでは格足袋（つまり青白房）として記されている。協会はこの場所、鶴之助の青白房をすでに認めていたにちがいない。

(e) 吉之助は朱房に昇進した（『日日』(M44.2.14／15)）。しかし、『時事』／『二六』(M43.5.31) では、「紅白房」となっている。協会は朱房を許していたが、吉田司家の免許がまだ出ていなかったかもしれない。番付発表後に朱房に昇進した可能性もある。どちらが正しいか、まだ確認できていない。『日日』(M44.2.14／15) の死亡記事は約半年前に朱房を許したと記してあることから、その年月がかなり近い。ということは、吉之助に朱房が許されたことは確かで、その年月も43年5月場所前かその場所後であろう。本章では『時事』／『二六』(M43.5.31) に従い、明治43年5月場所は朱房だったとしておく[83]。

(f) 庄吾は新聞写真に装束姿が掲載されている。キャプションの位階が新聞によって異なるが、明治43年5月31日当時、庄吾は「本足袋」（つまり幕内格、紅白房）である（『時事』／『二六』(M43.5.31)）。因みに『読売』(M43.5.31) では「足袋」、『朝日』(M43.5.31) では「青」となっている。『読売』(M43.5.31)

---

82) 鶴之助が青白房になったのは明治44年1月だとする記事もある（『中央』(M44.7.1)）。どの年月が正しいかはっきりしないが、番付や新聞写真のキャプションなどから明治43年1月にはすでに青白房になっていたとしておく。

83)『時事』と『二六』(M43.5.31) の記事は5月場所の番付に基づいて書いてあるはずだからである。番付では房の色を判別しにくく、その色を知るには別の資料が必要である。新聞記者はその資料を参考にして記事を書いている可能性がある。死亡記事も事実を書いている可能性が高い。残念ながら、番付発表前なのか、発表後なのかが分からない。相撲界のしきたりから判断すれば、発表後である。

では「格足袋」が青白房を表しているので、「足袋」は紅白房を表していることが分かる。『朝日』(M43.5.31) の「庄吾（青)」はキャプションのミスである。「庄吾（紅白)」が正しい。庄吾は明治43年5月31日当時、幕下格でなく、幕内格（つまり紅白房）だった。「青房」は黒房と同様に、幕下格の房の色だからである[84)]。多くの新聞では幕下格以下行司は「黒房」となっているが、「青房」に触れたものの場合、どの色でも使用できたというものと、位階によって使い分けたというものがある。

(g) 留吉は『二六』(M43.5.31) によると、紅白房である。しかし、『報知』や『毎日』(M43.5.31) によると、留吉は鶴之助と共に青白房である。他の資料などを考慮すると、留吉は鶴之助より一枚上であるが、明治43年5月場所、青白房だったようだ。留吉は明治45年1月、本足袋（紅白房）に昇進している (『時事』(M45.1.18) ／『やまと』(M45.1.19))。そうなると、留吉が紅白房だったとする『二六』(M43.5.31) の記事は何かのミスということになる。これが妥当な判断かどうかは、資料をもう少し吟味しなければならない。

(h) 鶴之助は留吉と共に明治44年1月、青白房を許されている (『中央』(M44.7.1))。明治43年5月の新しい装束姿を示す写真のキャプションによると、鶴之助は「青白房」である。本章では、『報知』や『毎日』(M43.5.31) にあるように、留吉と鶴之助は明治43年5月場所、青白房だったとして扱う。実際、

---

84) 明治43年5月当時、幕下格の房の色を「黒」と共に「青」として記述している新聞としては、『朝日』がある。この「青房」がいつ頃から使用されるようになったかは分からない。黒房と青房が使用された頃、自由にどの色でも選択できたのか、それとも幕下格は青房、三段目格または序二段目格以下なら黒房というように、位階によって決まっていたのかも分からない。位階によって黒房と青房が決まっていたとする文献は昭和30年頃までも見られる。拙稿「幕下格以下行司の階級色」(2007) でもそれを扱い、結論としてそのような区別はなかったと述べている。もし庄吾が青房でも使用できたならば、幕下格は黒房と青房のいずれでも使用できたことを意味する。そうなると、明治以降の文献によると、幕下格は黒房を使用するのが普通だったので、幕下格は黒房か青房のいずれでも選択できたことになる。他方、三段目格または序二段目格以下は黒房以下しか使用できなかったかもしれない。幕下格には選択の自由があったのに、三段目格または序二段目格以下にはその自由がなかったことになる。それを支持するような文献はこれまでに見たことがない。

鶴之助は青白房の装束姿で写真掲載されている。

(i) 与之吉は明治43年5月から大正2年1月まで兵役だった。したがって、その間、行司を務めていない（小池（40），p.157）。

(j) 藤太郎と喜三郎が番付四段目に降下している。二人の地位が降下したかもしれない[85]。金吾は番付上、藤太郎と喜三郎の二人と明らかに扱いが異なる。字の大きさも異なる。三人とも同じグループだがスペースの関係で、三段目と四段目に区分けされているようには見えない。なぜそのような記載になったかは分からない。

(k) 伊之助（9代）は6月28日、死去した（『読売』(M43.6.30)）。

(29) 明治44年春場所

一段目：「紫」庄之助、「紫白」伊之助／「朱」進、誠道
二段目：「紫白」庄三郎／「朱」朝之助、与太夫、勘太夫、錦太夫、大蔵、角治郎、吉之助、庄吾
三段目：「紅白」清治郎、左門、善明／「青白」留吉、鶴之助／「黒」錦之助、竹二郎、啓二郎、金吾、藤太郎

(a) 庄吾は明治44年2月、朱房を許された（『都』／『日日』／『やまと』(M4.2.22)／小池（88），p.103）[86]。番付でもすでに「朱房」扱いになっている。

(b) 吉之助は庄吾より一枚上だが、この場所はすでに朱房である[87]。吉之助は明治44年2月13日、亡くなっている（『日日』(M44.2.14／15)）。

---

85) 席順が違えば黒星とか他の理由が考えられるが、記載段が異なり、字の大きさも異なると、地位が変わったと判断するのが自然である。しかし、番付記載だけで判断するのが妥当かどうかはまだ分からないので、事実を指摘するだけに留めておく。

86)『都』(M44.2.22) には「進は朱白に、庄吉は朱房に上級したり」とあるが、これは「進は紫白に、庄吾は朱房に上級したり」が正しいであろう。というのは、進はすでに「紅白」だったし、朱房に昇進する行司は「庄吉」しかいないからである。

87) 吉之助は『日日』(M44.2.14／15) にあるように前場所から朱房だったかもしれない。事務的手続きで、今場所から朱房になっている可能性もある。角治郎と吉之助は明治43年5月場所、朱房である（『報知』／『毎日』(M43.5.31)）。

(c) 留吉と鶴之助は明治44年1月、青白房を許されたとある（『中央』(M44.7.1)）が、その年月についてははっきりしない面がある。というのは、明治43年5月場所にはすでに青白房になっていたからである。この年月のズレについては、もう少し調べてみる必要がある。

(d) 進は明治44年2月、紫白を許された（『やまと』／『都』／『日日』(M44.2.22)）。

(e) 庄三郎は明治44年2月、伊之助を襲名することが決まった（『やまと』(M44.2.22)）。

(f) 藤太郎が先場所の四段目から一人だけ三段目に復帰している。字の大きさも同じである。しかし、喜三郎は四段目に記載されたままである。三段目の藤太郎と比べ、字も小さい。要するに、藤太郎と喜三郎は同じグループではない。

(30) 明治44年夏場所

一段目：「紫」庄之助、「紫白」（庄三郎改）伊之助／「朱」誠道、朝之助
二段目：「紫白」進／「朱」与太夫、勘太夫、錦太夫、大蔵、角治郎、庄吾
三段目：「紅白」清治郎、左門、善明／「青白」留吉、鶴之助／「黒」錦之助、竹二郎、啓二郎、金吾、藤太郎、喜三郎

(a) 進は当場所、紫白を許された（『時事』(M44.6.10)／『日日』／『電報』(M44.6.12)）。実際は、明治44年2月21日に許されている（『やまと』(M44.2.22)／『日日』(M44.4.10)）。伊之助は庄之助と共に「紫房」となっているが、まったく同じ「紫房」だったかどうかははっきりしない。他の記事から判断すると、庄之助は「総紫」、伊之助は「紫白」だった可能性が高い[88]。

---

88) 大正期でも式守伊之助が紫白房から「総紫房」になったという記事がある（『日日』(T2.1.12)）。庄之助が総紫、伊之助が紫白房というように房の色がいつ決まったのかがはっきりしない。明治44年5月場所では伊之助が総紫房だった可能性も否定できない。明治43年春場所では、庄之助と伊之助は房の色が違っていたという記事もある（『都』(M43.4.29)）。伊之助は初め紫白房を許されたが、後に「総紫房」を許されるという慣

(b) 格足袋以上の行司に関しては、全員の位階を『中央』(M44.6.13) で知ることができるが[89]、「朱房」に関しては当時の位階について少し知識が必要だ。たとえば、朝之助から善明までは「本足袋」で、「幕内格」となっているので、全員が「紅白房」だったと判断しかねない。しかし、実際は、「朱房」と「紅白房」に分かれる。当時は、朱房で、草履を許された行司を「三役」と呼んでいた。新聞記事では「立行司格」となっているので、この呼称も一般的だったかもしれない。

誠道は「立行司格」だが、房は「朱色」で、草履を許されていたことになる。他方、朱房で、草履を許されない行司は正式には「幕内格」である[90]。朝之助から善明までが「本足袋」で、「幕内格」となっているのは、当時の慣行を反映したものである。朱房の本足袋は朝之助から庄吾までの7人、紅白の本足袋は清治郎から善明まで3人となる[91]。格足袋は留吉と鶴之助二人である。

進は「紫白房」を許されている「立行司」である。庄之助や伊之助と区別したいときは、「準立行司」と呼ぶこともある。庄之助は「総紫房」で間違いないが、伊之助の「紫房」に関しては、必ずしもはっきりしない。つまり、「総

例があったかもしれない。

89) 『大相撲』(S49.3) に「明治相撲繁盛記」(pp. 106-9) があり、新聞記事を掲載しながら明治の行司に関することを扱っているが、記事の日付が違っている可能性がある。『時事』(M44.6.8) とあるが『時事』(M44.6.10) で、『中央』(M44.7.1) は『中央』(M44.6.13) である。このような誤植によるミスは指摘するほどのものではないが、新聞記事に直に当たらない人もいるので、あえて指摘しておきたい。私の場合もこれまで内容的なミスだけでなく、誤植によるミスをときどき犯している。その都度反省し、細心の注意を払っているが、それでも同じようなミスを犯している。

90) 草履を履かない朱房行司がどの力士に対等するかは必ずしも定かでない。つまり、「小結」に対等するのか、「上位幕内力士」に対等するのか、その辺がはっきりしない。明治40年代の新聞記事 (たとえば『日日』(M44.6.11) /『中央』(M44.6.13) /『都』(M44.6.17)) を見ると「上位幕内力士」に対等しているが、大正10年頃の雑誌対談 (たとえば『夏場所相撲号』(T10.5)) を見ると「小結」に対等している。時の経過と共に対等する力士が変わったような気がするが、そのようなことが実際にあったのかとなると、まったく分からない。

91) 朝之助は明治44年6月に草履を許された。房の色は「朱」のままである (『読売』/『やまと』(M44.6.25))。

紫房」なのか、「紫白房」なのかが、はっきりしない。同じ「総紫房」だとしても、伊之助襲名時点から同じだったのか、最初は「紫白房」を許し、後で「総紫房」を許したのかもはっきりしないのである。

(c) 朝之助は明治44年6月、草履を許されている（『読売』／『やまと』(M44.6.25))。

(d) 錦之助は明治44年6月、格足袋に昇進した（『読売』(M44.6.25))。

(e) 喜三郎が番付四段目から三段目に復帰している。藤太郎と同じ扱いである。

(31) 明治45年春場所

一段目：「紫」庄之助、「紫白」伊之助／「朱」誠道、朝之助
二段目：「紫白」進／「朱」与太夫、勘太夫、錦太夫、大蔵、角治郎、庄吾
三段目：「紅白」清治郎、左門、善明／「青白」留吉、鶴之助、錦之助／「黒」竹二郎、啓二郎、金吾、藤太郎、喜三郎、喜太郎

(a) 式守伊之助が木村庄之助を襲名した（『やまと』(M45.1.12))。

(b) 誠道は明治45年1月場所、まだ朱色である。「誠道の失策をとがめて、誠道は朱房に草履という資格のある行司とは認められない。草履を剥奪すべきだ。」という趣旨の記事がある（『日日』(M45.1.18)) [92]。

(c) 進が式守伊之助を襲名した（『やまと』(M45.1.12))。

(d) 式守与太夫は草履を許された（『やまと』(M45.1.12))。

---

92) 誠道は明治44年5月に紫白房を許されたと『春場所相撲号』(T12.1, p.111) で語っている。この年月は誠道の勘違いかもしれない。というのは、大正2年春場所中（8日目）に紫白房を吉田司家から許されているし、45年春場所は「朱房」だとする新聞記事もあるからである。もし44年5月当時、誠道に紫白房が許されていたとすれば、それは巡業中に許される特例の紫白房だった可能性がある。45年1月場所後の地方巡業中では立行司として処遇されている（『時事』(M45.1.17))。誠道はこの場所「朱房」だったので、巡業中は「紫白房」に格上げされているはずだ。45年5月頃、本場所で誠道に紫白房が許されるという予測記事があった（『日日』(M45.5.9)）が、結局、延び延びになって大正2年春場所（8日目）に許されている。

(e) 留吉は明治45年1月場所7日目より本足袋（紅白房）を許された（『時事』(M45.1.18／『やまと』(M45.1.19))。

(f) 竹二郎と啓二郎は共に明治45年1月場所7日目より格足袋（青白房）を許された（『時事』(M45.1.18)／『やまと』(M45.1.19))[93]。

(32) 明治45年夏場所

一段目：「紫」（伊之助改）庄之助／「朱」誠道、朝之助、与太夫
二段目：(進改) 伊之助／「朱」勘太夫、錦太夫、大蔵、角治郎、庄吾／「紅白」清治郎
三段目：「紅白」左門、善明、留吉／「青白」鶴之助、錦之助、竹治郎、啓治郎／「黒」金吾、藤太郎、喜三郎、喜太郎、善二郎、左右二

(a) 伊之助が庄之助に、進が伊之助にそれぞれ昇格した（『報知』(M45.5.12))。

(b) 誠道は大正2年1月場所8日目、紫白房に昇格した（『読売』(T2.1.18))。明治45年5月当時にも誠道が紫白房を近々許されるという趣旨の記事があるが（『日日』(M45.5.9))、これが実現したのは翌年の1月場所中だった。

(c) 清治郎と左門は大正2年1月、朱房を許されている（『やまと』(MT2.1.7))。清治郎の免許状の写しが『武州の力士』(p.67) にあり、それによると日付は大正2年3月となっている。

(d) 鶴之助は大正2年1月、紅白房に出世した（『読売』(T2.1.14))。

(e) 竹治郎は大正3年1月、本足袋へ昇格した（『時事』(T3.1.18))。

(f) 左右司は大正3年1月、格足袋へ昇格した（『時事』(T3.1.18))。新聞では「竹次郎」、「左右司」となっている。

(g) 与之吉は大正2年まで幕下格だった（『ハッケヨイ人生』(p.76))。

---

93)『時事』(M45.1.18) には、この他に三段目格以下行司の中で昇進した12名の名前も記されている。

4. おわりに

本章では、基本的に、番付三段目までの行司についてその房の色を調べ、番付記載に従ってその房の色を示した。これまで明確でなかった房の色もかなり明確になったはずだ。しかし、房の色が許された年月は本場所初日だけでなく、場所中や場所後でもあったので、房を使用した年月と番付記載は必ずしも一致しないことがある。少なくとも一場所のギャップは普通のことだし、ときには2、3場所違うこともある。正確な使用年月を知るには、資料をもっと厳密に調べる必要がある。これは今後の研究課題としておく。

本研究ではできるだけ多くの資料を参考にしたが、まだ調べていない資料がたくさんある。また、調べたつもりの資料でも不注意から見落としているかもしれない。特に番付二段目以降の行司に関しては、資料がなかなか得られない。そのような行司の房の色を調べるとなると、大変な苦労だ。実際、時間をかなり割いたにもかかわらず、何も得られないことがしばしばだった。しかし、どこに有益な資料があるかは分からない。本章で得られなかった年月は今後の研究で確定できるはずだ。この方面の研究がさらに進むことを期待している。

本章では、明治43年以前の紫房と紫白房を厳密に区別していない。実際、紫房と紫白房の区別があったのかさえもはっきりしない。拙稿「明治43年以前の紫房は紅白だった」(2008) では、そのような区別がなかったと指摘している。本章で明治43年までは「紫房」と記述しても、それは「紫白房」と同じである。もし明治43年以前、紫房と紫白房の区別があったならば、まず、いつの時点でその区別がなされたかを調べる必要がある。その年月が分かれば、それを起点にして行司の紫房と紫白房は修正すればよい。

本章ではまた、幕下格以下の房を「黒色」として記述しているが、それが正確な記述かどうかもはっきりしない。「黒色」に加えて、「青色」も使用されていたかもしれない。実は、その「青房」をいつから使用したのかが分からないのである。明治43年5月の新聞では「青房」についての記述があるが、実際は、明治30年代後半から使用していた可能性もある。明治43年以前、幕下格以下の中で位階によって使い分けをしていたのか、それとも位階に関係なくどちらでも自由に使うことができたのか、まだ確認ができない。この「青房」に関することも今後、さらに調べる必要がある。

本章では、残念ながら、明治30年以前の行司の房の色に関しては調べていないが、これは今後の研究に俟つしかない。行司の房の色は明治30年代になって突然現れたわけではないので、調べていけばかなり詳しいことが分かるはずだ。しかし、房の色だけを記した資料を期待するのは無理である。それは当時の資料の中から見つける努力をしなければならない。実に根気のいる作業であることは確かだ。

力士の地位や取組の資料は豊富なので、それを参照することで行司の地位もある程度確認することができる。行司は同等かそれ以下の力士の取組を裁くからである。取り組む力士を見れば、その地位より行司の地位は上でないことが分かる。問題は、力士の地位が低い場合である。その場合は、行司は力士より上の地位かもしれないし、同じ地位かもしれない。このような問題があるために、取組の力士の地位を見るだけでは、行司の正確な地位は分からない。行司の地位を調べるために、取組の力士を参照する場合は、他の資料でも確認する必要がある。

最後に、資料の中で房の色を許された年月が見つかりそうだが、結果的に見つからなかったものがいくらかある。その主なものをここに記しておく。

- 一学は紅白房をいつ許されたか。
- 宋四郎は明治31年春場所、紅白房と青白房のうち、どの房だったか。
- 藤治郎は明治31年夏場所、青白房から紅白房に変わったか。
- 銀次郎は明治32年春場所行司を辞めたが、房の色は何だったか。
- 角治郎は明治33年夏場所、青白房に昇進したか。
- 宋四郎は33年夏場所番付の三段目筆頭に記載されているが、紅白房だったか。
- 庄三郎は明治34年4月、朱房の免許状を授与されたが、朱房はいつから使用していたか。
- 庄太郎は明治34年4月、朱房の免許状を授与されたが、朱房はいつから使用していたか。

・宋四郎は明治34年4月、紅白房の免許状を授与されたが、紅白房はいつから使用していたか。
・大蔵は明治34年4月、紅白房の免許状を授与されたが、紅白房はいつから使用していたか。
・藤治郎は明治35年夏場所、まだ紅白房だったか。
・朝之助はいつ、朱房に昇進したか。
・清治郎は明治39年夏場所、青白房に昇進したか。
・清治郎と善明は明治41年春場所、紅白房と青白房のうち、どの房だったか。
・鹿之助（後の留五郎）は明治42年春場所、青白房に昇進したか。
・留吉は明治42年夏場所、青白房に昇進したか。
・吉之助と角治郎は43年夏場所、朱房と紅白房のうち、どの房だったか。
・留五郎は明治43年夏場所、紅白房と青白房のうち、どの房だったか。
・善明は明治43年夏場所、紅白房に昇進したか。
・鶴之助は明治43年夏場所、青白房に昇進したか。

もちろん、このリストにはもっと追加したい行司がいるが、これくらいにしておく。本章では、資料で確認できない場合、番付や他の行司を参考にして許された房の色の年月を推測したが、その推測は正しくないかもしれない。資料に勝るものはない。ここに記した行司たちの年月を資料で確認できたら、それを基にして他の行司の年月もさらに確実になる。行司の位階は原則として固定しているからである。

あとがき

相撲の世界では何と言っても力士が花形であり、人々の関心もそれに注がれる。力士はさまざまの視点から研究されている。しかし、行司は脇役であるため、それほど深く研究されていない。着用具の装束、軍配、草履、短刀、印籠などに関しても、その細部を調べようとすると、体系的に扱っている文献が非常に少ない。断片的に触れているのは多いが、それを歴史的視点から調べた研究となると、極端に少なくなる。

本書では行司に関することを主として扱っているが、そのトピックはかなり限定されている。本書で扱っていない拙稿も他に発表しているので、それを以下に列挙しておきたい。いずれも公表されているので、最寄りの図書館で依頼の手続きをすれば、少しの費用で取り寄せることができる。

（1） 1998、『ここまで知って大相撲通』、グラフ社.

（2） 1998、『Q&A型式で相撲を知るSUMOキークエスチョン258』（岩淵デボラ訳）、洋販出版.

（3） 2003、「相撲の軍配」『専修大学人文科学年報』第33号、pp.91-123.

（4） 2003、「行司の作法」『専修人文論集』第73号、pp.281-310.

（5） 2003、「行司の触れごと」『専修大学人文科学月報』第207号、pp.18-41.

（6） 2004、「土俵祭の作法」『専修人文論集』第74号、pp.167-92.

（7） 2004、「行司の改姓」『専修大学人文科学研究所月報』第211号、pp.9-35.

（8） 2004、「土俵祭の祝詞と神々」『専修人文論集』第75号、pp.149-77.

（9） 2005、「由緒ある行司名」『専修人文論集』第76号、pp.67-96.

（10） 2005、「土俵入の太刀持ちと行司」『専修経営学論集』第80号、pp.169-203.

（11） 2005、「行司の改名」『専修大学人文科学研究所月報』第218号、pp.39-63.

（12） 2005、「軍配の握り方を巡って（上）」『相撲趣味』第146号、pp.42-53.

（13） 2005、「軍配の握り方を巡って（中）」『相撲趣味』第147号、pp.13-21.

(14) 2005、「軍配の握り方を巡って（下）」『相撲趣味』第148号、pp.32-50.
(15) 2005、「軍配房の長さ」『専修人文論集』第77号、pp.269-96.
(16) 2005、「軍配房の色」『専修経営学論集』第81号、pp.149-79.
(17) 2005、「四本柱の色」『専修経営学論集』第81号、pp.103-47.
(18) 2006、「南部相撲の四角土俵と丸土俵」『専修経営学論集』第82号、pp.131-62.
(19) 2006、「軍配の型」『専修経営学論集』第82号、pp.163-201.
(20) 2006、「土俵の構築」『専修人文論集』第79号、pp.29-54.
(21) 2006、「譲り団扇」『専修大学人文科学研究所月報』第233号、pp.39-65.
(22) 2006、「土俵の揚巻」『専修経営学論集』第83号、pp.245-76.
(23) 2006、「天正8年の相撲由来記」『相撲趣味』第149号、pp.14-33.
(24) 2006、『大相撲と歩んだ行司人生51年』(33代木村庄之助と共著)、英宝社.
(25) 2007、「幕下格以下行司の階級色」『専修経営学論集』第84号、pp.219-40.
(26) 2007、「行司と草履」『専修経営学論集』第84号、pp.185-218.
(27) 2007、「謎の絵は南部相撲ではない」『専修人文論集』第80号、pp.1-30.
(28) 2007、「座布団投げ」『専修経営学論集』第85号、pp.79-106.
(29) 2007、「立行司の階級色」『専修人文論集』第81号、pp.67-97.
(30) 2007、「緋房と草履」『専修経営学論集』第85号、pp.43-78.
(31) 2008、「行司の黒星と規定」『専修人文論集』第82号、pp.155-80.
(32) 2008、「土俵の屋根」『専修経営学論集』第86号、pp.89-130.
(33) 2008、「明治43年5月以降の紫と紫白」『専修人文論集』第83号、pp.259-96.
(34) 2008、「明治43年以前の紫房は紫白だった」『専修経営学論集』第87号、pp.77-126.
(35) 2009、「昭和初期の番付と行司」『専修経営学論集』第88号、pp.123-57.
(36) 2009、「行司の帯刀」『専修人文論集』第84号、pp.283-313.
(37) 2009、「番付の行司」『専修大学人文科学年報』第39号、pp.137-62.
(38) 2009、「明治43年以前の番付と房の色」『専修経営学論集』第89号、pp.51-106.
(39) 2009、「帯刀は切腹覚悟のシンボルではない」『専修人文論集』第85号、pp.117-51.
(40) 2010、「大正時代の番付と房の色」『専修経営学論集』第90号、pp.207-58.
(41) 2010、「改名した行司に聞く」『専修大学人文科学年報』第40号、pp.181-211.
(42) 2010、「立行司も明治11年には帯刀しなかった」『専修人文論集』第87号、

pp.199-234.
（43）2010、「草履の朱房行司と無草履の朱房行司」『専修経営学論集』第 91 号、pp.23-51.
（44）2010、「上覧相撲の横綱土俵入りと行司の着用具」『専修経営学論集』第 91 号、pp.53-69.
（45）2011、「明治時代の四本柱の四色」『人文科学研究所年報』第 41 号 .
（46）2011、「明治の立行司の席順」『専修経営学論集』第 92 号、pp.31-51.
（47）2011、「天覧相撲と土俵入り」『専修人文論集』第 88 号、pp.229-264.
（48）「大正末期の行司の朱房」（近刊）
（49）「大正期の立行司の襲名」（近刊）
（50）「現役行司の入門とアンケート調査」（近刊）
（51）「触れ太鼓と土俵三周」（近刊）

一般的に言って、公表した年代が古くなれば、その信頼性がそれだけ薄くなる。公表後に新しい文献が見つかり、修正を余儀なくされたものもある。もちろん、すべてが修正されるわけではない。

なお、『四角い土俵とチカラビト』（小冊子、岩手県立博物館（第57回企画展）、2006）の「行司と軍配」（pp.50-1）でも簡単な解説をしている。

本書の中で、繰り返し言及してきたが、行司の世界には、まだまだ解明すべきことがたくさんある。今後、新しい事実が分かれば、拙稿や本書で述べたことは修正しなければならない。

参考文献

相撲関連の雑誌（『相撲』、『大相撲』、『野球界』、『角力新報』、『国技』、『角力雑誌』、『角力世界』、『武侠世界』等）や明治から昭和の新聞等も参考にしたが、基本的に雑誌類は参考文献から省略してある。出版年は奥付の書き方に従っている。

朝日新聞京都支局編、1992、「華洛細見図」『京都むかしむかし』、京都新聞社。／『宝永花洛細見図』（栗野秀穂（編纂）、昭和8年、京都叢書刊行会、複製本）。

麻生磯次・富士昭雄、昭和51年、『本朝二十不孝』（対訳西鶴全集10）、明治書院。

綾川五郎次編、大正3年、『一味清風』、学生相撲道場設立事務所。

荒木精之、昭和34年、『相撲道と吉田司家』、相撲司会。

池田雅雄、1977、『相撲の歴史』、平凡社。

池田雅雄、1990、『大相撲ものしり帖』、ベースボール・マガジン社。

泉淳、平成6年、『元親記』、勉誠社。

岩井左右馬、安永5年、『相撲伝秘書』（写本）。

『江戸相撲錦絵』、『VANVAN相撲界』（1986新春号）、ベースボール・マガジン社。

生沼芳弘、1994、『相撲社会の研究』、不昧堂。

『大相撲』、戸谷太一編、昭和52年、学習研究社。

『大相撲人物大事典』、「2001、相撲」編集部、ベースボール・マガジン社。

大田牛一・中川太古訳、1992、『信長公記（現代語訳）』（上巻）、新人物往来社。

大ノ里萬助、昭和5年、『相撲の話』、誠文堂。

風見明、2002、『相撲、国技となる』、大修館書店。

加藤進、昭和17年、『相撲』、愛国新聞社出版部。

加藤隆世、明治17年、『明治時代の大相撲』、国民体力協会。

上司子介編（上司延貴著）、明治32年、『相撲新書』、博文館。

川端要壽、1993、『物語日本相撲史』、筑摩書房。

北川博愛、昭和44年、『相撲と武士道』、浅草国技館。

木村喜平次、正徳4年、『相撲家伝鈔』（写本）。

木村庄之助（20代、松翁）、昭和17年、『国技勧進相撲』、言霊書房。
木村庄之助（21代）、昭和41年、『ハッケヨイ人生』、帝都日日新聞社。
木村庄之助（22代）・前原太郎、昭和32年、『行司と呼出し』、ベースボール・マガジン社。
木村庄之助（27代）、1994、『ハッケヨイ残った』、東京新聞出版局。
木村庄之助（29代）、2002、『一以貫之』、高知新聞社。
『木村瀬平』（雪の家漁叟記）、明治31年、（小冊子で、発行元不明）。
木村孫六（柳全守直）、延享元年、『角力旧記並口決』（写本）／木村瀬平が延享子年に写した写本を参照した。
木村孫六（柳全守直）、延享2年、『相撲強弱理合書』（写本）。
木村政勝、宝暦13年、『古今相撲大全』（写本）／木村清九郎（編）、1985（明治18年）、『今古実録相撲大全』。
木村守直、享保7年、『相撲伝書』（燕石十種第二所収）。
『近世日本相撲史』（第1巻〜第5巻）、日本相撲協会博物館運営委員会（監）、昭和50年〜昭和56年、ベースボール・マガジン社。
窪寺紘一、1992、『日本相撲大鑑』、新人物往来社。
栗島狭衣、大正3年、『相撲通』、実業之日本社。
小泉葵南、大正6年、『お相撲さん物語』、泰山堂。
小島貞二、昭和54年、『大相撲人物史』、千人社。
小林謙一、昭和31年、「相撲の古画」『日本美術工芸』（昭和31年2月）、日本美術工芸社。
『国技相撲のすべて』（平成8年11月別冊『相撲』秋季号）、ベースボール・マガジン社。
酒井忠正、昭和31年／39年、『日本相撲史』（上・中）、ベースボール・マガジン社。
酒井忠正、1995、『相撲随筆』、ベースボール・マガジン社。
桜井正信、1994、『東京江戸案内（巻の4）—相撲と銅像篇』、八坂書房。
佐竹昭広、1990、『絵入本朝二十不孝』、岩波書店／奥書貞享3年の写本。
式守伊之助（19代）、昭和36年、『軍配六十年』、高橋金太郎（発行者）。
式守伊之助（26代）、1993、『情けの街のふれ太鼓』二見書房。
式守蝸牛、1793（寛政5年）、『相撲隠雲解』（写本）／『VANVAN相撲界』（秋期号）に収録、1983。
『写真図説相撲百年の歴史』、池田雅雄編、昭和45年、講談社。
ジョージ石黒、1996、『相撲錦絵発見記』、中日新聞本社。

『新版相撲通になるまで』(『相撲』増刊)、昭和28年11月。
鈴木要吾、昭和18年、『相撲史観』、人文閣。
『相撲今と昔』(アサヒ写真ブック11)、昭和29年、朝日新聞社。
『相撲浮世絵』、別冊『相撲』夏季号)、昭和56年6月、ベースボール・マガジン社。
『相撲今昔物語（巻の二)』、大正2年、『新燕石十種第四』(早川編)、図書刊行会。
『相撲大観』(相撲増刊)、昭和30年7月。
『相撲大事典』、金指基、2002、現代書館。
『相撲と芝居』、大橋新太郎編、明治33年、博文館。
『相撲の史跡』(第1号〜第6号)、竹森章（編)、昭和48年〜平成5年、相撲史跡研究会（発行)。
『相撲の歴史――堺・相撲展記念図録――』、堺市博物館（制作)、1998年3月、境・相撲展実行委員会。
『相撲豆辞典』、昭和30年5月、朝日新聞社。
『図録「日本相撲史」総覧』(別冊歴史読本)、1992、新人物往来社。
竹内誠、平成12年、『元禄人間模様』、角川書店。
立川焉馬撰、文政11年、『角觝詳説活金剛伝』(活本)。
田中四郎左衛門編、大正8年、『相撲講話』、日本青年教育会。
寺尾政喜（編集兼発行人)、昭和14年6月、『角界時報』、角界時報発行所。
暉峻康隆訳注、昭和51年、「無用の力自慢」『本朝二十不孝』(現代語訳　西鶴全集第8巻)、pp.115-18、小学館。
中沢潔、昭和52年、『相撲もの知り博士』、KKベストセラーズ。
新田一郎、1994、『相撲の歴史』、山川出版社。
半藤一利、平成3年、『大相撲こてんごてん』、日本図書センター。
彦山光三著、昭和13年、『土俵場規範』、生活社。
彦山光三、昭和15年、『相撲道綜鑑』、国民体力協会／復刻版、昭和52年。
彦山光三、昭和16年、『相撲美開眼』、六興出版部刊。
彦山光三、昭和27年、『相撲読本』、河出書房。
常陸山谷右衛門、昭和60年、『相撲大鑑』(復刻版)、ベースボール・マガジン社。
武技部17-20、『古事類苑』所収、昭和35年、吉川弘文館。
藤島秀光、昭和16年、『近代力士生活物語』／『力士時代の思い出』、国民体力協会。
舟橋聖一、昭和18年、『相撲記』、創元社。
古河三樹、昭和17年、『江戸時代の大相撲』、国民体力協会。
古河三樹、昭和43年、『江戸時代大相撲』(復刻版)、雄山閣。

『本朝相撲之司吉田家』、大正2年、肥後相撲協会（著作兼発行者）。
三木愛花・山田春塘、明治35年、『相撲大観』、博文館。
枡岡智・花坂吉兵衛、昭和10年、『相撲講本』、相撲講本刊行会／昭和53年、復刻版、誠信出版社。
松木平吉（編集兼出版人）、明治17年、『角觝秘事解』。
三木貞一（愛花）・山田伊之助（春塘）、明治35年、『相撲大観』、博文館。
三木愛花、明治34年、『相撲史伝』、曙光社／『増補訂正日本角力史』、明治42年、吉川弘文館。
三木愛花、昭和3年、『江戸時代之角力』、近世日本文化史研究会。
三木貞一・山田伊之助編、明治35年、『相撲大観』、博文館。
武藤禎夫・岡雅彦編、昭和51年、『噺本大系』（第4巻、第6巻、第7巻、第8巻）、東京堂出版。
山田野理夫、昭和35年、『相撲』、ダヴィッド社。
山田伊之助編、明治34年、『相撲大全』、服部書店。
横山健堂、昭和17年、『日本相撲史』、富山房。
吉田追風、昭和42年、『ちから草』、吉田司家（この中に、「すまい御覧の記」、『吹上御庭相撲上覧記』、『相撲上覧記』、『相撲私記』などの抜粋がある）。
吉成勇編、1992、『図録「日本相撲史」総覧』、新人物往来社。
和歌森太郎、2003、『相撲今むかし』、河出書房新社、昭和38年版の復刊。
『私は知りたい』（春の特集　野球通・相撲通の読本）、昭和33年4月号、自由国民社。
Bickford, Lawrence, 1994, *Sumo and the Woodblock Print Masters (SWPM)*, Tokyo: Kodansha International.
Newton, Clyde. 1990. *Dynamic Sumo* (Photography by G. J. Toff). Kodansha International. Tokyo.
Patmore, Angela. 1991. *The Giants of Sumo*. Macdonald Queen Ann Press.

索　引

【数字】

【あ行】

【か行】

【さ行】

【た行】

【な行】

【は行】

【ま・や・ら行】

根間　弘海（ねま　ひろみ）

昭和18年生まれ。現在は専修大学教授（経営学部）。専門は英語音声学（音韻論）。趣味は主として相撲とユダヤ教の研究。英語テキストと相撲に関する著書は共著を含め、約86冊ある。相撲では『ここまで知って大相撲通』（グラフ社）、『Q&A形式で相撲を知るSUMOキークエスチョン258』（岩淵訳、洋販出版）、『大相撲と歩んだ行司人生51年』（33代木村庄之助と共著、英宝社）、英語では『英語の発音とリズム』（開拓社）、『英語はリズムだ！』（創元社）、『リズムに乗せれば英語は話せる』（創元社）などがある。

大相撲行司の伝統と変化

2010年7月20日　第1版第1刷
2011年2月28日　第1版第2刷

著　者　根間　弘海
発行者　渡辺　政春
発行所　専修大学出版局
〒101 0051　東京都千代田区神田神保町3　8
(株) 専大センチュリー内
電話　03　3263　4230 (代)
組　版　有限会社エスタリオル
印　刷
製　本　藤原印刷株式会社

ISBN 978　4　88125　256　7